乡村振兴
与新型城镇化协调发展
——机制、监测与政策

邹德玲　丛海彬◎著

XIANGCUN ZHENXING
YU XINXING CHENGZHENHUA XIETIAO FAZHAN
JIZHI JIANCE YU ZHENGCE

中国财经出版传媒集团
中国财政经济出版社
·北京·

图书在版编目（CIP）数据

乡村振兴与新型城镇化协调发展：机制、监测与政策/邹德玲，丛海彬著．--北京：中国财政经济出版社，2025.3．--ISBN 978-7-5223-3615-2

Ⅰ．F320.3；F299.21

中国国家版本馆 CIP 数据核字第 20257S9W60 号

组稿编辑：周桂元　　责任校对：胡永立
责任编辑：周桂元　　责任印制：张　健
封面设计：孙俪铭

乡村振兴与新型城镇化协调发展
——机制、监测与政策
XIANGCUN ZHENXING YU XINXING CHENGZHENHUA XIETIAO FAZHAN
——JIZHI、JIANCE YU ZHENGCE

中国财政经济出版社 出版

URL：http：//www.cfeph.cn
E-mail：cfeph@cfeph.cn

社址：北京市海淀区阜成路甲 28 号　邮政编码：100142
营销中心电话：010-88191522
天猫网店：中国财政经济出版社旗舰店
网址：https：//zgczjjcbs.tmall.com
涿州汇美亿浓印刷有限公司印刷　各地新华书店经销
成品尺寸：170mm×240mm　16 开　16 印张　262 000 字
2025 年 3 月第 1 版　2025 年 3 月河北第 1 次印刷
定价：112.00 元
ISBN 978-7-5223-3615-2
（图书出现印装问题，本社负责调换，电话：010-88190548）
本社质量投诉电话：010-88190744
打击盗版举报热线：010-88191661　QQ：2242791300

序　言

乡村振兴与新型城镇化协调发展是新时代推进乡村可持续发展和城乡融合的战略选择，两者互为联动、相互促进。为解决城乡差距与二元结构问题，党的十八大报告明确提出“推动城乡发展一体化”，党的十九大报告又提出了“建立健全城乡融合发展体制机制和政策体系”的战略思想。在人口市民化、国土空间规划、区域协调发展以及城乡关系重塑等制度引领下，我国城乡协调发展、工农协调发展水平不断提升，城乡基础设施建设和公共服务水平差距明显缩小，农村资源要素向城镇的单向流动已经转为城乡要素双向流动。2024 年 7 月，党的二十届三中全会审议通过的《中共中央关于进一步全面深化改革、推进中国式现代化的决定》指出，城乡融合发展是中国式现代化的必然要求。必须统筹新型工业化、新型城镇化和乡村全面振兴，全面提高城乡规划、建设、治理融合水平，促进城乡要素平等交换、双向流动，缩小城乡差别，促进城乡共同繁荣发展，坚持农业农村优先发展，完善乡村振兴投入机制。破解根本性难题、完成最艰巨最繁重任务，已成为中国式现代化建设的重中之重。但是，我国城乡二元结构尚未得到破解，城乡基本公共服务尚未均等化，工业反哺农业、城市支持农村的机制尚未有效建立。城乡发展不平衡、不充分依旧是我国经济发展的短板。特别是在国际市场规模萎缩且不确定性增大的条件下，发挥国内超大规模市场优势是促增长的必然选择，而促进乡村振兴与新型城镇化协调发展是内需最大潜力所在。在此背景下，开展乡村振兴与新型城镇化协调发展的机制、监测与政策支撑体系等方面的研究，对于加快城乡要素流动，提高城乡综合承载及资源优化配置能力，优化区域经济布局，改善大尺度空间治理能力，增强内需驱动高质量发展能力，具有十分重要的理论和现实意义。

本书的研究涉及经济地理学、空间经济学、演化经济学、公共管理学、社会学等不同学科范畴，但并没有局限于这些理论的简单套用，而是统筹考虑上述理论与中国城乡发展现实历程的匹配程度，集中围绕乡村振兴与新型城镇化战略大背景，从系统论、可持续发展理论和生态学理论视角，构建乡村振兴与新型城镇化分析的理论框架，系统研究乡村振兴与新型城镇化两大战略协调发展问题。主要表现在，围绕乡村振兴与新型城镇化协调发展的时间、空间、经济和社会四个维度，厘清多时空尺度下乡村振兴与新型城镇化协调发展的机制；构建乡村振兴与新型城镇化协调发展测度评价体系，时间与空间横纵向评价结合，全面呈现我国不同地区乡村振兴与新型城镇化协调发展水平及历史发展脉络；运用面板数据，选取交通密度、经济发展等重要指标进行实证检验，明确影响乡村振兴与新型城镇化协调发展的关键因素。建立结构方程理论模型，特别考察城乡发展政策对乡村振兴与新型城镇化协调发展的影响，并揭示其影响强度与影响路径，便于针对性政策建议的提出。全面梳理发达市场经济国家、新兴市场经济国家和发展中国家乡村振兴与新型城镇化协调发展的成功经验及典型模式，明确我国乡村振兴与新型城镇化协调发展的目标定位与现实选择。以社会政策需求调查为重点，编制《乡村振兴与新型城镇化协调发展对乡村振兴与新型城镇化政策实际需求的调查量表》，开展深度调查与数理统计。同时，从户籍制度类政策、社会保障政策类政策、行政管理制度类政策、土地管理类政策、城乡规划类政策、财税政策类政策、收入分配类政策、教育公平类政策、劳动就业类政策、生态环境类政策等维度开展社会政策需求深度调查，明晰社会各项政策需求强度，强化我国乡村振兴与新型城镇化协调发展的制度与政策创新。

本书基于理论，依托现实，将国家重大战略、政策支撑体系与乡村振兴和新型城镇化互动发展协调起来，深刻明晰促进乡村振兴与新型城镇协调发展，既是现阶段解决城乡发展不平衡与乡村发展不充分问题的现实需求，也是推进城乡融合发展的必由之路。本书具有重要的学术价值。同时，对于探索乡村振兴与新型城镇化协调发展路径与制度供给，解决城乡差距与二元结构问题，实现共同富裕，具有重要的理论指导意义。

作者

2024 年 12 月

目　录

第一章

总　　论

第一节
研究背景

一、缩小城乡差距，奔赴共富之路

2020 年，我国实现了全面建成小康社会的目标。在此基础上，如何推动我国实现全体人民共同富裕的目标成为现代化建设的重点。党的十九届五中全会强调了“扎实推动共同富裕”，并将“人民生活更加美好，人的全面发展、全体人民共同富裕取得更为明显的实质性进展”作为远景目标，这意味着我们的发展注重的是质量和公平。党的二十大把实现全体人民共同富裕摆在更加重要的位置，将其作为中国式现代化五大特征和本质要求之一。然而我们必须清醒地认识到，现实中我国不平衡不充分问题仍然突出，尤其是城乡发展仍存在较大差距。我国 2023 年统计公报数据显示：截至 2023 年末，我国城镇化率超 64.7%，城镇居民人均可支配收入 51821 元，比上年增长 5.1%；城镇居民恩格尔系数 28.8%。从乡村角度看，农村居民人均可支配收入21691元，比上年增长7.7%，农村恩格尔系数为32.4%，城乡居民人均可支配收入比值为2.39，比上年缩小0.06，但差距依然巨大，农村居民的收入水平仍然远落后于城镇居民。长期的城市倾向政策忽视了乡村的发展，城镇化的不断推进又可能会进一步拉大城乡差距，城乡贫富差距已然成为影响实现共同富裕目标的极大阻碍。同时，习近平总书记指出："促进共同富裕，最难最艰巨的任务在农村"，这一论断为我们指明了方向。要实现全体人民的共同富裕，必须着力解决城乡发展差距。在此背景下促进乡村振兴与新型城镇化协调发展成为解决这个现实困境的重要路径，也是推进共同富裕进程的重要途径。

二、推动城乡高质量融合，迈向中国式现代化

中国式现代化是我国社会主义建设之路的高度概括和总结，不仅体现了中国特色社会主义道路的独特性，也揭示了我国社会主义现代化建设的核心要义。中国式现代化的本质要求是"坚持中国共产党的领导，坚持中国特色社会主义，实现高质量发展，发展全过程人民民主，丰富人民精神世界，实现全体人民共同富裕，促进人与自然和谐共生，推动构建人类命运共同体，创造人类文明新形态"，每一个方面都是对中国社会全面进步的深刻诠释。党的二十大报告系统总结了中国式现代化的鲜明特征，并首次提出了建设中国式现代化的战略任务，这是中国进入新发展阶段建设社会主义现代化强国的战略选择，也是推进乡村振兴、新型城镇化必须承担的历史使命。在全面推进中国式现代化建设的过程当中，促进乡村振兴与新型城镇化协调发展成为了关键一环，习近平总书记也指出："推进中国式现代化，必须全面推进乡村振兴，解决好城乡区域发展不平衡问题"。这说明我们在推动城市发展的同时，更要注重农村的发展，形成城乡互动、工农互促的良好局面。事实上，随着中国式现代化的深入推进，城市和乡村之间的连接更为紧密。我国关于促进乡村振兴与新型城镇化协调发展的相关顶层设计也在逐步完善。从国家"十四五"规划中提到要形成工农互促、城乡互补、协调发展、共同繁荣的新型城乡关系到2023年中央经济工作会议指出要把推进新型城镇化和乡村全面振兴有机结合起来，再到2024年中央一号文件再次强调要统筹新型城镇化和乡村全面振兴。由此可见，我国已经将促进乡村振兴与新型城镇化协调发展作为实现城乡高质量

融合的重要途径，并将其作为中国式现代化建设奋斗的重要方向，中国式现代化的实现需要乡村振兴与新型城镇化协调发展来推动。

三、城乡优势互补，实现协同发展

我国区域发展一直面临着不平衡、不协调的问题，如东部沿海与西部内陆的经济差距，城乡之间的发展不平衡等，这些在一定程度上制约了我国整体经济社会的发展以及人民美好生活的实现。为了破解这一难题，国家层面高度重视，不断出台各种方针政策致力于区域协调发展。从改革开放初期的东部沿海开放，到西部大开发、中部崛起、东北振兴等战略的实施，再到如今的京津冀协同发展、长三角一体化、粤港澳大湾区建设等，都体现了国家对于促进区域协调发展的坚定决心与不懈努力。同时，党的二十大报告再次强调要深入实施区域协调发展战略，区域协调发展是推动高质量发展的关键支撑，是实现共同富裕的内在要求，是推进中国式现代化的重要内容。随着中国特色社会主义进入新时代，我国发展不平衡问题中城乡发展不平衡与乡村发展不充分问题最为突出。乡村作为我国广大农民群众生产生活的基地，其发展水平直接关系到农民群众的福祉，而乡村振兴战略的提出正是为了推动乡村经济、社会、文化、生态等各方面的发展，缩小与城镇的差距。而新型城镇化在促进城镇发展的同时加强了城乡的互动交流，有利于推动城乡融合发展，从而促进城乡协调发展。因此，推动乡村振兴与新型城镇化建设是有效改善城乡发展不平衡的关键一步，推动这两大战略的协同发展也将为实现区域协调发展注入新动力。

第二节 研究意义

一、理论意义

立足于我国发展的新时代背景，实现城乡融合发展的目标是我国高质量发展的必然要求，为了实现这一目标，推进乡村振兴与新型城镇化的协调发展显得尤为关键。乡村振兴旨在提升农村地区的发展水平，改善农民生活质量，实现农业农村现代化；新型城镇化则强调城镇化进程中注重提升城市品质，优化城市空间布局，实现城乡一体化发展。结合两大战略来看，两者并非是独立存在的，而是相互促进、相互依存的关系。一方面，乡村振兴需要城市发挥辐射作用来带动，为乡村振兴注入资金、技术等资源；另一方面，新型城镇化也需要农村地区的人口等要素的参与，从而实现城乡协调发展。因此，研究乡村振兴与新型城镇化协调发展具有重要意义。从目前学术研究成果来看，已有较多关于新型城镇化和乡村振兴的单独讨论，以及研究两大战略结合发展的理论机制，而对于两者的协同发展影响机制方面仍有待进一步拓展。因此，在对乡村振兴和新型城镇化各自含义进行充分理解的基础上，将研究重点放在两者协同发展的影响机制上，从而为两者协调发展提供更为全面和深入的理论基础和支撑，也能为制定更加科学、合理的政策提供理论依据。

二、现实意义

从现实角度来看，实现乡村振兴与新型城镇化协调发展将有效解决我国城乡发展不平衡的问题。本书通过构建指标体系测算出两者的发展水平与耦合协调度，可以从宏观上把握当前我国城乡发展的整体状况，有助于我们更加清晰地认识当下城乡发展的差距。进一步地，基于固定效应模型与结构方程模型进行实证分析，深入剖析乡村振兴与新型城镇化协调发展的影响因素及政策作用路径，为制定更具针对性的政策来促进两者协调发展提供实证支持。具体而言，通过实证分析，我们能够清楚了解哪些因素在促进两者协调发展过程中起到了关键作用，并基于此提出一系列有针对性的政策建议，对于促进乡村振兴与新型城镇化协调发展具有重要现实意义。

总而言之，本书不仅具有重要的理论意义，还具有深远的现实意义。通过深入探讨乡村振兴与新型城镇化协调发展的影响机制与路径，将为城乡融合发展提供一定的理论支持和实践指导。

第三节 国内外研究现状

一、乡村振兴与新型城镇化互动关系研究

对于乡村振兴和新型城镇化协调发展的理论分析主要集中在以下几个方面：

（一）乡村振兴与新型城镇化之间具有高度的耦合性

新型城镇化致力于通过增加农村就业机会，改善公共服务和社会保障体系等措施来实现可持续发展。在这一过程中，城镇化促进了城乡产业的融合，与农业现代化同步发展。与此同时，乡村振兴以改善产业、生态、文化、治理和居民生活水平等多方面条件为核心，旨在提高整体发展水平，从而缓解城乡之间的发展不平衡问题。尽管两者在侧重点上存在一定的差异，但它们都契合以人为本的理念，综合考虑经济、社会和生态等方面，以实现人们美好生活为最终目标，这表明它们在实施内容和达到目标方面具有高度一致性。因此，乡村振兴与新型城镇化作为国家战略，在推动我国城乡发展，促进城乡融合方面，形成了紧密互动、相互促进的关系（冯丹萌等，2020）。从实施内容上来看，李梦娜（2019）明确指出乡村振兴所强调的“生态宜居”是“绿色城镇化”建设的内在需求，两者不谋而合。首先，就整个生态系统而言，城市周边的农村地区乃至全国所有农村地区为我国城市经济的可持续发展提供了绿色空间和生态支持；其次，从两者的繁荣发展方面来看，城市所需的多功能产品要依赖农村的供给，农村要为城市的发展提供更多更好的绿色生态产品；蔡继明（2018）指出，乡村振兴战略强调通过对土地承包“三权”制度的建设完善，实现对农民权益的保障，这与新型城镇化中人口城镇化要素要求的“以人为本”原则不谋而合；从达到目标上来看，徐维祥等（2019）指出，乡村振兴就是为了让农民过上富裕的生活，这不仅是指农民生活水平提高，还代表着收入

结构得到改善、农民住房得到保障等农民生活质量提高的表现，而农民生活水平与生活质量提高也是经济城镇化的最终目标。苏小庆等（2020）指出虽然乡村振兴与新型城镇化战略的侧重点不同，但是二者的共同目标都是实现城乡融合发展，具体来说，新型城镇化的侧重点在于提高城镇化质量，并促进农业农村现代化；而乡村振兴是在推动新型城镇化的基础上，以农业农村的发展为重点。因此，这两者可以视为城乡融合发展的“一体两翼”，是促进城乡融合发展的重要组成部分。

（二）乡村振兴与新型城镇化之间存在着一种绝对与相对的关系

乡村振兴与新型城镇化都是中国未来发展必须要推进的长远战略，因此，从整体来看，两者是绝对的，既不能为了乡村的绝对发展而阻碍新型城镇化的进程，也不能因为新型城镇化的推进而忽视乡村振兴。但是，在发展过程中，因功能、侧重点不同，必然导致相对差异的存在（冯丹萌等，2020）。刘爱梅等（2019）认为，从以城市为导向的发展政策到注重城镇化与乡村振兴战略的协调推进是现阶段我国政府的正确选择，在我国经济发展初期，受到资金限制，政府采取了非平衡发展的政策，主要表现在重点关注城市地区的建设和发展工作，而在城市地区优先发展，经济达到一定水平之后，则将关注的重点转向城乡协调发展，采取对城、乡双方都有利的政策来促进两者的互促共进。

（三）乡村振兴与新型城镇化是相辅相成关系

我们曾经在对新型城镇化与乡村振兴的关系处理上出现了一些误解。例如，有人认为新型城镇化与乡村振兴战略之间是对立的、排斥的关系，或者认为乡村振兴战略的实施意味着国家不再重视新型城镇化战略的推进。而现在，学术界普遍认为，乡村振兴与新型城镇化不再是过去此消彼长的关系，而是相互促进、协调共荣的关系。徐维祥等（2020）就明确指出乡村振兴和新型城镇化是相互依赖、共同演化、相互支持的，二者具有一种客观的“共生关系”。刘依杭（2021）对乡村振兴和新型城镇化这两大战略的原则、目标和核心价值进行了剖析，并指出这两大战略是一个相互补充、相互联系的有机整体。具体来说，关于乡村振兴与新型城镇化之间的关系又存在以下两种比较接近的观点。第一，乡村振兴与新型城镇化相互促进但又互相独立。俞淼（2023）指出，乡村振兴和新型城镇化必然会成为融合共生、互惠共赢的命运共同体，这是因为城乡之间从根本上存在着资源禀赋的差异。对于经济、社会发展相对薄弱的乡村而言，它急需人才、资本、技术、管理经验等城市高质量要素的支持和引导，这些优质要素对于乡村持续发展具有非常关键的支持作用。例如，城市先进技术和管理经验的引进可以促使农村实现产业结构的优化和升级，资本资源为乡村发展提供了资金保障；与此同时，对于资源相对匮乏的城市来说，要想实现新型城镇化，同样需要依赖乡村的繁荣，乡村所拥有的土地、人力、物力等资源为新型城镇化提供了重要的基础保障，特别是在构建可持续发展的城市生态系统方面，这些资源显得尤为可贵。康永征和薛珂凝（2018）认为，新型城镇化战略对农业转移人口、农业现代化、农村发展的关注，体现了其对乡村的关怀，而乡村振兴战略有助于促进城市务工人员的回流，从而缓解“城市病”问题。第二，乡村振兴与新型城镇化相互联动但又有所交叉（杨佩卿，2022）。这两大战略都需要彼此互相提供支持，难以独自解决各自的内部问题（丁静，2019）。传统城镇化模式导致了城乡土地资源错配和城乡产业二元分隔严重以及农村空心化显著等问题，单靠新型城镇化难以有效解决，需要乡村振兴战略为解决这些问题提供动力；要实现农业农村现代化和生产要素在城乡之间的自由流动，不能仅仅依靠乡村振兴战略，还需要新型城镇化的发展给予产业、生态、文化、社会治理等的全面支持（叶超等，2020）。

现有的关于乡村振兴与新型城镇化如何融合发展的研究成果还相对比较匮乏，特别是缺乏贯通古今中外、打破学科界限以及“认识—实践”界限，并以现今时代为主的科学研究。

二、乡村振兴与新型城镇化协调发展的机制研究

乡村振兴与新型城镇化协调发展的机制来源于空间互动机制、经济关联机制、利益协同机制。研究视角主要集中在城乡融合、产业协调和城乡等值化三个方面。

（一）从城乡融合的角度探讨乡村振兴和新型城镇化的空间互动机制

有学者认为，城乡的融合发展是指在城、乡地域系统中，实现人口—资源—环境之间的均衡发展，是社会、经济、生态效益相协调的过程（陈明星等，2020；叶超等，2020）。周佳宁等（2019）指出了城乡融合仅仅

是城乡在经济层面的互动这一观点的狭隘性，进一步结合系统论的观点，认为城乡系统是复杂的、多样的，因此，城乡融合更多的是指城乡在人口、空间、社会、环境等层面的互动与融合。年猛（2020）认为，城乡融合是在视城乡为一个有机整体的基础上，在经济、社会和空间层面上实现无障碍的深度互动，在要素、产业、制度和治理层面实现全面融合。并且他还进一步指出，要素融合的本质是实现生产要素在城乡之间的自由流动和组合；产业融合则更加强调城市与农村两个主体在不同空间之间的产业互动，实现城乡产业链的衔接和优化；制度融合是一切互动、融合的基础，关键是要打破二元分割制度，建立统一、公平、可持续的制度体系，如果缺少了制度融合，城乡融合发展的目标就难以实现；治理融合是要求实现城乡共治及共享治理成果；空间融合包括基础设施融合和生态融合两个方面，是要求城乡在保留各自禀赋、发展特点的基础上实现功能扩展、分工和互补。

（二）从产业协调的角度探讨新型城镇化与乡村振兴的经济关联机制

在这一经济关联机制的作用下，产业协调成为新型城镇化与乡村振兴实现共同繁荣的纽带。资本逐利和效率驱动的机制推动着产业间生产要素的有序流动，最终使得三大产业朝着协调发展的目标迈进，这不仅实现了城乡经济的融合共生，也为全面建设社会主义现代化国家奠定了坚实的经济基础（金成武，2019；吴旭晓，2019；李兰冰，2020）。农村产业结构升级能够解决农村劳动力就业问题，推动农村人口就地城镇化，进而推动新型城镇化进程（李慧燕，2022）；产业城镇化能够推动数字基础设施与农业生产过程、农产品加工过程深度融合，从而推动工业和农业相互融合（徐雪等；2023），因此，产业城镇化与农村产业结构升级能够相互促进，共同推动城乡融合。马亚飞等（2020）从第三产业发展的角度出发，认为第三产业的发展能够推动新型城镇化与乡村振兴的协调演进。一方面，第三产业的发展能够推动各行业间生产要素的自由流动，为经济增长提供新的动力，进而通过创造就业机会吸引农村人口向城镇转移，最终提高城镇化水平；另一方面，第三产业能够促进农村各产业融合发展，使农村地区朝着产业协调发展的方向迈进，进而推动乡村社会、经济发展。徐雪等（2022）从工业化的角度出发，认为工业化发展能够促进人才、技术等要素在城乡之间流动，提高资源配置效率，实现城乡之间要素的合理配置，进而促进产业协调发展，最终建立起以工促农、工农互惠的新型城乡关系。邹德玲（2019）认为，城乡融合和产城融合在目标都是为了促进城乡协调发展。产城融合通过产业发展带动城市功能提升，而城乡融合则通过优化资源配置促进农村发展。产城融合可以通过建设现代化产业体系，以产兴城、以城带乡，从而推动城乡融合，共同推动城乡一体化发展。并且提出，在新时代背景下，促进产城融合进一步提升需要从以下几个方面有所思考：第一，结合当下我国社会主要矛盾已经转化为人民日益增长的美好生活需要和不平衡不充分的发展之间的矛盾，努力从满足人民对美好生活追求的实际需要出发，针对中东西部地区地理位置、气候、城市发展基础、产业定位等方面的实际特征，制定切实有效的区域经济、地方经济发展战略，并给予政策、制度保障支持。第二，设立产城融合发展优质示范区，如江苏的木渎镇、宁夏闽宁村等，通过先期块状发展，逐步形成面的覆盖，实现区域联动。第三，加大中西部地区资金引进力度，充分发挥政府的中间衔接作用以及政策供给职能，提高东南沿海经济发达省区投资中西部产业建设的力度。针对中国经济东、中、西部的阶梯式发展特征，充分发挥东南部经济发展地区的技术、资金、人才优势，结合中西部地区自然禀赋与后天条件，发挥当地地域辽阔、劳动力成本低的特点，合作开发建立可持续发展的地方优质特色产业，以产业先行，促进人口集聚以及城市规模的扩张与城市功能的逐步完善，实现人民收入水平提高，增加消费者可支配收入，为产业发展、城市发展奠定经济基础，实现产、城、人的协调共进。第四，继续加大财政对教育的支持力度，增加财政对教育的投入比例。从产业、城市及人的可持续发展层面而言，人口素质的提升应该一直处在国家各层面发展最根本、最重要的关键点，通过提高财政对教育的投入比例，不断提高高等教育受教育的比例，提高高级人力资本的培养力度和人口比例，为社会经济、产业、城市发展输入高级创新型人才。

（三）从城乡等值化的角度探讨乡村振兴与新型城镇化的利益协同机制

有学者认为，城乡是一个紧密联系的利益共同体（何仁伟，2018）。李文荣等（2012）在梳理了不同学者提出的城乡等值化理论内涵的基础上，认为城乡等值化是在承认城乡差距的前提下，由政府部门通过财政重新分配等手段，逐步减小农村与城市在生产、生活水平上的差异，使城乡居民在生产生活质量、社会福利等方面享有同等水平。在这一理论基础上，有部分学者指出，“以城带乡、以乡促城”的新型城乡关系应该以等值融合发展为目标（叶红等，2021），而城乡等值化的实现依赖于城乡共享的体制机制（刘爱梅等；2019）。并且，对于城乡共享体制机制的建设，学者们也提出了各自的观点。刘爱梅等（2019）从农村土地投入、公共产品供给、要素投入、农村产业发展四个层面提出要建设城乡共享体制，打破城乡二元体制及城乡居民之间的利益分割局面。王蕾等（2012）认为，城乡共享不仅是资源、公共基础设施等硬件方面的共享发展，更重要的是城乡机会、制度等软件方面的共享。

由乡村振兴与新型城镇化协调发展机制相关研究成果可见，关于二者协调发展机制的研究尚处于起步阶段，研究视角丰富性、全面性尚欠缺，对经济、政治、社会、文化和自然要素的综合考量不足，缺乏有机整合。同时，两者在经济、文化与社会结构上的互动效果方面有效的资政研究成果鲜见。

三、乡村振兴与新型城镇化协调发展评价研究

随着乡村振兴战略的持续推进和新型城镇化的不断发展，学者们开始探索建立评价乡村振兴与新型城镇化协调发展的有效指标体系，并通过应用相关方法测度两者协调发展的程度。综合来看，这种评价研究的角度及内容可以概括为以下三个方面：

（一）从城乡关系角度展开评价研究

一些学者从城乡融合水平、城乡联系程度、城乡经济增长水平和城乡差异等视角进行定量评价（周蕾等，2011；刘晨光等，2012；张立生，2016；陈坤秋等，2019；王大伟等，2020；）。赵德起等（2019）通过构建城乡融合发展综合水平评价指标体系，对2007—2016年中国总体及30个省份的城乡融合发展综合水平进行了测度，分析了不同省份城乡融合发展的总体水平和发展速度，发现全国范围内城乡融合水平在不断缩小，城乡融合程度在稳步提高。周蕾等（2011）以无锡市为例来研究其城乡融合水平的动态变化，根据城乡子系统的行为特征对城乡系统进行耦合测度，结果发现，20世纪90年代初期以前，无锡市城乡二元结构特征明显；20世纪90年代初期开始至21世纪初，无锡市城乡协调发展得到了长足进步；但是自21世纪以来，由于城市系统全面扩张，乡村系统受到不同程度的挤

压，使发展不协调的危机一直潜伏在城乡系统中。刘晨光等（2012）从城乡联系程度、城乡经济增长水平和城乡差异的视角出发，系统测算了2000—2008年中国31个省份城乡发展协调度，结果发现，中国省际城乡协调发展程度总体呈现上升趋势。张立生（2016）延续了刘晨光等学者的研究思路，从市级层面出发，以2004—2014年中国333个城市数据为基础，对中国的城乡协调度进行了测度。结果表明，从城市的角度来看，中国的城乡协同发展呈现一种整体增长态势。总体来说，这些研究均表明，我国统筹城乡发展的政策取得了显著效果。然而，由于乡村数据获得的难度较大，多数学者都是以简单的城乡系统为对象进行定量分析，一定程度上影响了城乡协调发展水平的客观性。

（二）从微观层面的实地调研或案例研究展开探索

一些学者以实地调研或案例研究的方式，来深入探讨某个区域乡村或城镇的发展模式，以期为其他地区提供借鉴与思路，这些研究大多是从人口、土地、产业等多个角度进行分析。值得注意的是，大部分案例研究特别关注了以旅游为特征的产业兴旺，其原因在于，旅游业的融合性好、关联性强、覆盖面广，这使它在乡村振兴的进程中有其独特之处（席建超等，2016）。例如，李志龙（2019）以湖南省凤凰县为例对其乡村振兴—乡村旅游耦合系统进行研究，并通过分别构建乡村振兴与乡村旅游综合评价指数，指出乡村旅游对于乡村经济的发展存在助推作用，但同时也产生了一系列问题，主要表现为无序开发以及对乡村气息的破坏、乡村旅游业的快速发展与农村基础设施落后之间的矛盾。除了从乡村旅游视角出发的对于乡村振兴案例的研究，还有对于某个区域城乡协调发展空间差异的定量评价。陈修颖（2013）通过构建评价城乡一体化发育水平的指标体系，对于广东省城乡一体化的空间差异进行了定量评价，指出粤北地区在就业与社会保障、基本公共服务等方面基本实现了城乡均等化，粤东地区和粤西地区在粤北地区的基础上，朝着经济一体化的目标迈进，而珠三角地区不仅实现了城乡经济一体化，而且实现了要素流动、社会和文化等方面的一体化。段晶晶等（2010）通过构建城乡关联度指标体系，对西安地区各区县的城乡关联度、城乡协调发展水平进行了定量评价，结果表明，西安地区城乡一体化存在圈层结构特征，即以城区为中心的地区关联度高，距城区较远的外围关联度低。

（三）从乡村振兴内涵与新型城镇化进程之间的协同发展关系构建指标体系展开评价研究

部分研究采用操作相对简单的层次分析法确定指标权重，例如，郭岚（2017）通过构建一个包含25个具体指标的城乡一体化评价指标体系，并运用层次分析法计算各指标权重，对上海城乡一体化发展水平进行了测度。结果表明，上海城乡一体化总体水平比较高，基本形成了一体化的发展格局，并表现出多元化发展的特点。李瑾等（2017）通过构建包含26个具体指标的城乡一体化评价指标体系，也运用了层次分析法来计算各指标权重，但是他们测算的是2003—2012年中国30个省（市、自治区）的城乡一体化水平，结果表明，我国城乡一体化水平开始由缓慢增长向快速发展转变，并且呈现出“东高、西低、中均衡”的特征。但由于层次分析法主观因素影响明显，也影响了这一方法在乡村振兴与新型城镇化协调发展评价方面的有效应用（蕾娜等，2020）。另外，其他学者采用熵值法、耦合协调度、灰色关联度等方法对乡村振兴与新型城镇化耦合协调程度进行了测度（马力阳等，2017；贾晋等，2018；徐维祥等，2020；马广兴，2020）。其中部分学者基于城市、乡村这两个子系统分别构建指标体系。徐维祥等（2020）就基于乡村振兴与新型城镇化子系统，以2005—2017年为研究序列，以中国30个省、自治区、直辖市为研究对象，通过熵值法和耦合协调度模型测度了乡村振兴指数与新型城镇化水平以及两者的耦合协调度值，对城乡协调发展的地区差异和趋势进行了评估。结果表明，东部地区在城乡协调发展方面取得了较好的成绩，但是西南地区则面临着挑战，需要进一步提升乡村振兴与新型城镇化的协调水平，并且多数省份处于初级协调及以上的阶段，中级协调区域逐步向中部地区延伸，表明中部地区的新型城镇化与乡村振兴处于较为活跃和平衡的状态，取得了良好的协调效果。高级协调区域数量不断增加。许忠裕等（2022）也利用了熵值法和耦合协调度模型，将全国和民族地区的乡村振兴与新型城镇化的耦合协调度进行了对比分析，结果表明，在民族八省区（内蒙古自治区、宁夏回族自治区、新疆维吾尔自治区、西藏自治区和广西壮族自治区五大少数民族自治区和少数民族分布集中的贵州、云南和青海三省）中，内蒙古自治区乡村振兴与新型城镇化的耦合协调度最高，但是与全国水平相比还是存在一定的差距。另一部分学者则结合灰色关联度模型研究影响乡村振兴与新型城镇化耦合协调度的因素。姚毓春等（2021）采用灰色关联度模型，构建了城乡融合度影响因素指标体系，研究表明，城乡融合度受到城乡要素流动、城乡公共服务均等化、城乡交通及通信设施完备化等多维因素影响。与此同时，城乡融合度的提升亦得益于这些因素的影响。徐雪等（2023）通过借鉴前人研究成果和各省份发展的实际，运用灰色关联度模型计算了经济驱动、政府调控、产业结构、基础设施水平这四个因素对中国31个省份新型城镇化与乡村振兴耦合协调度的作用程度，结果表明，这四个影响因素对于耦合协调度的作用程度呈现明显的区域差异，中部地区乡村振兴与新型城镇化耦合协调度受到基础设施水平和产业结构因素的影响最高，东部地区二者的耦合协调度受到经济驱动和政府调控因素的作用更强。

已有的定量研究已经从最早的城乡系统耦合研究发展为近年来以乡村振兴为主的城乡协调关系的研究，更多地是基于某一地区或者微观视角的实地调研，从全国层面直接定量研究两者协调发展关系仍然缺乏。

四、推进乡村振兴与新型城镇化协调发展的政策研究

关于如何实现乡村振兴与新型城镇化协调发展，学者们从不同的角度提出了相应的政策建议。研究角度主要包括经济政策、就业政策、城乡政策、社会管理政策四个方面。

（一）经济政策

一方面，要协调财政政策和金融政策，建立企业、金融、财政三方联动机制（陈丽莎，2018），另一方面，要处理好政府和市场的关系，为了确保资源的有效配置，应当深化经济体制改革。首先，政府要发挥好引导与调控的作用，制定相关政策；同时，政府应当注意适当调整干预力度，让市场发挥决定性作用（丁静，2019；许经勇，2020）。

（二）就业政策

一方面，鼓励学有所成的劳动力返乡创业（江洁等，2020），张合林等（2021）对于这一政策思想进行了进一步阐述，提出要放宽创业过程中所需的用水、用地标准，降低行业进入门槛，对新一代返乡创业的农民子弟提供政策支持，激发他们的创业积极性；另一方面，通过农业结构的优

化，提高农村地区对内部劳动力的吸纳能力，通过工厂、企业的乡村延伸带动农村劳动力就业，将农业、生态、旅游等资源有效结合起来，促进农村剩余劳动力就业（冯丹萌等，2020），同时通过制定财政、金融、税收、社会保障、职称评定、选拔聘用等激励政策吸引优秀人才，通过建立城乡人才共享与农村灵活引才机制突破农村发展的人才瓶颈（谢天成，2021）。

（三）城乡政策

一方面，政府需要加大对乡村公共服务方面的投入，在乡村教育和医疗卫生的公共服务供给方面下大力（陈丽莎，2018）。在乡村教育方面，需要补齐农村教育事业短板，优先考虑普及学前教育，不断夯实基础教育，强化职业教育建设（丁静，2019）；在乡村医疗卫生方面，首先，需要不断完善城乡医疗服务供给体系，如通过改善乡镇卫生院和村卫生室医疗条件来提高基层医疗服务的品质和水平；可以建立城镇医疗人才下乡激励机制来增强基层医务人员工作岗位的吸引力，从而解决基层医疗机构人才短缺的问题；其次，需要逐步完善分级诊疗制度，实行差别化医保支付政策，让农民病有所医、病得好医，实现城乡医疗服务的均衡发展和共融共享（张合林等，2021），不断建立城乡统一、共享的公共产品供给体制，推进城乡基本公共服务和基础设施一体化建设（刘爱梅等，2019）；另一方面，为了破解城乡二元结构的困境，需要按照空间相对集中和资源优化配置的原则来改变城乡地域功能，综合运用多种政策和措施，实现生产要素和公共资源在城乡之间的优化配置，推动城乡良好互动、互建互促（杨嵘均，2019；刘双双，2020；蒋恩东，2021）。杨嵘均（2019）强调，中央政府要加大改革力度，给予农村更多的自主权，同时，对于城乡要素自由流动机制的构建问题，可以通过组织专家团队，从理论和技术层面多角度、宽领域地进行探究。刘双双（2020）强调在乡村振兴与新型城镇化进程中，深化农村土地制度改革至关重要，这包括释放农村土地的市场价值，以提高农村地区土地利用效率；推进农村宅基地和农房产权制度改革，以加强对私人产权的保护；建立健全农村承包地有偿转让和退出机制，以提高农业生产的规模化、专业化水平。丁静（2019）指出，资本要素的单向流动趋势难以改变，这主要是受到农村自身客观条件以及资本“趋利避害”本能的约束。因此，要充分发挥政府作用，克服市场失灵，使公共财政更大力度向“三农”倾斜。

（四）社会管理政策

实现乡村振兴和新型城镇化的协调发展还需要社会管理政策的支持，首先，要深化户籍制度改革，破除城乡户籍二元体制的隔阂（陈明星等，2020），户籍制度改革的成功不仅仅在于解除户籍限制，还需要建立城乡统一的户籍登记制度，魏后凯（2016）指出，要实现这一目标，需要对户籍制度中隐含的各种权利和福利制度进行改革，包括但不限于教育、医疗、养老、住房等方面。与此同时，还要着力于城乡分治的户籍制度（蔡伏虹，2020）。此外，苏小庆等（2020）提出，为了解决大城市户籍制度改革之后所导致的农业转移人口市民化问题，可以采取晋升激励的方法，激励地方政府为解决农业转移人口市民化问题而竞争，提升城镇发展的包容性。其次，进一步完善社会保障制度（李佳佳，2020），扩大社会保障制度覆盖面，不断提高保障水平和统筹层次。具体实现措施包括以下几个方面，首先，通过建立城乡统一的基本医疗保险制度，确保所有居民都能够享受到基本的医疗保障；其次，完善城乡统一的社会救助制度，确保农村贫困人口和城市困难群体都能够得到社会救助；最后，建立城乡统一的公共服务体系，包括教育、文化、交通、体育等方面的公共服务，最终目标是分阶段逐步建立“全民覆盖、普惠共享、城乡一体、均等服务”的基本社会保障体系（魏后凯，2016），以多维制度联动促进城乡融合（叶超等，2020）。

关于推进乡村振兴与新型城镇化协调发展的政策研究的相关文献较丰富，但是现有研究主要停留在多个层面宏观政策上，对于不同发展水平地区乡村振兴与新型城镇化协调发展针对性、差异化实施政策的探讨还有待进一步深入。

五、简要述评

学者们对于乡村振兴与新型城镇化协调发展关系、机制、评价、政策体系等问题进行了大量研究，并取得了丰硕成果，为本书中的乡村振兴与新型城镇化内涵的正确界定、两者协调发展逻辑关系梳理、机制探析提供了良好基础，为构建两者协调发展动态监测指标体系与模型提供了有效的理论指导和方法选择，为进一步优化和完善推进我国乡村振兴与新型城镇化协调发展的政策体系拓宽了思路。但从总体上看，我国乡村振兴与新型城镇化协调发展的机制研究，尤其是有关推进两者协调发展的具体政策体系研究仍处于起步阶段，作者认为，以下几个问题尚需深入研究和回答：第一，乡村振兴与新型城镇化协调发展的内在机制是什么？第二，究竟采用哪些实证分析方法才能建立具有较高信度和效度的动态监测指标体系？如何构建适用性强、敏感度高的动态监测模型和动态监测指数？如何从横向（全国31个省份）和纵向（年度）两个维度进行动态监测？第三，我国现行的城乡发展政策对乡村振兴与新型城镇化协调发展究竟有何影响，影响强度如何，影响路径如何？第四，国外在推进两者协调发展过程中究竟有哪些成功经验？推进两者协调发展对城乡发展政策有什么实际需求？如何构建面向实际需求的推进两者协调发展的政策体系？为此，本书将着力探索乡村振兴与新型城镇化协调发展的机制、动态监测体系和政策支持体系，力图回答上述提出的问题。

第四节 研究目标及内容

一、研究目标

本书研究的总体目标是围绕乡村振兴与新型城镇化战略大背景，结合乡村振兴与新型城镇化协调发展的时间、空间、经济和社会四个维度，研究我国乡村振兴与新型城镇化协调发展的机制、监测与政策支撑体系，旨在厘清多时空尺度下乡村振兴与新型城镇化协调发展的机制，构建两者协调发展的动态监测指标体系，探索两者协调发展的政策支撑体系，为实现两者互融共生提供理论与实证支持。为实现这一总体目标，必须实现以下具体目标：第一，揭示乡村振兴与新型城镇化之间的逻辑关联。综合运用经济学、管理学、地理学和社会学等交叉学科理论构建分析框架，系统梳理国家发展战略导向与乡村振兴与新型城镇化发展之间的演进逻辑，准确识别乡村振兴与新型城镇化的典型特征与现实困境。第二，探寻乡村振兴与新型城镇化协调发展的机制。借鉴新经济地理模型，结合中国国情和城乡发展的实践以及新时代社会主义矛盾转化、全面建成小康社会和城乡统筹发展等背景，构建符合中国发展现实的理论框架，剖析乡村振兴与新型城镇化协调发展的机制和影响因素。第三，构建乡村振兴与新型城镇化协调发展的动态监测指标体系。采用隶属度分析、相关分析、辨别力分析等方法对理论测评指标进行实证筛选，建立具有较高信度和效度的乡村振兴与新型城镇化协调发展的动态监测指标，设定适用性强、敏感度高的动态监测模型、动态监测指数，促进两者协调发展。第四，构建乡村振兴与新型城镇化协调发展的多维动态政策支撑体系。针对不同地区的发展水平以及不同的经济地理和社会基础，以时间、空间、经济和社会为向度构造多主体、多尺度、多层次的立体支持系统，提出两者协调发展的政策体系框架。

二、研究内容

本书主要通过以下内容的分析实现上述目标：第一，乡村振兴与新型城镇化协调发展的理论基础与概念框架。主要通过对系统论、可持续发展理论和生态学理论的系统梳理，构建一个系统的理论分析框架，对乡村振兴与新型城镇化协调发展的理论内涵及概念构思进行分析、阐述和总结，为构建乡村振兴与新型城镇化协调发展机制与动态监测指标提供坚实的理论基础。第二，乡村振兴与新型城镇化协调发展影响机制的分析框架。第三，我国乡村振兴与新型城镇化协调发展评价模型构建与测度。依照理论筛选、专家咨询以及实证筛选等特定程序，运用科学的指标体系构建方法，建立起我国乡村振兴与新型城镇化协调发展的测度指标体系，基于时间的纵向序列和空间的横向序列，对两者协调发展水平的趋势进行比较，从而更加准确地认识不同地区之间的差异与发展趋势。第四，乡村振兴与新型城镇化协调发展影响机制的实证检验。基于乡村振兴与新型城镇化影响机制的理论分析框架与面板数据模型，选取交通密度、经济发展、产业结构、城乡差距以及财政支出作为影响乡村振兴与新型城镇化协调发展的因素，利用 Tobit 模型进行实证检验。第五，城乡发展政策对乡村振兴与新型城镇化协调发展的影响研究。从城乡融合政策涵盖的城乡资源均衡配置和城乡发展多维互动两个层面影响乡村振兴与新型城镇化协调发展出发，提出研究假设，并以此为基础建立结构方程理论模型，对不同类型城乡发展政策对乡村振兴与新型城镇化协调发展的影响强度与影响路径进行分析，揭示各影响变量的作用机理。第六，乡村振兴与新型城镇化协调发展的经验模式与国际比较。首先，系统梳理典型发达市场经济国家、新兴市场经济国家和发展中国家促进乡村振兴与新型城镇化协调发展政策的成功经验。明确我国乡村振兴与新型城镇化协调发展的目标定位与现实选择。第七，面向需求的乡村振兴与新型城镇化协调发展政策优化研究。以公共政策评价理论和方法为依据，以社会政策需求调查为重点，从户籍制度类政策、社会保障政策类政策、行政管理制度类政策、土地管理类政策、城乡规划类政策、财税政策类政策、收入分配类政策、教育公平类政策、劳动就业类政策、生态环境类政策等维度，编制《乡村振兴与新型城镇化协调发展对乡村振兴与新型城镇化政策实际需求的调查量表》，开展实证调查与统计分析。第八，确保我国乡村振兴与新型城镇化协调发展的制度与政策创新。在借鉴国外推进乡村振兴与新型城镇化协调发展的成功经验以及公众需求调查基础上，从户籍制度、社会保障、行政管理制度、土地管理、城乡规划、财税政策、收入分配、教育公平、劳动就业、生态环境十个维度，加强乡村振兴与新型城镇化协调发展的制度与政策创新。

第五节 研究思路及方法

一、研究思路

本书在深入客观实际进行调研和进行系统的理论回顾与借鉴基础上，努力遵循的是“文献研究—理论探索—实证分析—政策研究”的逻辑思路。文献研究阶段，定向搜索整理国内外重点学术期刊的相关文献，围绕乡村振兴与新型城镇化，广泛挖掘和科学吸收、利用已有理论资源，进行广泛地国际比较和深度研读，为后续研究奠定坚实的文献基础。基于文献研究和理论研究，在充分认识乡村振兴与新型城镇化协调发展的逻辑关联的基础上，构建系统的理论分析框架。进而运用计量分析、结构方程分析、统计调查和制度分析等手段，深入探索乡村振兴与新型城镇化协调发展的机制、影响因素，剖析现行城乡政策对两者协调发展的影响机理，梳理世界典型国家案例，形成上下互动、内外兼修的相互衔接的乡村振兴与新型城镇化协调发展的政策支撑体系。

二、研究方法

本书需要综合运用定性分析法、定量分析法和综合分析法。不同方法适用不同的研究内容。

（一）文献研究与学科交叉相结合

系统梳理国内外相关文献和交叉学科的相关理论文献，为刻画乡村振兴与新型城镇化协调发展的要素构成提供理论支持和多学科视角。基于现行国内外乡村振兴与新型城镇化评价指标的理论筛选、实证筛选方法、评价指标体系、评价模型和评价方法等相关研究做法进行系统的文献调研和比较分析，为测算两者协调发展程度提供理论准备。从户籍制度、社会保障、行政管理制度、土地管理、城乡规划、财税政策、收入分配、教育公平、劳动就业、生态环境十个层面，重点对典型发达市场经济国家、新兴市场经济国家和发展中国家推进乡村振兴与新型城镇化协调发展的城乡政策进行系统文献调研和梳理，形成结构清晰、层次分明的国外推进乡村振兴与新型城镇化协调发展的政策体系。

（二）统计描述与空间计量相结合

在进行乡村振兴与新型城镇化协调发展机制研究时，以新经济地理学理论和空间经济理论为基础，从国家和省域层面对乡村振兴与新型城镇化发展现状、演进特征与演进规律进行多维度测算，并利用 ArcGIS 软件进行空间可视化呈现，对交通密度、经济发展、产业结构、城乡差距以及财政支出等相关要素对乡村振兴与新型城镇化协调发展的影响机制进行实证检验；在进行乡村振兴与新型城镇化协调发展动态测评时，采用隶属度分析、相关分析、辨别力分析等方法对理论测评指标进行实证筛选，运用耦合协调度方法，从横向和纵向两个维度对我国乡村振兴与新型城镇化协调发展进行动态监测；在进行城乡发展政策对乡村振兴与新型城镇化协调发展的影响研究时，运用 AMOS16.0 软件对实证调查结果进行结构方程分析，建立城乡发展政策对乡村振兴与新型城镇化协调发展影响机理的结构方程模型，对两者协调发展影响变量之间关系的强弱与影响路径进行分析。

（三）深度访谈与问卷调查相结合

1. 采用深度访谈法

针对“乡村振兴与新型城镇化协调发展的指标体系、评价模型、评价方法”“城乡发展政策对乡村振兴与新型城镇化协调发展的影响与影响机理”“加快推进乡村振兴与新型城镇化协调发展的城乡政策”等关键性问题进行深度访谈，为开展问卷调查提供良好基础。

2. 利用问卷调查

严格按照公共政策评价量表编制的理论、方法与程序，编制具有较高信度和效度的“城乡发展政策对乡村振兴与新型城镇化协调发展的影响和影响机理”和“乡村振兴与新型城镇化协调发展对乡村振兴与新型城镇化政策的实际需求”的问卷调查表，根据分层随机取样方法进行实证调查。

第二章

理论回顾与概念框架

乡村振兴战略和新型城镇化战略是党中央为调整城乡关系而相继提出的国家发展重要战略决策，二者从本质上是互利共生的命运共同体。所谓城镇化，是在提高农业生产效率的基础上，协调农村剩余劳动力的空间配置，加快农村转移人口市民化的过程。所谓乡村振兴，根本上就是解决农业、农村、农民问题，“三农”问题的实质是整个社会系统中的城乡结构问题，体现在工业与农业、城市与农村、市民与农民三方面。因此，乡村振兴战略和新型城镇化战略均是构建新型城乡关系的题中之义。我国经济发展已经进入提质增效的高质量发展阶段，乡村发展不充分，城乡发展不平衡问题日益凸显，需要将城乡协同发展的议题放在关键位置，而同步推进乡村振兴和新型城镇化战略正是构建新型城乡关系的重要着力点。从其理论渊源来看，系统论、可持续发展理论和生态学理论是我国乡村振兴与新型城镇化协调发展的重要理论基础。

第一节 我国乡村振兴与新型城镇化协调发展的理论基础

我国乡村振兴和新型城镇化战略是在人口多、资源相对短缺、生态环境比较脆弱、城乡区域发展不平衡的背景下推进的，这决定了我国必须从社会主义初级阶段这个最大实际出发，以系统的眼光，以可持续发展理论为指导，坚持生态优先，协同布局并统筹落实好乡村振兴和新型城镇化战略，强化绿色基础，最终达到社会持续、经济持续、生态持续的理想目标。因此，论及我国乡村振兴与新型城镇化协调发展的理论基础，就必须提及系统论、可持续发展理论和生态学理论。

一、系统论

系统论是由美籍奥地利科学家贝塔朗菲（L. V. Bertalanfy）于20世纪30年代创立的，如今已经发展成为研究系统的一般模式，是一门涵盖逻辑和数学性质的科学。系统论思想源远流长，以贝塔朗菲于1945年在《德国哲学周刊》的第3、4期合刊上发表的《关于普通系统论》一文作为系统论诞生的标志，至今已有近80年的发展历史。1968年，贝塔朗菲发表的《一般系统理论基础、发展和应用》（*GeneralSystemTheory*：*Foundations*，*Development*，*Applications*）一文确立了系统论作为一门科学的学术地位，并被学术界公认为系统论的代表作。观察系统论演进的全过程，其大致经历了两个阶段：一是一般系统论阶段，二是现代系统论阶段。贝塔朗菲在其“机体系统论”基础上提升出了一般系统论，奠定了系统理论的基础。随着对系统论研究和应用的不断深入，大量的新发展、新成果使得系统论的内容不断充盈，并向着更加科学的方向发展。进入21世纪后，学者们在综合新发展、新成果的基础上，提出了现代系统论的概念。人类社会正处在复杂性科学时代，相对于一般系统论，不管是在实践中还是在理论上，现代系统论被认为能够帮助人类更科学地说明其对客观发展过程的系统认识。

我国系统科学的开创者和奠基人钱学森同志曾指出，“我们所提倡的系统论，既不是整体论，也非还原论，而是整体论与还原论的辩证统一”，由此可以厘清系统、整体和部分的关系，即系统是相互作用的诸要素的综合体，系统并不等同于整体，且大于部分之和。

系统的基本属性包括整体性、层次性、开放性、关联性和动态平衡性。整体性是系统的中心要义，无论是一般系统论还是现代系统论，其核心思想始终是系统的整体观念。诚如贝塔朗菲所言，“一般系统论是一门关于整体的一般科学”“其主题是阐述和推导一般地适用于‘系统’的各种原理”。层次性体现的是系统内部的次序和等级关系，系统是由若干部分以一定的结构形式联结而成的有机整体，同时“其本身也是上级系统的子系统即要素”。系统的层次性使“系统”“整体”“部分”的概念是相对的，各个要素、各个整体、各个系统之间相互依存、相互作用、相互联系。开放性体现的是系统与外界之间必然的、不间断的交互关系，系统并不是孤立地存在于客观世界的，只有与外界环境和不同层次系统之间保持不断的信息交换、相互作用，才能推动系统的演进，并保证系统的活力。关联性指的是系统内部各子系统之间、系统与不同层次系统之间、系统与外部环境之间始终存在着紧密的相互关系，这一属性特别体现在复杂系统中。系统的关联性对系统结构的优化工作提出了长期的、持续性的高要求。动态平衡性要求系统在面对外界干扰时，具有一定的保持和恢复自身结构和功能的能力，保持自身的动态稳定。

系统是普遍存在的，研究系统的目的不仅在于科学认识客观世界，还在于利用系统论的思想赋能实践，即通过调整系统结构，协调内部各要素，以实现系统优化。协调城乡关系是一项错综复杂的系统工程，乡村振兴战略和新型城镇化战略既自为系统，又是共同作用于城乡协调发展的子系统，二者相互依存、相互作用、相互联系又相互制约。探究我国乡村振兴和新型城镇化协调发展的问题，要从系统的五大基本属性出发，促进乡村振兴和新型城镇化之间的良性互动，共同为构建新型城乡关系提供有力支撑。

二、可持续发展理论

可持续发展理论（Sustainable Development）是人类为应对自身需求和自然供应能力之间的矛盾而提出的一种发展理论，是人类对全球发展观认识的一大突破。历史发展到了今天，全球发展观从“增长理论”到“发展理论”，再变革到“可持续发展理论”，充分体现了人类对自然、经济、社会三大系统，以及三者之间关系的深入认识。可持续发展理论起源于20世纪后半叶，伴随着世界性的环境事件频发，包括资源短缺、全球变暖、生态退化、人口剧增、疾病等，出现了“增长的极限”“濒临失衡的地球”等危言，逼迫全球各国各地区人民重新审视发展观，促使可持续发展的思想在危机中诞生。具体而言，可持续发展概念的提出，最早可以追溯到1980年3月，联合国环境规划署（UNEP）、国际自然资源保护同盟

(IUCN)、世界野生生物基金会（WWF）联合多国政府和科学家共同制定的《世界自然保护大纲》，大纲中重点强调“人类利用对生物圈的管理，使生物圈既能满足当代人的最大需求，又能保持其满足后代人的需求能力”，这句话给予了“可持续发展”一词一个模糊概念，并被人们所熟知。1987 年，世界环境与发展委员会（WCED）发表的《我们共同的未来》报告（也称“布伦特兰报告”）中，首次启用了可持续发展概念，并对其进行了详细阐述，因而这份报告被认为是建立可持续发展概念的起点。与“布伦特兰报告”同时发表的还有“东京宣言”，呼吁各国将可持续发展纳入自身发展目标，由此产生了广泛的影响。1992 年 6 月，在巴西里约热内卢召开的联合国环境与发展大会上，102 个国家首脑共同签署了《21 世纪议程》，可持续发展的理念被普遍接受，并成为行动指南，将长期助力于世界的健康发展。

学界、联合国及社会组织的现有研究表明，可持续发展理论的内涵就是要处理好“社会与自然”之间、“社会与社会”之间的关系。构建“社会与自然”之间的可持续关系是可持续发展理论中的基本内涵，要求人类在发展的过程中，合理获取自然资源，杜绝无限制地污染环境，保证人类的经济活动始终在自然系统的可负载能力范围内，维持人与自然的和谐共生。构建“社会与社会”之间的可持续关系，体现的是公平性的内涵，一是代际公平，意在强调每代人在开发和利用自然资源方面的权力是平等的，前代人的经济活动不可损害后代人获取资源以满足自身需求的权力。二是代内公平，意在强调同代人中，各国各地区在开发和利用自然资源方面的权力是平等的，但由于世界政治、经济体制格局以及自然资源不均匀分布现象的客观存在，完全意义上的“平等享有权力”是一种理想状态，并不能实际存在，因而有学者基于现实对代内公平理论进行了重构，提出了五大原则：生存与发展公平性原则、发展道路选择上的公平与自主原则、全球化规则指定的公平原则、各国责任分担公平性原则及环境补偿原则。

发展是人类社会永恒的主题，中国作为大国，不仅始终将实行可持续发展战略放在国家发展全局的核心位置，而且一直以大国的责任担当，为世界可持续发展作出积极贡献。乡村发展不充分和城乡发展不平衡问题是威胁我国经济和社会可持续发展的重大议题，协调城乡发展是建设社会主义现代化强国的主要任务之一，协同推进乡村振兴和新型城镇化战略是实现城乡共同富裕的应有之义。

三、生态学理论

随着人与资源、环境矛盾的产生和影响的日益凸显，生态学应运而生。“生态学”一词最早是由德国著名生物学家恩斯特·海克尔（Ernst Haeckel）于1869年在其动物学著作中提出，拉开了生态学发展的帷幕。随着对生物与环境的关系的研究不断深入，来自英国的生态学家坦斯利（Tansley）于1935年提出了生态系统的观点，在此基础上，逐渐诞生了生态阈限、生态平衡、生态失衡等相关概念。1942年，美国学者林德曼（Lindeman）在对湖泊生态系统进行考察后，在其《生态学的影响动态》一作中提出了著名的生态金字塔能量转换的“十分之一定律”，即同一条食物链上，各营养级之间能量的转化效率平均约为10%。到此，生态学已经发展成为一门较为完整和独立的学科。后来，生态学逐渐开启跨学科融合的道路，与经济学、系统论、控制论等学科的有机整合，赋予生态学更加强劲的解释力。

生态学是研究生物与其周围环境相互作用的科学。恩斯特·海克尔对其做出定义：生态学是研究生物有机体与其周围环境（包括生物环境和非生物环境）相互关系的科学。在海克尔之后的诸多学者虽然都曾尝试对生态学进行定义，但均未超出这一经典定义的范畴。生态平衡与生态阈限法则是生态学中的基本生态规律。生态平衡是指生态系统的能量和物质输入和输出的动态稳定，而生态系统之所以能够维持这一平衡，是因为其面对外来干扰时，具有自我调节功能，但这种能力是有限的，生态系统调动这一功能也需要具备一定的前提条件。当外部因素对生态系统的干扰过大，超出生态系统的自我调节能力范畴，或破坏了自我恢复系统的发动条件，生态平衡就会遭到破坏，这个干扰临界值就是生态阈限。

现代生态学的研究层次已经跳出了对现象的描述或是对现象机制的探究，而是向着以服务社会发展需求为目标的方向转变，逐步走向应用。生态学的形成和发展经历了一个漫长的历史过程，但它的演进从未停歇。特别是进入21世纪后，随着人类的活动范围不断扩大，全球气候变暖、全球生物多样性受损、土地荒漠化等生态问题的负面影响严重威胁着自然生态系统的平衡，并造成了严重的经济损失。人们不得不去探寻人与自然生态的交叉平衡点，由此产生了多个生态学研究热点，如可持续发展研究、全球气候变化研究、生物多样性研究等。于是，循环经济、绿色经济等可持续发展模式应际而升，对生态学理论的研究热潮被再次掀起，并成为研究工作中重要的理论依据。

人类在布局生产的过程中，应充分贯彻生态学理论，杜绝随意开发、大肆开发。人类社会是以人为主导、以自然环境为依托、以物质流动为命脉、以社会体制为经络的人工生态系统，因此，它并不同于生物群落。人类可以通过掌握生态系统的特性，进而运用科学的方法来适度引导生态系统向着有利于人类社会的方向发展，同时保持其平衡不变，或建立起新的平衡，坚持经济和生态的可持续协调，实现二者的共生共存。本书研究的乡村振兴和新型城镇化协调发展的问题，是关乎民生福祉的大事，绿水青山就是金山银山，要始终坚持以生态学理论为依据，打造生态宜居的希望之城。

第二节 我国乡村振兴与新型城镇化协调发展的内涵与概念构思

改革开放以来，中国政府始终高度重视“三农”问题和城乡协调工作，农业农村经济已取得了良好成就，农民生活质量得到了显著提升。但城乡二元结构的固化尚未充分化解，乡村仍旧处于显著弱势的一方，存在诸多难题亟待解决，如农村基础设施不完善、劳动力流出依旧巨大、农村组织能力进一步弱化、产品附加值不高、农民增收后劲不足等，构建乡村振兴与新型城镇化之间的战略耦合机制是应有之义。因此，有必要深入剖析我国乡村振兴与新型城镇化协调发展的内涵与概念构思。

一、我国乡村振兴与新型城镇化协调发展的内涵分析

探究我国乡村振兴与新型城镇化协调发展的问题，必须牢牢把握“协调”（Coordination）这一关键词。“协调”一词出自冯梦龙的《东周列国志》第四十七回：“风声与箫声，唱合如一，宫商协调，喤喤盈耳。”在中国汉语词典中，“协调”被译为“配合得恰当”“使配合得恰当”。在《牛

津哲学词典》(*Oxford dictionary of Philosophy*) 中，“协调”被释义为“各方利益相一致的状态以及使各方利益都得到满足的手段”。因此，就协调的本义来说，就是“和谐一致”“协力调和”“七平八稳”之意。同时，应当强调，协调的含义是“静态”与“动态”的有机结合。一方面，协调作为一种状态，是指系统内部各子系统之间、系统与不同层次系统之间、系统与外部环境之间配合恰当，从而达到整体效应最大化的最佳整合状态。另一方面，协调作为一个过程，或者说是一种调节手段，是指各系统之间、内外部之间相互牵制、相互调控、相互配合，优化对人力、物力、财力、时间等资源的配置，减少内耗，从而实现组织系统运作效率的提高，并不断适应动态变化的外界环境，使组织工作充满生机与活力。

协调发展(Coordinated Development)的概念是“协调”与“发展”的有机糅合，以保持系统协调为基本原则，以推动发展、提质增效为目的，是可持续发展的必由之路。协调发展的含义包括两方面，其一是在协调中发展，发展是事物不断前进和上升的运动，协调发展就是多个系统或构成要素在相互配合的基础上共同发展，向着系统目标最优化的方向前进。其二是在发展中协调，上文对协调的释义中强调它可以作为一种调节手段而存在，发展是事物的不断更新，是一段动态演变过程，在这个过程中，往往会失去平衡，而为了保持发展方向的科学性和可控性，重新回归协调是必然。协调发展原则的核心就是要求人们正确处理环境保护、经济建设、社会发展之间的关系，强调从系统论的“整体观”视角实行综合决策，而不是通过牺牲某一方来谋取另一方的不可持续发展。在党的十八届五中全会中，协调发展理念作为五大新发展理念之一被提出，成为当前及今后我国经济社会发展必须遵循的原则和要求。

作为共同致力于城乡融合的的两大战略，乡村振兴与新型城镇化战略在内容和发展目标上有一定的交叉和重合之处，为构建二者之间的耦合机制打下了前提。乡村振兴与新型城镇化战略之间的协调发展关系既表现为二者之间单方向的互为支撑，又表现为二者之间双方向的良性互动。

(一) 借乡村振兴之机破解新型城镇化的困境

乡村振兴战略侧重于解决乡村发展不充分的问题，通过把握并落实“二十字”方针，缩小城乡差距，为城乡功能对接创造良好条件的同时，助力解决制约城镇化健康发展的各种问题。立足于“产业兴旺、生态宜居、乡风文明、治理有效、生活富裕”的“二十字”方针，借乡村振兴之机破解我国城镇化困境的机制表现为以下四点。

1. 提高城镇化发展的产业支撑力

从历史的角度来看，城镇化实际上是工业化发展的产物；从现实的角度看，产业决定了城镇的发展与更新。“产城融合”作为推进城镇化发展的重要抓手，已连续多年为党中央所强调。在产城融合发展的过程中，最为核心的本质内容还是人的发展。可以说，人的发展促进了产城融合各主体以及各要素之间的协调，如果只有城市规模的扩张，而没有人的城市化，城只能是空城。反之，如果在城市扩张的同时，人口随之进入，但没有产业的支撑实现劳动力最终成为就业人口，那么，此时的城也只能是只有肉体没有灵魂的空架子。因此，人口作为城市与产业发展重要的中间介质，促进二者实现在发展中的协调融合，而城市与产业在功能、结构匹配方面融合发展的最终目标也是要实现人们居住与就业之间的融合。因此，在推进新型城镇化过程中，要筑牢产业这一根基，只有区域内产业兴旺，才能带动就业，才有人口聚集，才可优化经济结构。《中国统计年鉴 2022》数据显示，我国城镇人口占全国总人口比重达到 65.22%，工业增加值占比为 33.2%。2022 年我国城镇化与工业化的比率为 1.96，而全球平均水平早在 2017 年就超过了 2.00，对比美、日、欧等发达经济体，更是相距甚远，我国城镇化发展的产业支撑力明显不足。除了产业发展“量”不足的问题，我国在城镇化进程中还面临着产业发展与环境资源约束的困境。新型城镇化已经进入高质量发展阶段，培育有生命力的产业，为城镇化提供接续性的有力支撑，是提高城市可持续发展能力的重要举措。

不管是城市还是乡村，最终的发展都要落在产业的发展上。产业发展是国家行政区划单元发展的动力引擎，通过产业的发展带动人口、人才在城市或乡村的集聚，为产业发展注入人力生产要素的同时，为市场需求端的产品消耗提供人口基数。我国的乡村振兴战略和新型城镇化战略都把落脚点放在最根本的人的发展上，通过政策、制度等多渠道促进离乡青壮年劳动力返乡创业、就业。在城镇化扩张的过程中也充分考虑农村人口城镇化后的从业、乐业问题。没有人的城是“空城”，没有人的乡村是“鬼村”，人的发展最终需要依托产业的支撑来实现，产业发展的两端失去劳动力要素和消费者的参与，亦没有动力、活力，在马斯洛对人的分层需求理论里，经济活动的落脚点和最终诉求都要立足于人的基本需求。乡村振兴，产业为先，“产业兴旺”是乡村振兴总任务的第一项。“产业兴旺”按照“一产是基点，二产是重点，三产是两点”的发展思路，力促乡村三大产业融合发展的同时，“一镇一品”“乡村文旅”等不少创新型产业发展格局在实践中得以诞生，有效托举城镇化所需的产业支撑力，为新型城镇化培育新动能，增添新活力。“产业兴旺”所布局的现代农业立足于高质量发展的目标，将绿色导向置于至关重要的位置，着力改变传统农业粗放的生产模式，大力发展生态优先的绿色农业，这将助力缓解城镇化过程中产业发展与生态资源之间的矛盾。

2. 优化城镇化空间格局

我国城镇化在大规模快速扩张的同时，伴生着空间失衡的现象，主要表现为“人—资”和“人—地”两大矛盾。一方面，人口布局与资源环境承载力之间的错配是掣肘城镇化可持续发展的重要原因。随着中国城镇化、工业化的推进，城市规模不断扩张，城市居民对资源环境的需求量已远远超过城市本身的承载力，城市人口急速膨胀，交通拥挤、住房困难、就业困难、资源紧张、环境污染等经济社会问题日益严峻，“城市病”愈演愈烈。另一方面，人口城镇化明显滞后于土地城镇化。根据国家统计局的数据，我国城镇人口数量从2000年的45906万人上升到2021年的91425万人，增加了99.16%，但我国城镇建成区面积从2000年的22439平方公里扩大到2021年的62421平方公里，增加了178.18%，足以凸显我国严重的人地增长不匹配问题，“睡城”“鬼城”由此诞生。土地城镇化的虚高将导致土地资源的浪费，人口城镇化的滞后则表明城镇化并未落到实处，发展的成果也尚未惠及广大人民群众。

乡村振兴战略助力扭转城乡间要素单向流动的局面，推动城市要素下乡“反哺”，推动优化城镇化的空间格局。“生态宜居”的目标是打造城乡互通的绿色空间，不仅要提高乡村人居环境质量，而且要为城市居民创造宜居空间，满足其对美好生活的向往。“乡风文明”则要求建设文明、和谐、有序的乡村秩序，去除传统陋习，展现特色的乡风文明。“生活富裕”强调的是消除乡村贫困，提高乡村居民收入，缩小城乡收入差距。农民工涌入大城市的出发点是获取更高水平的收入和更高质量的公共服务，本质上还是归根于乡村的长期落后。通过落实乡村振兴战略，提高乡村基础设施水平和提供公共服务的能力，保障在乡人民的生活质量，从而留住乡里人，喊回在城农民工，并吸纳一批向往乡村生活的城里人，推动就地城镇化，缓解城市的“人—资”矛盾。除了打造宜居的生态环境，“生态宜居”还要求必须协调好乡村自然生态环境保护与开发利用之间的和谐统一。土地资源是乡村发展的重要基础，盘活土地资源将赋予农村发展的内生活力，同时优化土地在城乡之间的配置，提高建设用地使用效率，满足绿色城镇化的内在之需，缓解城市的“人—地”矛盾。

3. 破除城乡新二元分割局面

城乡新二元分割问题不同于传统的城乡二元结构，它伴生于城镇化的不断推进。所谓“城乡新二元分割”指的是进城农民与城里人之间的不平等，具体来说，是城镇化引致的大量入城务工农民工受限于户籍、能力、教育水平、思想等原因，并未真正享有城镇高质量公共服务和基础设施，本质上是人口市民化进程滞后的问题。从现实的角度看，最为凸显，也最具有代表性的就是外来随迁子女在城市的教育问题，包括学籍办理难、教育资源紧张、教育费用贵等问题，严重阻碍了教育公平。

乡村振兴战略将从提高乡村居民生活保障和推进农业转移人口市民化两个方面，助力缓解城乡新二元分割问题。一方面，当“生活富裕”的目标得以贯彻，城乡公共服务和基础设施水平将进一步均等化。城乡新二元分割问题本质上带着传统城乡二元结构的基因，只有发展乡村，去除乡村的弱势标签，才是釜底抽薪之举。另一方面，乡村振兴战略能够从改革户籍制度和推动角色转变两个方面赋能人口市民化。作为乡村振兴战略的出发点和落脚点，户籍制度的优化能够帮助农业转移人口享受完整的市民权利，避免被排除在迁入地的社会保障和福利制度之外。乡村振兴战略以“三农”思想为核心，而“三农”问题本质上是农民、农民工的“人的全面发展”问题。社会经济文化层面的市民化是更深层次的市民化，乡村振兴战略通过推动乡民的全面发展，缩小城市户籍居民与流动人口之间在生活方式、思想方式、行为习惯、社会网络、机会资源等方面的差距，提高具有市民化意愿的农业转移人口向城市内化与融入的能力，即市民化能力。

4. 提升治理效率和效果

一方面，随着各级政府不断进行制度创新，我国新型城镇化的推进工作得到了愈加全面的制度支持，但制度藩篱仍旧存在，并长期制约着城镇化的深入推进，突出表现在户籍和土地制度的不完善。另一方面，新型城镇化的推进提高了基层政府的职责要求，除了服务农业经济和农业社会，更要兼顾农村工业化、城镇化和农业现代化的需求，在这种情况下，“作为基层政府应该具备的行政许可权、处罚权、强制权等管理职能严重缺位，造成镇独立管理事务能力有限，行政管理能力严重不足，无法提供充足的服务”，乡镇政府权责不匹配的问题逐渐凸显。

乡村振兴的蓝图中将“治理有效”的目标置于重要位置，要求打造法治、德治、自治为一体的乡村治理体系，能够弥补新型城镇化过程中的治理缺陷。一方面，法治是指正式的制度安排，为实现乡村振兴目标，治理视域下的制度建设在实践中不断得到完善。“城乡融合发展”是乡村振兴战略的各项制度基本围绕的目标，农村产权制度、农村金融制度、农村户籍制度等将符合新型城镇化发展的需要，特别能够为就地城镇化模式扫清制度障碍，助力打破固化的城乡制度藩篱。另一方面，德治和自治是指非正式的制度安排，是乡村治理体系中非政府性质的外延部分，体现民主参与和治理手段的多元化。通过充分激发乡村集体组织的能动性，与基层政府相配合，打出一套刚柔并济的“组合拳”，不仅能够显著提高治理的服从性，从而有效提高治理效率，而且能够弥补基层政府在行政管理和服务方面的缺陷，共同为构建新型城乡关系保驾护航。

（二）借新型城镇化之机助推乡村振兴机制建设

新型城镇化战略侧重于解决城乡发展不均衡的问题，它的提出是为了弥补过去高速城镇化带来的弊端和损失，并在应对国内外政治、经济新形势的基础上，实现中国城乡协调发展的愿景。要坚决摈弃将新型城镇化视作“去农村化”的认知误区，新型城镇化战略的着力点均既在乡外，又在乡村，其城乡规划策略与手段将助力解决制约乡村振兴建设的各种问题。

1. 以就地城镇化和就近城镇化模式改变农村生产要素向城市单向流动的不平衡局面

导致生产要素在城乡之间不公平配置的根源恰是城乡间固化的二元化结构，传统城镇化实际上是以大城市群为主的发展路径，是“强城轻乡”的异地城镇化模式，引起了劳动力、资本、土地等生产要素向大中城市的单向流动，并由此衍生了“城市病”。就地、就近城镇化有别于传统城镇化，就地、就近城镇化是指以农村的中心村或小城镇为依托，就地发展社会公共事业、完善基础设施、建设现代产业体系等，实现乡村在产业水平、人居环境、社会保障、生活方式等全方面的城镇化。换句话说，就地、就近城镇化强调的是建设乡村本身。就近、就地城镇化有利于推进乡村的全面发展，推动生产要素向乡村流动，在劳动力层面，帮助乡村居民实现就地非农就业，同时吸引劳动力回流和优秀人才下乡；在土地层面，提高乡村经济活力和实力，保住、用好乡村建设用地指标；在资金层面，通过完善农村金融服务体系，吸引金融机构和社会投资，助力资金回流农村。由此，乡村人力资本和物质资本的积累得以增加，为乡村振兴工作提供更充足的要素支持。

2. 以平等城镇化和幸福城镇化的发展观增加农村公共服务投入

长期以来，政府的公共服务投入明显偏向城市，城市与乡村之间在教育水平、社会保障力度、医疗卫生资源等方面的差距非常悬殊，由此导致的生产要素由“乡”到“城”的单向流动更是进一步恶化了乡村振兴的发展基础。新型城镇化中的平等城镇化和幸福城镇化是民生层面的发展目标，要求增加农村的公共资源和基础设施投入，实现城乡公共服务均等化，缩小城乡居民生活差距，这与乡村振兴战略中的“生活富裕”目标不谋而合。

3. 以转型城镇化和集约城镇化的发展观促进乡村产业现代化发展

早期城镇化盲目地兴城，产业定位不准确，规划不到位，导致了产城分离、城市空心化等现象普遍。在反思传统粗放的城镇化模式的基础上，新型城镇化秉持“产城融合”的发展理念，承认并发挥产业对城镇化的支柱作用，主张工业化、城镇化、农业现代化协同发展。一方面，产城融合强调产业转型，强调发展以区域优势产业为依托的现代化产业，推动产业链高级化和产业梯度层次化。另一方面，产城融合强调集约高效，强调对区域内土地和各类设施利用的节约、集约、高效。若将上述中的“区域”定位到乡村，特别是贯彻到就地城镇化的推行过程中时，以上做法将与乡村振兴战略中的“产业兴旺”目标不谋而合，相关发展成果也能够相互辐射和带动。

4. 以绿色城镇化和健康城镇化的发展观赋能乡村实现人与自然的平衡

过去我国秉持着“重城轻乡”“重工轻农”的城市中心主义，追求城镇现代化的单向度发展，为此不仅牺牲了乡村资源，而且使得乡村发展重度依赖城市，发展模式仍旧传统粗放，甚至随着从农意愿的降低，出现取土、挖沙等涸泽而渔的行为，为乡村振兴工作的推进增加了资源环境约束。新型城镇化中的绿色城镇化体现的是可持续发展目标，强调构建绿色、低碳、环保的宜居宜业城镇，坚决反对以牺牲生态环境为代价换取一时的高速发展。健康城镇化体现的是发展提质，强调提升人居环境质量、食品安全水平和市民健康水平，重构城镇健康与安全格局。绿色城镇化和健康城镇化有助于优化城乡“三生（生产、生活、生态）”空间，能够突出赋能乡村振兴的“生活富裕”和“产业兴旺”方针。一方面，推动城乡间资源重组，阻止城市持续剥削乡村资源存量；另一方面，为乡村开发基于自然风光和农耕文明的特色产业保有基础，培育乡村经济内生增长活力，减少发展对外力的依赖。

上述分析表明，乡村振兴和新型城镇化二者不断相互促进，处于一个良性互动的循环状态中，共同推进我国城乡一体化协调发展。

二、我国乡村振兴与新型城镇化协调发展的概念构思

基于上文对我国乡村振兴与新型城镇化协调发展的内涵分析，结合大量多角度的文献资料、国家政策规划及中央和地方会议资料，可以看出，乡村振兴与新型城镇化战略之间互为推手、相辅相成、互联共生，乡村振兴离不开新型城镇化的辐射效应，新型城镇化离不开乡村振兴的托举效应，二者是子系统间的协调、可持续关系，并具有一定的协同效应。至于二者之间的内在逻辑，基于不同的视角可以给出多种不同的解释。

基于以上对于我国乡村振兴与新型城镇化协调发展的分析，我们可以总结出经济社会协调发展具有以下基本特征：第一，整体性。乡村振兴和新型城镇化既各自自成一套系统，又构成协调发展的整体，是新型城乡关系大议题中的重要抓手，缺一不可。乡村振兴和新型城镇化有着相同的导向，在结构、功能、内容等方面也存在一定交集，这为促进二者的深度融合建立了前提。通过构建二者之间的耦合机制，激发两大子系统内部的交互作用，能够形成 $1+1>2$ 的协同效应。第二，协调性。乡村振兴和新型城镇化之间的协调发展关系应当表现为发展成果共享，发展水平齐头并进，发展速度和谐一致。一方面，二者之间的交流互动呈现均衡状态，任何一方的发展不会给另一方造成阻碍。另一方面，不偏向某一方战略，或简化交集部分的工作内容，否则不仅无法加快城乡统筹进度，而且极易造成系统内部的紊乱。第三，动态性。乡村振兴战略和新型城镇化战略都不

是一成不变的，本书探究的二者之间的协调发展也不是一成不变的。随着实践的深入和外部环境的变化，城乡协调关系的打破是不可避免的，推动融合发展工作不断进入新阶段。过度城镇化带来的“城市病”和只会输血不会造血的“乡村病”蔓延是对上一发展阶段中遗留问题的总结，本书对乡村振兴和新型城镇化协调发展的探讨站在新阶段的时间起点上，基于现实困境展开，这个过程是调整的过程，更是进步的过程，目的仍旧在于构建协调的城乡关系，但这里的协调往往是更高水平的协调。

坚持乡村振兴与新型城镇化双轮驱动，实现城乡融合发展的指导思想有以下三点：第一，坚持以人为本的核心。中国式现代化是人口规模巨大的现代化，以人民为中心是新时代中国特色社会主义的基本方略，在乡村振兴与新型城镇化工作中贯彻落实人本思想是实现共同富裕和现代化的必然要求。一方面，乡村振兴战略坚持以人为本谋“三农”。乡村振兴战略将落实“三农”问题作为工作的重中之重，而“三农”问题的核心是农民问题。农民既是乡村振兴的受益者，也是主力军，必须坚持农民主体地位不变。同时明确农民问题的核心是增进利益和保障权益，并以此为推进农民全面发展的出发点和落脚点。另一方面，人口城镇化是新型城镇化战略的核心要求。党的十八大以来，党中央多次特别强调新型城镇化的民本属性，表现为城镇化为了人民，城镇化依靠人民，城镇化成果回到人民。着重解决传统城镇化过程中萌生的土地城镇化超前于人口城镇化的问题，是新型城镇化的战略任务之一。人口城镇化的中心思想是有序推进农民市民化转变，并强调既要尊重农民意愿，又要满足人民需要，让广大群众在城镇化进程中不断提升获得感、幸福感、安全感。第二，坚持协同互促的主线。历史的经验表明，对于国家建设而言，城市和乡村的关系如鸟之两翼、车之两轮，不仅不可缺其一，而且不可厚此薄彼，唯有协同互促、齐头并进才能行得稳、走得远。乡村振兴和新型城镇化战略都是基于我国城乡发展不平衡、农村发展不充分的社会背景而提出的，二者的关系从不是对立的，而是水乳交融、互为依存的，以统筹城乡为指导思想，共同致力于城乡融合发展的伟业。第三，坚持可持续发展目标。生态文明建设是关系中华民族永续发展的根本大计，生态文明理念已融入到我国各项政策当中，成为支撑国家高质量发展的重要力量。一方面，乡村振兴战略以“绿水青山就是金山银山”理念为指导思想，强调发展绿色、循环产业，落实“生态宜居”发展目标等。另一方面，新型城镇化以“绿色发展”为发展理念，大力推进绿色城镇化，纠正传统城镇化中片面强调经济增长而忽视生态保护的粗放型发展模式，正确处理“三生”关系。

第三节 本章小结

本章从乡村振兴和新型城镇化协调发展的理论基础出发，将该议题依次嵌入系统论、可持续发展理论和生态学理论三个经典理论框架中进行探讨，在理论铺垫的基础上，对乡村振兴与新型城镇化协调发展的理论内涵及概念构思进行分析、阐述和总结，以期为后续的指标体系构建提供充分的、必要的理论支撑。

第三章

乡村振兴与新型城镇化协调发展机制的分析框架

第一节 “空间—经济—社会”：一个分析框架

城乡融合发展需要同时关注城乡之间的空间、经济和社会等方面的双向互动。按照社会空间分析的观点，城乡发展不平衡是城乡空间结构失衡与要素配置不合理的结果，包括城乡空间结构布局、城乡空间要素流动以及城乡居民空间权利。由于中国长期形成的城乡二元结构，导致中国城乡割裂严重，空间布局不合理，制约乡村发展。而要实现乡村振兴与新型城镇化的协调发展，就要推动城乡空间整体规划。一是要注意城乡空间的共建共享，从全局视角将城市和乡村作为一个整体，合理优化空间布局，同时尊重城乡空间差异，注重发挥各自空间功能，实现协调发展；二是要推动城乡空间要素的有序流动，改变以往“重城轻乡”的理念，建立城乡要素双向流动的机制与途径，打通城乡之间各种要素流动的壁垒，优化城乡生产要素；三是要促进居民空间权利平等化，根据空间正义，城乡居民应该平等享有一切社会权益，包括社会福利保障的人身正义、经济关系的分配正义以及文化方面的人文正义。

经济基础决定上层建筑，城乡经济融合发展是推进乡村振兴与新型城镇化协调发展的中心任务，而城乡经济融合的关键在于城乡的产业融合。城乡产业的融合加强了城乡之间的联系，一方面是促进农业产业链的不断延伸，另一方面是城市工业、服务业向乡村产业不断延伸，极大地促进了城乡产业纵向延伸和横向拓展，不断催生出新产业新业态，加强城乡经济紧密联系。同时，城乡经济的循环畅通加速了城乡间要素的流动，加强城乡间市场的联动，凸显城乡要素流动的双向性、城乡市场及产业的统一融合性。在社会层面，乡村振兴与新型城镇化的发展涉及地方政府、工商资本、农民等多个利益主体，不同的利益主体有着差异化的利益目标，关键是要建立合理的利益联结机制。对于政府而言，要减少利益分配的干预，充分发挥市场机制的决定性作用，加强农村利益保障机制和工商资本激励的利益调节机制，通过政策、资金等方式倾斜，鼓励工商企业与农民建立良好合作关系。对于工商资本而言，要与农民建立起以经济利益为核心的纽带关系，主动与农民、地方政府进行良性互动，既能获取利益又推动农民增收，实现经济与社会发展的多方共赢。对于农民而言，要提升农民组织化水平，积极表达自己的利益诉求，增强谈判砝码，为个人和农民群体争取更多资源和利益。

第二节
乡村振兴与新型城镇化协调发展的空间互动机制

根据“流动空间”理论，信息、资本、技术和人力资源等要素可以通过“流”的形式超越场所空间的“邻近”，拉近地区之间的距离（Castells，2009；黄洁等，2016），而基础设施是流动空间形成的基础，尤其是交通基础设施。经济活动的地理空间组织主要依赖于交通基础设施体系（Redding S J 等，2015），它作为经济要素空间流动的重要渠道，是提高城乡经济和社会联系的基础，实现以空间融合为载体促进城乡经济、社会等多方面互动发展（王硕等，2023）。具体来看，交通基础设施促进乡村振兴与新型城镇化协调发展主要体现在以下几个方面：

第一，便捷的交通网络促进城乡要素的双向流动。对于农村地区而言，一方面，交通基础设施的完善通过降低劳动力转移成本，促进了农村剩余劳动力向城市转移，从而提高了农村劳动力非农就业的机会，进而表现为农村居民收入水平的提升和城乡收入差距的缩小（杨茜等，2019），尤其是以高铁为代表的高速交通基础设施的迅猛发展，进一步提高了城乡要素流动效率，显著缩小了城乡差距（余泳泽等，2019）；另一方面，便捷的交通环境有利于促进城市人力资本向农村地区扩散，并带来知识、技术、信息与劳动技能的集聚（马蓉等，2020），有利于农村地区人力资本的积累，为农业生产、乡村产业发展等提供人才支撑与技术指导，不断促进乡村技术的升级与创新。同时，基础设施的完善和乡村产业的发展又提升了乡村产业对资本的吸引力，促进资本要素在城乡之间流动，从而为乡村振兴赋能。对于城市地区而言，虽然农村地区的转移劳动会对非农部门资本产生一定稀释作用，但交通基础设施改善带来更大程度的生产效率的提升抵消了这种稀释作用，因此对提升城市居民收入水平具有促进作用（刘晓龙等，2015）。同时，交通网络的完善有益于市场的融合和促进贸易（张勋等，2018），从而在全国范围内形成更大的市场，扩大本地区产品的销路，提高城市居民的收入水平（罗能生等，2016）。此外，交通基础设施质量提升带动了技术流动，促进城市间先进技术的共享和升级，加速城市技术创新，促进经济增长，助力新型城镇化发展。因此，交通基础设施建设引致的要素流动能同时增加农村和城市居民的收入，其对城乡差距的影响取决于这两种作用的大小。交通基础设施的改善改变了农村生产要素相对匮乏的局面，并提高稀缺要素的边际生产率，使要素流动在农村地区所带来的边际收益是递增的，而城市本身就拥有较为丰富的生产要素，要素流动带来的递增效应有限（杨茜等，2019），不及农村地区，因此交通基础设施水平的提高有助于缩小城乡差距，促进乡村振兴与新型城镇化协调发展。

第二，便捷的交通网络有利于优化城乡空间布局。首先，交通基础设施的发展将打破城乡空间孤立发展的现状，为有城乡通勤、消费等需求的城乡居民提供交通便利，带来城乡人口经济生活和发展半径的拓展，加强城乡联系；其次，交通的便捷性促进了城市产业的转移，农村地区承接城市的转移产业，为农村地区注入短缺要素，有利于农业产业链的延伸，带动农村传统产业的升级，从而促进城乡产业融合；最后，交通状况的改善推动了城市医疗卫生、教育文化等公共服务不断向农村地区扩散和转移，极大地促进了城乡公共服务均等化（庞淼等，2022；王硕等，2023）。因此，交通基础设施建设重塑并优化了城乡生活和经济空间布局，对实现城乡空间融合发挥着积极作用。

第三节
乡村振兴与新型城镇化协调发展的经济关联机制

一、经济增长

在城镇化和工业化快速推进时期，中国长期实行的城市偏向政策导致城乡发展不平衡，城乡差距不断拉大，城乡二元结构突出，但随着国家现代化进程的推进以及对城乡关系认识的深化，中国相继构建了城乡统筹发展、城乡一体化和城乡融合发展等新型城乡关系目标定位，以破除不合理的城乡二元结构。同时，社会整体经济水平的不断提升，使得城镇反哺农村的能力增强，促进城市要素向农村流动，促进缩小城乡差距，有利于乡村振兴与新型城镇化的协调发展。从直接影响来看，现有研究认为经济增长是减贫的主要动力，对于缩小城乡收入差距具有重要影响。这主要是由于经济增长的益贫性，随着政府在农村减贫、乡村振兴等方面颁布一系列政策、战略，使经济社会对贫困群体和农村发展的关注不断提高，中国经济增长的益贫性显著增强，低收入群体的收入增长速度明显快于中高收入群体。随着区域经济实力的增强，经济增长能为乡村振兴与新型城镇化提供物质基础，尤其是政府财政支持公共服务领域的力度不断增大，解决了城乡基础设施建设、医疗、教育等公共服务建设资金短缺的问题，有助于改善城乡基础设施和公共服务不均衡的状况，促进乡村振兴与新型城镇化协调发展。此外，经济增长有利于促进城乡生态环境的融合。经济增长引起经济发展方式由粗放型向可持续型转变，使得政府及社会加大对城乡生态环境的保护力度，同时也能进一步促进生产技术进步，推动产业转型升级，减少环境污染物的排放，提高生态效率，有利于实现城乡生态环境的优化，提升城乡居民的幸福感，助力乡村振兴与新型城镇化协调发展。从间接影响来看，伴随着经济增长和社会发展所带来的数字经济发展、金融发展等也对乡村振兴与新型城镇化协调发展具有促进作用。数字经济在缩小城乡收入差距、促进城乡要素双向流动、城乡消费融合等方面存在积极效应。首先，数字技术的应用不仅极大地提高了农业生产效率，加速农业现代化进程，还促进了农民就业和创业，提高其收入，缩小了城乡收入差距。其次，数字经济以数字技术为支撑，规避了城乡之间传统生产要素流通的时空约束和交易壁垒，使得城乡间要素的流动性渐趋增强，实现城乡要素的双向流动，提高要素配置效率。再次，数字技术和商业模式的结合催生出了平台经济，打破传统贸易的地理限制，释放乡村的消费潜力，促进城乡消费融合。最后，金融要素作为社会经济发展的重要组成部分，有助于缩小收入差距，在城乡融合发展中也发挥着举足轻重的作用。尤其在数字经济迅猛发展的时代，数字普惠金融的出现拓展了金融服务的覆盖范围和可触达性，改善了农村地区存在的金融抑制和金融排斥现象，使数字普惠金融惠及更多的农村居民，且基于数字普惠金融便利性与低成本的优势，农村居民相比于城镇居民更能受益于数字普惠金融，获得更高的增收效应，从而缓解城乡收入不平等，促进经济包容性增长。

二、产业结构升级

产业结构升级具有驱动经济增长、缩小收入差距的作用，是推动城乡融合发展的关键因素。

第一，产业结构升级通过经济增长效应促进城乡融合发展。从城乡发展的角度来看，产业结构升级引起产业从低附加值、低技术水平、低规模经济向高附加值、高技术水平、高规模经济状况演变，势必带来技术的升级与劳动生产率的提升，产生结构红利，而劳动生产率是培育经济增长动能的一个重要源泉，故劳动生产率的提升将会促进经济增长。由于产业结构转型与经济发展中存在的溢出效应与涓滴效应，使城市的产业升级和经济增长惠及农村地区，以城市反哺农村，让更多的资源要素逐步扩散到农村地区，给农村经济增长注入新力量，从而发挥城市的带动效应促进农村经济发展，缩小城乡差距。

第二，产业结构升级通过农民增收效应促进城乡融合发展。产业升级通过促进劳动生产率的提高，实现劳动报酬的增加，从而增加农民收入，缩小差距。产业结构升级是由传统产业向新型产业的演进，此过程必然伴随着乡村非农产业的发展并促进三大产业的融合。产业的融合发展有利于农业产业链的延伸和农业功能的拓展，进而推动农业的多元化发展，拓宽农民增收的渠道。

第三，产业结构升级通过财税效应促进城乡融合。产业结构的升级促进经济发展方式的转变，推动社会经济的发展，从而创造更大规模的税收收入，为城乡发展提供财政支持，并更加倾斜于乡村基础设施建设与完善以及提高乡村教育、医疗卫生、养老等社会服务保障，增进民生福祉，逐步提高城乡融合水平，实现乡村振兴与新型城镇化协调发展。

第四节 乡村振兴与新型城镇化协调发展的利益协同机制

一、城乡差距

中国城乡差距的缩小对于乡村振兴与新型城镇化协调发展具有积极影响。城镇和乡村之间存在诸多差距，包括收入消费差距、社会福利差距、教育文化差距、医疗差距等方面。

从收入差距来看，城乡收入差距的存在导致农村劳动力不断向城镇流动，为城镇化建设提供充足的劳动力，但同时也产生了城乡发展失衡的问题，而城乡收入差距的缩小能有效调动农民生产积极性，有助于城乡要素畅通流动，进而推动乡村振兴与新型城镇化的协调发展。随着中国经济由高速增长向高质量发展转变以及乡村振兴战略的实施，乡村经济发展得到明显改善，农村居民收入不断增加。农民收入的增加为农村产业的生产经营提供了充足的资金，促进了生产性投资；同时，收入水平的提升促使农民加大了农村教育的投入，互联网等信息技术的普及又进一步为农民提升知识水平和人力资本提供更多的渠道，促进了人力资本的积累，助力乡村振兴，缩小城乡差距，从而有利于城乡融合发展。

从消费差距来看，收入是消费的基础，城乡收入差距的缩小意味着农村居民消费水平的提升，一方面，能避免城乡消费结构断层的现象，释放城乡居民的消费潜力，为城市高质量的产品和服务提供更广阔的市场，促进城市经济发展；另一方面，当前消费市场逐渐从供给约束向需求约束转变，收入水平的提高和城乡消费差距的缩小使得居民对高质量商品与服务需求不断增加，带动消费结构的升级，这促使生产和服务向纵深跨越，必然引起乡村产业的转型升级。

从公共服务差距来看，基本公共服务包括教育、医疗、社会保障等方面，城乡基本公共服务差距的扩大不仅会加剧城乡的收入差距，还会造成农村经济增长的乏力，使得农村经济一直徘徊不前，阻碍了城乡融合发展。已有研究表明城乡公共服务的均等化具有一定的减贫效应，对于乡村振兴意义重大。城乡公共服务的均等化有利于缩小农村地区教育、医疗、公共设施、社会保障等公共资源供需矛盾，促进农村地区人力资本的积累，同时吸引外部的人才和资金，赋能乡村振兴，缩小城乡差距，从而实现乡村振兴与新型城镇化协调发展。

二、财政支出

城乡融合的发展离不开政府的宏观调控，其中，财政政策是政府实施调控的有力抓手，地方财政可以从基础设施建设、产业结构优化等方面为乡村振兴与新型城镇化的协调发展提供支持。

在基础设施方面，城乡基础设施一体化以及基本公共服务均等化是城乡融合发展的重要内容。城乡基础设施的建设与完善离不开财政支出的资金支持，但由于长期实施向城市倾斜的政策，导致公共财政对农村地区投入不足，农村基础设施建设存在着诸多问题。而随着国家对城乡失衡问题的日益重视以及乡村振兴战略的不断推进，政府对农村基础设施建设的财政投入规模不断加大，不仅包括农村道路、电网改造等农村生活类设施建设的投入，还包括对教育医疗等农村社会基础设施的支持。农村基础设施的完善，尤其是交通、网络等基础设施，加强了城乡之间的联系，有利于实现“乡村富余要素流得出、城市要素流得进、稀缺要素留得下”，推动城乡要素融合发展，助力乡村振兴与新型城镇化协调发展。

同时，随着财政对生态建设支持力度的加大，促进了城乡生态环境保护与治理等基础设施的建设，改善了城乡发展环境质量，提高城乡绿色发展水平，进而有利于形成环境友好型的城乡融合发展格局。

此外，财政支出还能促进以信息基础设施、融合基础设施以及创新基础设施为代表的新型基础设施的建设，由于其具有较强的技术价值，因而能够助推社会的创新发展，这对于乡村振兴与新型城镇化协调发展具有重要意义。

在产业结构优化方面，财政政策发挥不可替代的作用，主要集中在以下两个方面：一是财政支持乡村产业的振兴。政府通过财政支农政策引导城市要素向农村流动，使得农村产业结构从传统的以第一产业为主逐渐转变为三大产业融合发展，促进乡村产业振兴，缩小城乡产业结构差异和城乡发展差距。具体来看，在宏观层面上，财政能够支持农业农村基础设施的建设、鼓励和推动农业技术创新、引导社会资本进入农村；在微观层面上，财政能够培育和扶持家庭农场、专业大户等新型农业经营主体，财政帮扶力度的加大有利于农民通过技术培训提高专业知识和技能，同时财政补贴、税收优惠等优惠政策促进了新型农业产业发展，提高农村产业融合质量，有利于乡村振兴与新型城镇化协调发展。二是财政科技支出是引导技术进步和驱动技术创新的重要因素，有利于为城乡高新技术产业的发展提供技术支撑，促进产业结构转型升级。尤其在数字经济迅猛发展的时代，财政支出对数字产业投入的增加有利于促进核心关键技术的研发、创新与应用，夯实数字经济发展之基，助力城乡传统产业进行数字化改造并培育城乡数字经济发展生态。

第五节 本章小结

本章节梳理了乡村振兴与新型城镇化协调发展的相关理论，包括城乡发展理论、系统理论和可持续发展理论，并对乡村振兴、新型城镇化以及乡村振兴与新型城镇化协调发展的概念进行界定。同时，构建“空间—经济—社会”的分析框架，从理论方面分析了乡村振兴与新型城镇化协调发展的影响机制；从空间互动机制方面分析了交通基础设施对两者协调发展的影响；从经济关联机制方面分析了经济增长和产业结构升级对两者协调发展的影响；从利益协同机制方面分析了城乡差距和财政支出对两者协调发展的影响。

第四章

我国乡村振兴与新型城镇化协调发展测度指标体系构建

乡村振兴和新型城镇化是两个抽象的概念，要对这两个概念进行监测，需要使其变得具体而易测量。因此，构建指标体系是对乡村振兴和新型城镇化进行实际测度的基础。本章主要任务就是在充分借鉴国内外相关研究的基础上，依照理论筛选、专家咨询以及实证筛选等特定程序，运用科学的指标体系构建方法，建立起我国乡村振兴与新型城镇化协调发展的测度指标体系，为后文的实证测度奠定基础。

第一节 指标体系的理论筛选

一、筛选的原则

指标体系的构建需要遵从一定的基本原则，以增加指标的客观性。本研究依据以下五项基本原则，进行评价指标的理论筛选。

有效性原则：指标体系中所包含的所有指标要能够充分而准确地反映

乡村振兴与新型城镇化协调发展的内涵，即所选取的指标要体现乡村振兴与新型城镇化协调发展的内容。

系统性原则：乡村振兴和新型城镇化均属于系统性概念，因而，在构建指标体系时需要兼顾多个维度，且要求被选中的指标能够充分代表相关维度的内容，同时还要避免某一维度被遗漏或者在体系中的作用被弱化。此外，乡村振兴和新型城镇化各子系统的各维度之间应当同时具备一定的独立性，即保持各指标不可相互替代的关系。

可操作性原则：可操作性主要体现在两方面：一方面是指标的可量化性，构建指标体系是为了对乡村振兴与新型城镇化协调发展进行定量测度，以便进行后续分析，因此，选择的指标必须是有度量单位或者易于以虚拟变量在模型中存在的。另一方面是数据的可获得性，本研究中，省级、市级和县域级乡村振兴和新型城镇化数据主要来源于各个省份、地级市、县区的统计年鉴和统计公报，因此，指标体系构建过程要充分遵循数据可得性原则，避免后续在测度过程中出现由于数据无法获得使得研究进度出现停滞的情况。

可比性原则：指标选取应该确保在不同时间序列、空间序列上具有可比性，具体而言是指数据的统计口径和适用范围要一致，便于从时间和空间维度进行乡村振兴与新型城镇化协调发展实际测度环节的比较，归纳一定时间范围内乡村振兴与新型城镇化协调发展水平的变化趋势。

简明性原则：从科学有效性的角度来看，随着指标数量的增加，指标体系的科学性可能会提高。然而，在实际操作中，情况可能恰好相反。由于指标数量的增多，不可避免地会出现指标之间的相关性或重复度量的问题。因此，在确保科学性和全面性的基础上，遵循简明性原则可以尽量删除高度相关和重复表征内容的指标，以形成简洁、科学有效的指标体系。

二、筛选的结果

乡村振兴战略的五大内涵包括产业兴旺、生态宜居、乡风文明、生活富裕和治理有效，由此，乡村振兴水平测度指标体系也应根据产业兴旺、生态宜居、乡风文明、生活富裕和治理有效 5 个评价维度拟定对应的评价指标。已有研究普遍认为新型城镇化包括了人口、经济、社会、空间和生态的城镇化，因此，新型城镇化水平测度指标体系应按照人口城镇化、经济城镇化、社会城镇化、空间城镇化和生态城镇化5个维度拟定对应评价指标。结合上述5项指标筛选原则，运用理论分析法、头脑风暴法和文献统计法进行整理和归纳，得到我国乡村振兴与新型城镇化协调发展度的指标体系，即第一轮乡村振兴与新型城镇化协调发展指标体系共有68个指标，其中乡村振兴水平34个指标，新型城镇化水平34个指标，结果如表4－1所示。

表4－1　　第一轮乡村振兴与新型城镇化协调发展指标体系

乡村振兴			新型城镇化		
维度	变量	评价指标	维度	变量	评价指标
产业兴旺	X1	粮食综合生产能力	人口城镇化	X1	城镇人口比重
	X2	农业机械化水平		X2	城镇人口密度
	X3	农业生产率		X3	非农人口就业
	X4	第一产业增加值占GDP比重		X4	第三产业从业人员占比%
	X5	人均农林牧渔总产值		X5	城镇人口素质
	X6	农产品出口率		X6	城镇登记失业率
	X7	农林牧渔产值占比	经济城镇化	X7	地区生产总值
生态宜居	X8	村庄绿化覆盖率		X8	城镇居民人均可支配收入
	X9	集中供水的行政村占比		X9	城镇居民人均消费支出
	X10	养老服务机构数量		X10	第三产业增加值
	X11	乡村医生和卫生员数		X11	第三产业产值占比%
	X12	乡镇每千人卫生院床位数		X12	一般公共预算收入
	X13	每公顷耕地化肥施用量		X13	城镇社会消费品零售总额
	X14	农药使用强度	社会城镇化	X14	人均地方财政收入
	X15	乡村河流水质标准		X15	互联网上网人数
乡风文明	X16	乡镇文化站数量		X16	城市用水普及率
	X17	农村人口受教育程度		X17	城市燃气普及率
	X18	农村人均文娱支出		X18	城市单位人口拥有公共交通标准车辆数
	X19	乡村电视节目覆盖率		X19	每百人藏书量
	X20	乡村广播节目综合覆盖率		X20	城镇基本医疗保险参保人数
治理有效	X21	村委会成员专科以上文化程度占比		X21	城市每千人拥有卫生技术人员数
	X22	村委会数量		X22	教育经费占GDP比重
	X23	村委会中党员比例		X23	人均教育经费
	X24	农村最低生活保障人数	空间城镇化	X24	城镇建成区面积
	X25	有效灌溉率		X25	经济密度
	X26	农村卫生厕所普及率		X26	人均城市道路面积
	X27	农民对法治乡村建设的满意率		X27	建成区所占比例

续表

乡村振兴			新型城镇化		
维度	变量	评价指标	维度	变量	评价指标
生活富裕	X28	农村可支配收入	生态城镇化	X28	公园绿地面积
	X29	农村恩格尔系数		X29	建成区绿化覆盖率
	X30	农村居民人均消费支出		X30	生活垃圾无害化处理率
	X31	城乡可支配收入差距		X31	固体废弃物综合利用率
	X32	农村每百户移动电话用户数		X32	城镇居民人均生活垃圾清运量
	X33	农村居民人均住房面积		X33	国家级自然保护区个数
	X34	城乡收入比		X34	城市生活污水处理率

第二节 指标体系的专家咨询

一、专家遴选说明

为了构建一个有效的指标体系，专家咨询是至关重要的一步，为确保指标体系的科学性和实用性提供智力保障。因此，将第一轮得到的我国乡村振兴与新型城镇化协调发展指标体系提交给 24 位来自宁波大学、浙江大学、浙江财经大学和浙江工商大学的乡村振兴研究领域的专家进行咨询，总结各位专家的修改意见如下：一是评价指标应该基于相关理论和研究的支持；二是确保所选定的指标是可以被度量，且数据是可获取的，删去数据不可得的指标；三是选择指标时要考虑不同指标之间的度量尺度可能存在较大差异，因而需要对某些指标进行比例化处理。

二、专家咨询的结果

根据以上专家老师的修改意见，对第一轮乡村振兴与新型城镇化协调发展测度指标体系的 6 个评价指标进行比例化处理，同时删除 5 个无法获取数据的指标，构建出第二轮乡村振兴与新型城镇化协调发展测度指标体系，具体如表 4 - 2 所示。

比例化的 6 个评价指标包括乡村振兴项下的养老服务机构数量 X10、乡村医生和卫生员数 X11、乡镇文化站数量 X16、村委会数量 X22 共 4 个指标和新型城镇化项下的地区生产总值 X7、公园绿地面积 X28 共 2 个指标。删除的 5 个无法获取数据的指标为乡村振兴项下的农产品出口率 X6、乡村河流水质标准 X15、农民对法治乡村建设的满意率 X27，以及新型城镇化项下的固定废弃物综合利用率 X31、城市生活污水处理率 X34。第二轮乡村振兴与新型城镇化协调发展指标体系见表 4 - 2。

表 4 - 2　　第二轮乡村振兴与新型城镇化协调发展指标体系

乡村振兴			新型城镇化		
维度	变量	评价指标	维度	变量	评价指标
产业兴旺	X1	粮食综合生产能力	人口城镇化	X1	城镇人口比重
	X2	农业机械化水平		X2	城镇人口密度
	X3	农业生产率		X3	非农人口就业
	X4	第一产业增加值占 GDP 比重		X4	第三产业从业人员占比
	X5	人均农林牧渔总产值		X5	城镇人口素质
	X6	农林牧渔产值占比		X6	城镇登记失业率
生态宜居	X7	村庄绿化覆盖率	经济城镇化	X7	人均地区生产总值
	X8	集中供水的行政村占比		X8	城镇居民人均可支配收入
	X9	人均养老服务机构数量		X9	城镇居民人均消费支出
	X10	每千农业人口乡村医生和卫生员数		X10	第三产业增加值
	X11	乡镇每千人卫生院床位数		X11	第三产业产值占比
	X12	每公顷耕地化肥施用量		X12	一般公共预算收入
	X13	农药使用强度		X13	城镇社会消费品零售总额
乡风文明	X14	每万人拥有乡镇文化站		X14	人均地方财政收入
	X15	农村人口受教育程度	社会城镇化	X15	互联网上网人数
	X16	农村人均文娱支出		X16	城市用水普及率
	X17	乡村电视节目覆盖率		X17	城市燃气普及率
	X18	乡村广播节目综合覆盖率		X18	城市单位人口拥有公共交通标准车辆数
治理有效	X19	村委会成员专科以上文化程度占比		X19	每百人藏书量
	X20	每万人村委会数量		X20	城镇基本医疗保险参保人数
	X21	村委会中党员比例		X21	城市每千人拥有卫生技术人员数
	X22	农村最低生活保障人数		X22	教育经费占 GDP 比重
	X23	有效灌溉率		X23	人均教育经费

续表

乡村振兴			新型城镇化		
维度	变量	评价指标	维度	变量	评价指标
	X24	农村卫生厕所普及率	空间城镇化	X24	城镇建成区面积
生活富裕	X25	农村可支配收入		X25	经济密度
	X26	农村恩格尔系数		X26	人均城市道路面积
	X27	农村居民人均消费支出		X27	建成区所占比例
	X28	城乡可支配收入差距	生态城镇化	X28	人均公园绿地面积
	X29	农村每百户移动电话用户数		X29	建成区绿化覆盖率
	X30	农村居民人均住房面积		X30	生活垃圾无害化处理率
	X31	城乡收入比		X31	城镇居民人均生活垃圾清运量
				X32	国家级自然保护区个数

第三节

指标体系的实证筛选

我国乡村振兴与新型城镇化协调发展前两轮指标体系集中体现了本课题的研究和26位专家的理论构想，可能存在客观性不足的缺陷。为确保指标体系的科学性，有必要对乡村振兴与新型城镇化协调发展指标体系进行实证筛选。本研究运用隶属度分析、相关分析以及鉴别力分析等多种方法，筛选出最具有代表性的指标，构成我国乡村振兴与新型城镇化协调发展完整的评价指标体系。

一、隶属度分析

“隶属度”实际上是一种模糊数据集，是美国加利福尼亚大学控制论教授扎德经过多年的分析得出的概念，是指当一个研究的全集 U 中的任一元素，都有一个 0 到 1 之间的数 A（x）与之相对应，则将这个数 A（x）称为 x 对 A 的隶属度。隶属度 A（x）越接近于 1，表示 x 属于 A 的程度越高。根据隶属度的这一概念，可以将其运用到指标的筛选当中。将指标体系的整个集合看作是一个模糊数据集，每个指标作为这个数据集中的一个元素，并对每一个纳入初步指标体系的指标进行隶属度分析。具体而言，邀请 N 位专家学者进行指标评价，对于第 i 项指标会有 Mi 位专家认可其合理性，那么这一指标的隶属度可以表示为 Ri = Mi/N，当 Ri 的值越大，则认为这一指标的合理性越高，越应当考虑将其纳入指标体系当中。

通过广泛征求相关领域专家的意见，并在研究团队内进行多次讨论，设定隶属度的临界值为 0.2，即保留隶属度大于等于 0.2 的指标，而剔除隶属度低于 0.2 的指标。研究将第二轮我国乡村振兴与新型城镇化协调发展的指标体系制成问卷，通过收集问卷调查数据进行隶属度分析，选择具备一定理论知识，对我国经济发展和社会发展的内涵有足够了解，同时又具有丰富社会工作经验的人群作为对象，最终有针对性地选择了我国 10 所高校的 800 名 MBA 学员参与调查。在具体操作层面，让调查对象从乡村振兴和新型城镇化协调发展第二轮指标体系的各个维度中分别选择 2—6 个最具代表性的指标。诚然，这种方式仍然存在主观性，但集成众多知识和社会经验，可以使指标相对客观。此次累计发放问卷 800 份，回收 701 份，其中有效问卷 627 份，有效率为 78.375%。依据隶属度的计算方法，得到第二轮评价指标体系 63 个评价指标的隶属度，结果如表 4－3 所示。通过广泛征求相关领域专家的意见，并在本研究团队内进行多次讨论，确定隶属度的临界值为 0.45，并将隶属度低于 0.45 的 15 个指标淘汰（表格中用 * 标注），剩余的 48 个指标组成乡村振兴与新型城镇化协调发展测算的第三轮评价体系。

表 4－3　　我国乡村振兴与新型城镇化协调发展指标体系的隶属度分析

乡村振兴				新型城镇化			
维度	变量	评价指标	隶属度	维度	变量	评价指标	隶属度
产业兴旺	X1	粮食综合生产能力	0.55	人口城镇化	X1	城镇人口比重	0.86
	X2	农业机械化水平	0.60		X2	城镇人口密度	0.57
	X3	农业生产率	0.93		X3	非农人口就业	0.66
	X4	第一产业增加值占 GDP 比重	0.71		X4	第三产业从业人员占比	0.63
	X5	人均农林牧渔总产值	0.92		X5	城镇人口素质*	0.18
	X6	农林牧渔产值占比	0.85		X6	城镇登记失业率*	0.15
生态宜居	X7	村庄绿化覆盖率	0.89	经济城镇化	X7	人均地区生产总值	0.84
	X8	集中供水的行政村占比	0.56		X8	城镇居民人均可支配收入	0.88
	X9	人均养老服务机构数量	0.91		X9	城镇居民人均消费支出	0.89
	X10	每千农业人口乡村医生和卫生员数	0.65		X10	第三产业增加值	0.56

续表

乡村振兴				新型城镇化			
维度	变量	评价指标	隶属度	维度	变量	评价指标	隶属度
生态宜居	X11	乡镇每千人卫生院床位数	0.51	经济城镇化	X11	第三产业产值占比*	0.37
	X12	每公顷耕地化肥施用量*	0.43		X12	一般公共预算收入	0.72
	X13	农药使用强度*	0.39		X13	城镇社会消费品零售总额	0.63
乡风文明	X14	每万人拥有乡镇文化站	0.67		X14	人均地方财政收入	0.79
	X15	农村人口受教育程度	0.75	社会城镇化	X15	互联网上网人数*	0.42
	X16	农村人均文娱支出	0.95		X16	城市用水普及率	0.47
	X17	乡村电视节目覆盖率	0.67		X17	城市燃气普及率	0.52
	X18	乡村广播节目综合覆盖率	0.56		X18	城市单位人口拥有公共交通标准车辆数	0.61
治理有效	X19	村委会成员专科以上文化程度占比	0.89		X19	每百人藏书量	0.48
	X20	每万人村委会数量	0.65		X20	城镇基本医疗保险参保人数*	0.42
	X21	村委会中党员比例	0.92		X21	城市每千人拥有卫生技术人员数	0.51
	X22	农村最低生活保障人数	0.83		X22	教育经费占 GDP 比重*	0.43
	X23	有效灌溉率*	0.42		X23	人均教育经费	0.49
	X24	农村卫生厕所普及率*	0.38	空间城镇化	X24	城镇建成区面积	0.51
生活富裕	X25	农村可支配收入	0.96		X25	经济密度	0.47
	X26	农村恩格尔系数	0.67		X26	人均城市道路面积	0.56
	X27	农村居民人均消费支出	0.88		X27	建成区所占比例*	0.37
	X28	城乡可支配收入差距	0.56	生态城镇化	X28	人均公园绿地面积	0.56
	X29	农村每百户移动电话用户数*	0.33		X29	建成区绿化覆盖率	0.49
	X30	农村居民人均住房面积	0.64		X30	生活垃圾无害化处理率	0.64
	X31	城乡收入比*	0.27		X31	城镇居民人均生活垃圾清运量*	0.26
					X32	国家级自然保护区个数*	0.18

注：* 表示隶属度低于 0.45 的指标。

二、相关分析

简明性原则是构建指标体系的一个重要原则，它要求所选指标简洁而有效，为了进一步优化指标体系，需要去除重复及高度关联的指标。观察上文得到的第三轮指标体系可以发现，有些指标之间可能存在一定的相关性，如“人均农林牧渔总产值”与“农林牧渔产值占比”、“每千农村人口乡村医生和卫生员数”与“每千农村人口乡镇卫生院床位数”等传达了类似的信息，这些指标同时纳入评价体系会导致严重的共线性问题，从而影响测度结果的真实性和可信度。因此，为消除或降低指标重复对测度结果的影响，进行相关性分析，淘汰隶属度低且与其他指标相关性较强的指标。

通过翻阅相关统计年鉴，按照第三轮指标体系中的48个指标，采集了2020年我国30个省、市、自治区的相关数据，并运用SPSS统计软件对可能存在较强相关性的指标进行Pearson简单相关分析。结果显示，在α = 0.05/0.01显著性水平下，有5对指标存在显著性相关（见表4－4）。

表4－4　　我国乡村振兴与新型城镇化协调发展指标体系的相关性分析

保留的评价指标	被删除的评价指标	相关性	显著性水平
人均农林牧渔总产值	农林牧渔产值占比	0.669	0.01
每千农业人口乡村医生和卫生员数	每千农村人口乡镇卫生院床位数	0.941	0.01
乡村电视节目覆盖率	乡村广播节目综合覆盖率	0.934	0.01
非农就业	第三产业从业人员占比	0.731	0.01
人均地方财政收入	一般公共预算收入	0.466	0.01

在结合隶属度结果的基础上，删除农林牧渔产值占比、每千农村人口乡镇卫生院床位数、乡村广播节目综合覆盖率、一般公共预算收入、第三产业从业人员占比这5个隶属度较低的指标，保留剩余共43个指标构成我国乡村振兴与新型城镇化协调发展的第四轮评价测算指标体系（见表4－5）。

表4－5　　第四轮乡村振兴与新型城镇化协调发展指标体系

乡村振兴			新型城镇化		
维度	变量	评价指标	维度	变量	评价指标
产业兴旺	X1	粮食综合生产能力	人口城镇化	X1	城镇人口比重
	X2	农业机械化水平		X2	城镇人口密度
	X3	农业生产率		X3	非农人口就业
	X4	第一产业增加值占GDP比重	经济城镇化	X4	人均地区生产总值
	X5	人均农林牧渔总产值		X5	城镇居民人均可支配收入
生态宜居	X6	村庄绿化覆盖率		X6	城镇居民人均消费支出
	X7	集中供水的行政村占比		X7	第三产业增加值
	X8	人均养老服务机构数量		X8	城镇社会消费品零售总额
	X9	每千农业人口乡村医生和卫生员数		X9	人均地方财政收入

续表

乡村振兴			新型城镇化		
维度	变量	评价指标	维度	变量	评价指标
乡风文明	X10	每万人拥有乡镇文化站	社会城镇化	X10	城市用水普及率
	X11	农村人口受教育程度		X11	城市燃气普及率
	X12	农村人均文娱支出		X12	城市单位人口拥有公共交通标准车辆数
	X13	乡村电视节目覆盖率		X13	每百人藏书量
治理有效	X14	村委会成员专科以上文化程度占比		X14	城市每千人拥有卫生技术人员数
	X15	每万人村委会数量		X15	人均教育经费
	X16	村委会中党员比例	空间城镇化	X16	城镇建成区面积
	X17	农村最低生活保障人数		X17	经济密度
生活富裕	X18	农村可支配收入		X18	人均城市道路面积
	X19	农村恩格尔系数	生态城镇化	X19	人均公园绿地面积
	X20	农村居民人均消费支出		X20	建成区绿化覆盖率
	X21	城乡可支配收入差距		X21	生活垃圾无害化处理率
	X22	农村居民人均住房面积			

三、鉴别力分析

指标体系的鉴别力是指标在评价对象之间能够有效区分差异程度的能力。如果指标在不同群体之间存在显著差异，则可以认为该指标具有较高的鉴别力；反之，如果差异不显著，则指标的鉴别力较低。高鉴别力的指标能够准确地反映评价对象的不同特征或表现，使得评价结果更加准确和可靠。在实际测算过程中，通常采用离差系数来表示指标的鉴别力，离差系数越大表明指标的鉴别力越强，其具体计算公式为：

$$V_i = \frac{S_i}{\bar{X}} \tag{4-1}$$

式中，V_i 代表指标鉴别力，S_i 为标准差，$\bar{X}$ 为平均值。根据此原理，本研究通过采集 2020 年我国 30 个省、市、自治区的第四轮指标体系中 43 个指标的相关数据，对各个指标进行描述性统计，得到指标的均值和标准差，并据此计算离差系数，同时选择 $V_i = 0.1$ 为临界值，见表 4-6。

表 4-6　评价指标的鉴别力分析

维度	指标	均值	标准差	离差系数
乡风文明	乡村电视节目覆盖率	99.418	0.585	0.00967
社会城镇化	城市用水普及率	98.857	1.237	0.01251

由表4-6可知，乡村电视节目覆盖率和城市用水普及率的离差系数小于0.1，因此，淘汰低于临界值的这两个指标，保留其余指标，构成乡村振兴与新型城镇化协调发展第五轮指标体系（见表4-7）。

表4-7　　第五轮乡村振兴与新型城镇化协调发展指标体系

乡村振兴			新型城镇化		
维度	变量	评价指标	维度	变量	评价指标
产业兴旺	X1	粮食综合生产能力	人口城镇化	X1	城镇人口比重
	X2	农业机械化水平		X2	城镇人口密度
	X3	农业生产率		X3	非农人口就业
	X4	第一产业增加值占GDP比重	经济城镇化	X4	人均地区生产总值
	X5	人均农林牧渔总产值		X5	城镇居民人均可支配收入
生态宜居	X6	村庄绿化覆盖率		X6	城镇居民人均消费支出
	X7	集中供水的行政村占比		X7	第三产业增加值
	X8	人均养老服务机构数量		X8	城镇社会消费品零售总额
	X9	每千农业人口乡村医生和卫生员数		X9	人均地方财政收入
乡风文明	X10	每万人拥有乡镇文化站	社会城镇化	X10	城市燃气普及率
	X11	农村人口受教育程度		X11	城市单位人口拥有公共交通标准车辆数
	X12	农村人均文娱支出			
治理有效	X13	村委会成员专科以上文化程度占比		X12	每百人藏书量
	X14	每万人村委会数量		X13	城市每千人拥有卫生技术人员数
	X15	村委会中党员比例		X14	人均教育经费
	X16	农村最低生活保障人数	空间城镇化	X15	城镇建成区面积
生活富裕	X17	农村可支配收入		X16	经济密度
	X18	农村恩格尔系数		X17	人均城市道路面积
	X19	农村居民人均消费支出	生态城镇化	X18	人均公园绿地面积
	X20	城乡可支配收入差距		X19	建成区绿化覆盖率
	X21	农村居民人均住房面积		X20	生活垃圾无害化处理率

综上所述，经过三轮实证筛选，累计淘汰评价指标22项，至此，我国乡村振兴与新型城镇化协调发展评价指标体系基本构建完成，在第五轮评价指标体系中，共有评价指标41项。其中，乡村振兴领域包括产业兴旺维度评价指标5项、生态宜居维度评价指标4项、乡风文明维度评价指标3项、治理有效维度评价指标4项和生活富裕维度评价指标5项；新型城镇化领域包括人口城镇化维度评价指标3项、经济城镇化维度评价指标6项、社会城镇化维度评价指标5项、空间城镇化维度评价指标3项和生态城镇化维度评价指标3项。

第四节 本章小结

构建科学合理的乡村振兴与新型城镇化协调发展评价指标体系是监测我国乡村振兴与新型城镇化协调发展状况的基础，本章主要任务在于构建我国乡村振兴与新型城镇化协调发展的指标体系。为保障文章所构建的指标体系的质量，本研究严格依照构建指标体系的程序进行，主要包括指标体系的理论筛选、专家咨询以及实证筛选等特定程序，运用科学的指标体系构建方法形成一套具有较高解释力的指标体系。该指标体系主要包括了21个乡村振兴指标和20个新型城镇化指标，其中乡村振兴指标体系又包含产业兴旺、生态宜居、乡风文明、治理有效和生活富裕五个领域，新型城镇化指标体系包含人口城镇化、经济城镇化、社会城镇化、空间城镇化和生态城镇化五个领域。由于各指标的单位以及对于整体的重要程度不一，研究采用熵权法确定各指标的权重，并最终形成了具有较高解释力和较强操作性的可以衡量我国乡村振兴与新型城镇化协调发展水平的指标体系。

第五章

乡村振兴与新型城镇化协调发展的实际测评

协同推进乡村振兴与新型城镇化两大战略，是城乡融合发展的重要抓手。随着我国社会经济的不断发展，城乡发展不平衡问题日益凸显，乡村振兴和新型城镇化成为实现全面发展的双轮驱动。本章通过对我国省域层面乡村振兴和新型城镇化协调发展水平多样性特征的深入分析和比较，有利于准确把握我国省域层面乡村振兴和新型城镇化协调发展的现状，为各级政府在制定、优化乡村振兴和新型城镇化协调发展中的决策提供科学依据，进一步推动我国乡村振兴与新型城镇化协调发展。

第一节 实际测评的模型构造

一、数据采集和无量纲处理

本书的主要数据来源于各省统计年鉴和地方政府相关部门发布的统计公报，数据科学性、可靠性高。通过查阅及整理包括《中国统计年鉴》

《中国教育统计年鉴》《中国卫生统计年鉴》以及各省统计年鉴等在内的统计数据库，以2005—2021年为研究时间序列，以30个省、自治区、直辖市（西藏数据缺失较多，剔除）为数据收集对象，采集乡村振兴与新型城镇化协调发展评价指标体系中所有指标的相关数据，部分数据由采集到的统计数据经过简单计算得到。

然而，由于计量单位不同导致乡村振兴与新型城镇化协调发展的评价指标无法直接汇总，这就需要对原始数据进行无量纲化处理。常见的无量纲化处理方法包括归一化、区间化、均值化等，而经过多轮实证筛选确定的乡村振兴与新型城镇化协调发展评价指标体系既包含了37项正向评价指标，又包含了4项负向评价指标，采用归一化方法对数据进行无量纲化处理能够使正向与负向指标层面的变化趋势统一。据此，本书采用归一化法对各个指标的原始数据进行处理。归一化法的目的主要是把所有数据转换为0到1区间的值，最小为0，最大为1。其具体计算公式如下：

$$Y_{ij} = \frac{X_{ij} - \min X_j}{\max X_i - \min X_i}(\text{正向指标}) \quad (5-1)$$

$$Y_{ij} = \frac{\max X_{ij} - X_j}{\max X_i - \min X_i}(\text{负向指标}) \quad (5-2)$$

式中，Y_{ij}代表第i项指标在第j年无量纲化后的数据结果，X_{ij}代表第i项指标在第j年的原始数据，$\max X_i$代表第i项指标所有年份数据中的最大值，$\min X_j$代表第i项指标所有年份数据中的最小值。当X_{ij}为正向指标时，其值越大，Y_{ij}也越大；而当X_{ij}为负向指标时，其值越小，Y_{ij}越大。因此，经过无量纲化处理后的数据使正向指标与负向指标保持了相同的变化趋势，为后续乡村振兴与新型城镇化协调发展水平的测度提供了便利。

二、基于熵权法的指标权重确定

确定指标权重的方法种类众多，但大体可以分为两类。第一类是主观赋权法，在研究中常用的操作方法包括德尔菲法（专家咨询法）、专家排序法、层次分析法等。此类方法是依据专家经验和知识的主观判断各指标的重要程度从而确定各项指标权重的方法。由于专家作为打分者专业性强，从而认为结果可以反映各指标重要程度，可行性较强。但是此方法依赖于打分者专业程度、打分认真程度等因素，不确定性也较强。第二类是客观赋权法，此类方法包括主成分分析法、因子分析法、熵权法等。此类方法利用采集的各指标的客观数值，通过严密的数理统计方法计算得到指标权重，具有较强的客观性。本研究已成功收集整理 2005—2021 年我国 30 个省份各指标的统计数据，具备使用客观赋权法的条件。因此，综合研究的实际需求来看，拟采用熵权法进行评价指标权重计算。熵最早是热力学中的概念，用来描述系统的不确定混乱程度，1948 年申农（Shannon）最早将熵的概念引入信息论中，用来衡量信息的无序性以及数据所传达的有用信息的数量。熵权法的基本思路是根据不同样本指标变异程度来确定指标的客观权重，而变异程度的大小是由信息熵决定的。一般来说，某个指标的信息熵越大，表明该指标能提供的信息量越多，在综合评价中所能起到的作用也越大，其权重也就越大。相反，指标的信息熵越小，表明该指标能提供的信息量越少，那么其在综合评价指标体系中所起的作用也越小。而采用熵权法确立指标权重一般包含以下具体步骤：第一，数据的标准化；第二，根据信息熵的定义，计算各评价指标的信息熵；第三，通过信息熵计算各指标的权重。其中第一步数据的标准化已在前述内容中完成（篇幅所限，不做赘述），而信息熵和权重的具体计算公式如下：

$$E_j = -K\sum_{i=1}^{n} P_{ij}\ln(P_{ij}),\text{其中},K = \frac{1}{\ln(n)},P_{ij} = \frac{Y_{ij}}{\sum_{i=1}^{n} Y_{ij}} \tag{5-3}$$

式中，$i=1, \cdots, n$；E_j 为第 j 项指标的信息熵，Y_{ij}为标准化后第 j 项指标的第 i 个无量纲化数据。其中需要特别注意的是，当 $Y_{ij}=0$ 时，$P_{ij}\ln(P_{ij})=0$。根据信息熵的计算公式，计算出各个指标的信息熵后，通过以下公式计算各指标的权重：

$$W_j = \frac{1-E_j}{\sum_{j=1}^{m} E_j} \tag{5-4}$$

式中，$j=1, \cdots, m$；W_j 代表第 j 项指标的权重。

按照上述步骤和公式，能够得到 2005—2021 年各年度乡村振兴与新型城镇化各维度和指标的权重，同时为得到各省域乡村振兴和新型城镇化发展水平奠定基础。具体见表 5-1。

表 5－1　　乡村振兴与新型城镇化发展水平测度指标的权重

乡村振兴			
维度	权重	评价指标	权重
产业兴旺	0.2347	粮食综合生产能力	0.0490
		农业机械化水平	0.0478
		农业生产率	0.0499
		第一产业增加值占 GDP 比重	0.0470
		人均农林牧渔总产值	0.0410
生态宜居	0.1872	村庄绿化覆盖率	0.0479
		集中供水的行政村占比	0.0492
		人均养老服务机构数量	0.0455
		每千农业人口乡村医生和卫生员数	0.0446
乡风文明	0.1436	每万人拥有乡镇文化站	0.0474
		农村人口受教育程度	0.0499
		农村人均文娱支出	0.0463
治理有效	0.1931	村委会成员专科以上文化程度占比	0.0477
		每万人村委会数量	0.0501
		村委会中党员比例	0.0454
		农村最低生活保障人数	0.0499
生活富裕	0.2414	农村可支配收入	0.0465
		农村恩格尔系数	0.0465
		农村居民人均消费支出	0.0496
		城乡可支配收入差距	0.0489
		农村居民人均住房面积	0.0499

新型城镇化			
维度	权重	评价指标	权重
人口城镇化	0.0755	城镇人口比重	0.0274
		城镇人口密度	0.0304
		非农人口就业	0.0177
经济城镇化	0.4755	人均地区生产总值	0.0577
		城镇居民人均可支配收入	0.0622
		城镇居民人均消费支出	0.0562
		第三产业增加值	0.1066
		城镇社会消费品零售总额	0.0932
		人均地方财政收入	0.0996
社会城镇化	0.2993	城市燃气普及率	0.0370
		城市单位人口拥有公共交通标准车辆数	0.0089
		每百人藏书量	0.0304
		城市每千人拥有卫生技术人员数	0.0558
		人均教育经费	0.1672
空间城镇化	0.0971	城镇建成区面积	0.0340
		经济密度	0.0277
		人均城市道路面积	0.0354
生态城镇化	0.0526	人均公园绿地面积	0.0283
		建成区绿化覆盖率	0.0119
		生活垃圾无害化处理率	0.0125

三、乡村振兴与新型城镇化综合发展指数的测算

乡村振兴综合发展指数反映了各省份在产业兴旺、生态宜居、乡风文明、治理有效和生活富裕等领域的发展现状，是乡村振兴评价指标体系中各指标值与各自权重相乘加总的结果，依据熵权法计算得到 2005—2021 年

中国各省份乡村振兴综合发展水平，如表 5 - 2 所示。

表 5 - 2　　2005—2021 年中国各省份乡村振兴综合发展水平

省份	2005 年	2006 年	2007 年	2008 年	2009 年	2010 年	2011 年	2012 年	2013 年
北京	0. 4505	0. 4658	0. 5055	0. 5006	0. 5026	0. 5163	0. 5290	0. 5299	0. 5477
天津	0. 4189	0. 4294	0. 4289	0. 4266	0. 4303	0. 4426	0. 4733	0. 4890	0. 5151
河北	0. 3568	0. 3710	0. 3617	0. 3410	0. 3525	0. 3626	0. 3793	0. 3897	0. 4038
山西	0. 3412	0. 3573	0. 3632	0. 3583	0. 3647	0. 3718	0. 3770	0. 3990	0. 4066
内蒙古	0. 2950	0. 2982	0. 2914	0. 2878	0. 2908	0. 2940	0. 3169	0. 3363	0. 3542
辽宁	0. 3212	0. 3221	0. 3234	0. 3375	0. 3411	0. 3565	0. 3769	0. 3777	0. 4040
吉林	0. 2953	0. 3094	0. 2964	0. 3149	0. 3160	0. 3330	0. 3522	0. 3455	0. 3647
黑龙江	0. 2690	0. 2813	0. 2764	0. 2995	0. 3097	0. 3215	0. 3223	0. 3359	0. 3544
上海	0. 4559	0. 4526	0. 4655	0. 4691	0. 4984	0. 5194	0. 5169	0. 5362	0. 5377
江苏	0. 3781	0. 3875	0. 3920	0. 4054	0. 4159	0. 4356	0. 4526	0. 4693	0. 4829
浙江	0. 4098	0. 4133	0. 4303	0. 4360	0. 4557	0. 4609	0. 4669	0. 4828	0. 4945
安徽	0. 2750	0. 2897	0. 2838	0. 2884	0. 2980	0. 3152	0. 3294	0. 3433	0. 3581
福建	0. 3123	0. 3321	0. 3344	0. 3496	0. 3711	0. 3873	0. 3963	0. 4122	0. 4269
江西	0. 2676	0. 2467	0. 2821	0. 2949	0. 3109	0. 3212	0. 3378	0. 3524	0. 3552
山东	0. 3798	0. 3857	0. 4004	0. 4138	0. 4239	0. 4301	0. 4497	0. 4578	0. 4704
河南	0. 2934	0. 3098	0. 3114	0. 3379	0. 3479	0. 3545	0. 3674	0. 3764	0. 3849
湖北	0. 2786	0. 2789	0. 2923	0. 2957	0. 3158	0. 3349	0. 3538	0. 3663	0. 3823
湖南	0. 3311	0. 3268	0. 3078	0. 3107	0. 3196	0. 3366	0. 3498	0. 3539	0. 3804
广东	0. 3034	0. 3064	0. 2868	0. 3052	0. 3100	0. 3283	0. 3445	0. 3472	0. 3704
广西	0. 2577	0. 2720	0. 2733	0. 2671	0. 2780	0. 2854	0. 3045	0. 3180	0. 3320
海南	0. 3116	0. 3269	0. 3501	0. 3628	0. 3148	0. 3370	0. 3598	0. 3758	0. 4015
重庆	0. 2330	0. 2385	0. 2621	0. 2744	0. 2874	0. 2682	0. 2846	0. 3042	0. 3193
四川	0. 2349	0. 2460	0. 2378	0. 2416	0. 2654	0. 2810	0. 3030	0. 3168	0. 3331
贵州	0. 2056	0. 2063	0. 2128	0. 2200	0. 2385	0. 2234	0. 2170	0. 2182	0. 2330
云南	0. 2057	0. 2319	0. 2260	0. 2164	0. 2332	0. 2466	0. 2482	0. 2602	0. 2551
陕西	0. 2523	0. 2570	0. 2658	0. 2701	0. 2890	0. 3157	0. 3263	0. 3369	0. 3471
甘肃	0. 2511	0. 2409	0. 2072	0. 2052	0. 2304	0. 2376	0. 2520	0. 2676	0. 2762
青海	0. 2506	0. 2408	0. 2651	0. 2739	0. 2925	0. 3226	0. 3576	0. 3509	0. 3717
宁夏	0. 2457	0. 2521	0. 2735	0. 2675	0. 2756	0. 2963	0. 3121	0. 3246	0. 3466
新疆	0. 3196	0. 3229	0. 3105	0. 3170	0. 3188	0. 3383	0. 3555	0. 3616	0. 3849
均值	0. 3067	0. 3133	0. 3173	0. 3230	0. 3333	0. 3458	0. 3604	0. 3712	0. 3865

续表

省份	2014 年	2015 年	2016 年	2017 年	2018 年	2019 年	2020 年	2021 年
北京	0.5621	0.5931	0.5885	0.5967	0.6446	0.6582	0.6562	0.6880
天津	0.5186	0.5363	0.5371	0.5462	0.5767	0.5791	0.5504	0.5786
河北	0.4244	0.4307	0.4320	0.4505	0.4612	0.4814	0.4791	0.4972
山西	0.4288	0.4379	0.4334	0.4351	0.4420	0.4559	0.4463	0.4599
内蒙古	0.3852	0.3970	0.4149	0.4300	0.4288	0.4495	0.4483	0.4752
辽宁	0.4187	0.4283	0.4356	0.4472	0.4525	0.4651	0.4623	0.4922
吉林	0.3489	0.3541	0.3753	0.3898	0.3914	0.4178	0.4259	0.4657
黑龙江	0.3866	0.3826	0.3860	0.4029	0.4352	0.4480	0.4340	0.4617
上海	0.5468	0.5628	0.5575	0.5599	0.5868	0.5842	0.5677	0.5980
江苏	0.4987	0.4974	0.5050	0.5173	0.5303	0.5518	0.5435	0.5605
浙江	0.5136	0.5512	0.5157	0.5349	0.5489	0.5622	0.5776	0.6294
安徽	0.3864	0.3928	0.4106	0.3946	0.4105	0.4339	0.4398	0.4675
福建	0.4479	0.4872	0.4683	0.4945	0.4897	0.5245	0.5159	0.5419
江西	0.3765	0.3872	0.3910	0.3983	0.4177	0.4230	0.4296	0.4507
山东	0.4925	0.4991	0.5061	0.5134	0.5144	0.5290	0.5140	0.5274
河南	0.4071	0.4127	0.4176	0.4278	0.4464	0.4625	0.4667	0.4615
湖北	0.4125	0.4280	0.4376	0.4488	0.4702	0.4832	0.4760	0.5077
湖南	0.4146	0.4325	0.4335	0.4661	0.4688	0.4929	0.4938	0.5225
广东	0.3897	0.4112	0.4050	0.4218	0.4527	0.4731	0.4786	0.4984
广西	0.3518	0.3704	0.3767	0.3920	0.4158	0.4389	0.4345	0.4550
海南	0.4305	0.4727	0.4469	0.4657	0.4701	0.4922	0.4977	0.5336
重庆	0.3428	0.3636	0.3717	0.3974	0.4133	0.4364	0.4409	0.4618
四川	0.3527	0.3703	0.3746	0.3994	0.4230	0.4296	0.4239	0.4413
贵州	0.2664	0.2938	0.3079	0.3265	0.3320	0.3641	0.3770	0.3938
云南	0.2857	0.3014	0.3099	0.3343	0.3494	0.3776	0.3753	0.3848
陕西	0.3579	0.3678	0.3746	0.3878	0.4005	0.4187	0.4185	0.4277
甘肃	0.2935	0.3069	0.3090	0.3295	0.3531	0.3900	0.3917	0.4023
青海	0.3903	0.3975	0.3600	0.3821	0.4112	0.4252	0.4270	0.4440
宁夏	0.3722	0.3833	0.3820	0.3916	0.3996	0.4232	0.4249	0.4390
新疆	0.3966	0.3958	0.3952	0.3982	0.4194	0.4476	0.4591	0.4688
均值	0.4067	0.4215	0.4220	0.4360	0.4519	0.4706	0.4692	0.4912

新型城镇化综合发展指数反映了各省份人口、经济、社会、空间和生态等领域的城镇化，是新型城镇化评价指标体系中各指标值与各自权重相

乘加总的结果，依据熵权法得到2005—2021年中国各省份新型城镇化综合发展水平，如表5-3所示。

表5-3 2005—2021年中国各省份新型城镇化综合发展水平

省份	2005年	2006年	2007年	2008年	2009年	2010年	2011年	2012年	2013年
北京	0.2261	0.2358	0.2503	0.2760	0.3024	0.3200	0.3563	0.3717	0.4141
天津	0.1550	0.1771	0.1877	0.2084	0.2224	0.2431	0.2812	0.3016	0.3318
河北	0.0998	0.1069	0.1229	0.1398	0.1527	0.1768	0.1946	0.2099	0.2241
山西	0.0753	0.0904	0.1049	0.1218	0.1337	0.1511	0.1691	0.1841	0.2021
内蒙古	0.0683	0.0823	0.1019	0.1198	0.1412	0.1598	0.1833	0.2055	0.2264
辽宁	0.1042	0.1175	0.1337	0.1489	0.1594	0.1739	0.1973	0.2156	0.2316
吉林	0.0781	0.0805	0.0965	0.1066	0.1160	0.1288	0.1486	0.1668	0.1841
黑龙江	0.0929	0.0981	0.1062	0.1203	0.1292	0.1518	0.1668	0.1786	0.1947
上海	0.2533	0.2667	0.2843	0.3039	0.3191	0.3273	0.3545	0.3663	0.4065
江苏	0.1483	0.1612	0.1940	0.2154	0.2329	0.2620	0.2928	0.3182	0.3473
浙江	0.1621	0.1640	0.1882	0.2093	0.2259	0.2527	0.2805	0.2995	0.3221
安徽	0.0654	0.0856	0.1060	0.1184	0.1303	0.1476	0.1713	0.1916	0.2055
福建	0.1785	0.1733	0.1945	0.2164	0.2357	0.2538	0.2757	0.3077	0.3407
江西	0.0919	0.1049	0.1241	0.1428	0.1564	0.1717	0.1904	0.2054	0.2160
山东	0.1145	0.1442	0.1600	0.1785	0.1940	0.2146	0.2408	0.2630	0.2857
河南	0.0961	0.0996	0.1221	0.1308	0.1412	0.1546	0.1758	0.1935	0.2102
湖北	0.0888	0.1044	0.1211	0.1292	0.1395	0.1550	0.1776	0.1985	0.2191
湖南	0.0936	0.1065	0.1266	0.1380	0.1504	0.1640	0.1803	0.1964	0.2141
广东	0.1510	0.1598	0.1814	0.2112	0.2296	0.2556	0.2862	0.3120	0.3348
广西	0.0685	0.0840	0.0978	0.1120	0.1271	0.1368	0.1534	0.1688	0.1779
海南	0.0988	0.1057	0.1038	0.1146	0.1302	0.1462	0.1782	0.1918	0.1952
重庆	0.0744	0.0872	0.1086	0.1264	0.1400	0.1572	0.1875	0.2080	0.2181
四川	0.0742	0.0955	0.1134	0.1310	0.1446	0.1587	0.1811	0.2005	0.2164
贵州	0.0612	0.0615	0.0763	0.0857	0.0893	0.1089	0.1239	0.1414	0.1592
云南	0.0845	0.0794	0.1054	0.1187	0.1268	0.1378	0.1533	0.1687	0.1783
陕西	0.0841	0.1100	0.1312	0.1515	0.1664	0.1833	0.2134	0.2279	0.2435
甘肃	0.0669	0.0643	0.0730	0.0849	0.0943	0.1058	0.1210	0.1418	0.1553
青海	0.0843	0.0951	0.1095	0.1188	0.1268	0.1444	0.1669	0.1794	0.1736
宁夏	0.0600	0.0833	0.0976	0.1055	0.1218	0.1429	0.1564	0.1657	0.1879
新疆	0.1035	0.1062	0.1211	0.1270	0.1348	0.1525	0.1711	0.1852	0.2028
均值	0.1068	0.1177	0.1348	0.1504	0.1638	0.1813	0.2043	0.2222	0.2406

续表

省份	2014 年	2015 年	2016 年	2017 年	2018 年	2019 年	2020	2021 年
北京	0. 4255	0. 4503	0. 4767	0. 5065	0. 5395	0. 5715	0. 5665	0. 6087
天津	0. 3373	0. 3394	0. 3493	0. 3638	0. 3627	0. 3778	0. 3704	0. 3954
河北	0. 2353	0. 2436	0. 2580	0. 2765	0. 2964	0. 3137	0. 3248	0. 3429
山西	0. 2101	0. 2188	0. 2259	0. 2413	0. 2606	0. 2731	0. 2825	0. 3069
内蒙古	0. 2488	0. 2652	0. 2808	0. 2844	0. 2926	0. 3061	0. 3112	0. 3401
辽宁	0. 2405	0. 2411	0. 2448	0. 2612	0. 2743	0. 2849	0. 2892	0. 3110
吉林	0. 1951	0. 2073	0. 2137	0. 2152	0. 2284	0. 2317	0. 2444	0. 2618
黑龙江	0. 2010	0. 2117	0. 2184	0. 2298	0. 2418	0. 2533	0. 2573	0. 2756
上海	0. 4208	0. 4502	0. 4886	0. 5179	0. 5398	0. 5667	0. 5698	0. 6164
江苏	0. 3728	0. 4007	0. 4285	0. 4581	0. 4860	0. 5136	0. 5256	0. 5753
浙江	0. 3412	0. 3640	0. 3877	0. 4149	0. 4446	0. 4764	0. 4789	0. 5134
安徽	0. 2219	0. 2407	0. 2610	0. 2829	0. 3065	0. 3295	0. 3396	0. 3675
福建	0. 3622	0. 3832	0. 4072	0. 4421	0. 4854	0. 5262	0. 5412	0. 5908
江西	0. 2321	0. 2448	0. 2557	0. 2752	0. 2949	0. 3083	0. 3175	0. 3476
山东	0. 3033	0. 3242	0. 3437	0. 3643	0. 3846	0. 4015	0. 4105	0. 4473
河南	0. 2290	0. 2452	0. 2655	0. 2910	0. 3184	0. 3417	0. 3469	0. 3659
湖北	0. 2397	0. 2568	0. 2771	0. 2967	0. 3197	0. 3418	0. 3288	0. 3671
湖南	0. 2329	0. 2505	0. 2721	0. 2885	0. 3060	0. 3329	0. 3417	0. 3676
广东	0. 3549	0. 3858	0. 4180	0. 4534	0. 4843	0. 5189	0. 5230	0. 5646
广西	0. 1911	0. 2039	0. 2161	0. 2299	0. 2466	0. 2642	0. 2705	0. 2889
海南	0. 2080	0. 2148	0. 2260	0. 2418	0. 2512	0. 2714	0. 2796	0. 3160
重庆	0. 2300	0. 2453	0. 2622	0. 2793	0. 2951	0. 3118	0. 3210	0. 3480
四川	0. 2317	0. 2417	0. 2605	0. 2813	0. 3066	0. 3335	0. 3456	0. 3718
贵州	0. 1742	0. 1972	0. 2159	0. 2319	0. 2460	0. 2616	0. 2789	0. 2963
云南	0. 2000	0. 2063	0. 2236	0. 2374	0. 2586	0. 2786	0. 2917	0. 3172
陕西	0. 2578	0. 2584	0. 2675	0. 2802	0. 2957	0. 3161	0. 3202	0. 3410
甘肃	0. 1711	0. 1800	0. 1966	0. 2161	0. 2237	0. 2421	0. 2534	0. 2718
青海	0. 1909	0. 1924	0. 2053	0. 2221	0. 2398	0. 2531	0. 2604	0. 2696
宁夏	0. 2053	0. 2163	0. 2286	0. 2425	0. 2579	0. 2894	0. 2973	0. 3145
新疆	0. 2174	0. 2182	0. 2282	0. 2462	0. 2617	0. 2861	0. 2832	0. 2972
均值	0. 2561	0. 2699	0. 2868	0. 3057	0. 3250	0. 3459	0. 3524	0. 3799

表5－2和表5－3是我国各省份2005—2021年乡村振兴和新型城镇化综合发展指数数据。从数据来看，我国各省市乡村振兴和新兴城镇化发展水平均呈稳步增长态势，平均而言，乡村振兴水平最低的是2005年的0.3067，同样，新型城镇化最低水平也出现在2005年，为0.1068。2021年，我国乡村振兴和新型城镇化水平均达到了最高水平，分别是0.4912和0.3799。

四、耦合协调度的应用

测定各省乡村振兴与新型城镇化两大战略互动发展的真实情况，关键在于构建耦合协调度模型。耦合度能够反映各系统之间相互作用的程度，对研究乡村振兴和新型城镇化的相互影响，把握其中的规律具有重要意义。然而，如果不考虑这两个系统的整体水平，仅考虑其相互作用的程度，将无法反映出二者协调水平的高低。协调是系统之间或系统内部的一种和谐一致、相辅相成的关系，是整个系统长期健康发展的保证。因此，采用乡村振兴和新型城镇化的耦合协调度模型来判断系统的协调性。具体计算过程如下：

第一步，计算系统耦合度。

$$C=\frac{2\sqrt{R\times U}}{R+U} \tag{5-5}$$

式中，C代表系统的耦合度，R和U分别代表乡村振兴和新型城镇化的综合发展指数。

第二步，计算协调指数。

$$T=\alpha R+\beta U \tag{5-6}$$

式中，T代表系统的协调指数，反映R和U的整体效应和水平，而α和β为待定系数，在本研究中认为乡村振兴和新型城镇化同等重要，故令$\alpha=\beta=0.5$。

第三步，计算耦合协调度。

$$D=\sqrt{C\times T} \tag{5-7}$$

式中，D代表系统的耦合协调度。参考已有相关文献，将耦合协调度划分为10个等级（见表5－4）。

表 5 -4 耦合协调度等级划分

D 取值	耦合协调等级	D 取值	耦合协调等级
0 < D≤0. 1	极度失调	0. 5 < D≤0. 6	勉强协调
0. 1 < D≤0. 2	严重失调	0. 6 < D≤0. 7	初级协调
0. 2 < D≤0. 3	中度失调	0. 7 < D≤0. 8	中级协调
0. 3 < D≤0. 4	轻度失调	0. 8 < D≤0. 9	高级协调
0. 4 < D≤0. 5	濒临失调	0. 9 < D≤1. 0	优质协调

借助前文计算得到的乡村振兴和新型城镇化综合发展指数，并运用公式（5 -5）、公式（5 -6）、公式（5 -7）对2005—2021 年我国30 个省份乡村振兴和新型城镇化两个系统的耦合协调度进行测算，结果如表5 -5 所示。

表 5 -5 2005—2021 年中国各省份乡村振兴与新型城镇化耦合协调度

省份	2005 年	2006 年	2007 年	2008 年	2009 年	2010 年	2011 年	2012 年	2013 年
北京	0. 5649	0. 5757	0. 5964	0. 6097	0. 6244	0. 6376	0. 6589	0. 6662	0. 6901
天津	0. 5048	0. 5251	0. 5326	0. 5460	0. 5562	0. 5727	0. 6040	0. 6197	0. 6430
河北	0. 4344	0. 4463	0. 4592	0. 4673	0. 4817	0. 5032	0. 5212	0. 5348	0. 5485
山西	0. 4004	0. 4239	0. 4418	0. 4570	0. 4699	0. 4869	0. 5025	0. 5206	0. 5354
内蒙古	0. 3767	0. 3958	0. 4151	0. 4309	0. 4502	0. 4655	0. 4909	0. 5127	0. 5321
辽宁	0. 4277	0. 3983	0. 4163	0. 4462	0. 4070	0. 4325	0. 4737	0. 4369	0. 4551
吉林	0. 4601	0. 4970	0. 4581	0. 4788	0. 5109	0. 4855	0. 5008	0. 5318	0. 5090
黑龙江	0. 4897	0. 4979	0. 5183	0. 5038	0. 5165	0. 5450	0. 5209	0. 5338	0. 5637
上海	0. 5830	0. 5894	0. 6032	0. 6145	0. 6315	0. 6421	0. 6543	0. 6657	0. 6838
江苏	0. 4866	0. 4999	0. 5251	0. 5436	0. 5579	0. 5813	0. 6033	0. 6217	0. 6399
浙江	0. 5077	0. 5102	0. 5335	0. 5496	0. 5664	0. 5842	0. 6016	0. 6167	0. 6318
安徽	0. 3662	0. 3969	0. 4164	0. 4299	0. 4439	0. 4644	0. 4873	0. 5064	0. 5209
福建	0. 4859	0. 4898	0. 5050	0. 5245	0. 5438	0. 5599	0. 5749	0. 5968	0. 6175
江西	0. 3960	0. 4011	0. 4325	0. 4530	0. 4696	0. 4846	0. 5036	0. 5187	0. 5263
山东	0. 4567	0. 4856	0. 5031	0. 5213	0. 5355	0. 5512	0. 5737	0. 5890	0. 6055
河南	0. 4098	0. 4191	0. 4415	0. 4585	0. 4708	0. 4838	0. 5041	0. 5195	0. 5333
湖北	0. 3966	0. 4130	0. 4338	0. 4421	0. 4581	0. 4773	0. 5007	0. 5193	0. 5380
湖南	0. 4196	0. 4320	0. 4443	0. 4551	0. 4683	0. 4847	0. 5011	0. 5135	0. 5342
广东	0. 4626	0. 4704	0. 4776	0. 5039	0. 5165	0. 5382	0. 5604	0. 5737	0. 5934
广西	0. 3645	0. 3888	0. 4043	0. 4159	0. 4336	0. 4445	0. 4649	0. 4813	0. 4930
海南	0. 4188	0. 4311	0. 4367	0. 4515	0. 4499	0. 4711	0. 5032	0. 5181	0. 5291
重庆	0. 3629	0. 3798	0. 4108	0. 4315	0. 4478	0. 4531	0. 4806	0. 5015	0. 5137

续表

省份	2005 年	2006 年	2007 年	2008 年	2009 年	2010 年	2011 年	2012 年	2013 年
四川	0. 3633	0. 3915	0. 4053	0. 4218	0. 4426	0. 4595	0. 4840	0. 5020	0. 5181
贵州	0. 3349	0. 3356	0. 3569	0. 3706	0. 3820	0. 3949	0. 4049	0. 4191	0. 4389
云南	0. 3631	0. 3683	0. 3929	0. 4003	0. 4147	0. 4294	0. 4417	0. 4577	0. 4618
陕西	0. 3817	0. 4101	0. 4322	0. 4497	0. 4683	0. 4905	0. 5137	0. 5264	0. 5392
甘肃	0. 3601	0. 3528	0. 3507	0. 3633	0. 3840	0. 3982	0. 4179	0. 4414	0. 4551
青海	0. 3812	0. 3890	0. 4127	0. 4248	0. 4389	0. 4646	0. 4943	0. 5009	0. 5040
宁夏	0. 3485	0. 3806	0. 4042	0. 4098	0. 4280	0. 4536	0. 4701	0. 4816	0. 5052
新疆	0. 4265	0. 4303	0. 4404	0. 4479	0. 4553	0. 4766	0. 4966	0. 5087	0. 5286
均值	0. 4245	0. 4375	0. 4534	0. 4674	0. 4808	0. 4972	0. 5170	0. 5312	0. 5463

省份	2014 年	2015 年	2016 年	2017 年	2018 年	2019 年	2020 年	2021 年
北京	0. 6993	0. 7189	0. 7278	0. 7415	0. 7679	0. 7832	0. 7808	0. 8044
天津	0. 6467	0. 6532	0. 6581	0. 6676	0. 6763	0. 6839	0. 6719	0. 6916
河北	0. 5622	0. 5691	0. 5778	0. 5941	0. 6080	0. 6234	0. 6281	0. 6426
山西	0. 5478	0. 5564	0. 5594	0. 5693	0. 5825	0. 5941	0. 5959	0. 6129
内蒙古	0. 5564	0. 5697	0. 5842	0. 5914	0. 5952	0. 6091	0. 6111	0. 6340
辽宁	0. 4997	0. 4622	0. 4785	0. 5167	0. 4786	0. 4951	0. 5325	0. 5018
吉林	0. 5105	0. 5402	0. 5202	0. 5290	0. 5543	0. 5425	0. 5480	0. 5811
黑龙江	0. 5471	0. 5580	0. 5780	0. 5602	0. 5785	0. 6109	0. 5806	0. 5972
上海	0. 6926	0. 7095	0. 7225	0. 7338	0. 7502	0. 7585	0. 7542	0. 7792
江苏	0. 6566	0. 6682	0. 6820	0. 6977	0. 7125	0. 7297	0. 7311	0. 7536
浙江	0. 6470	0. 6693	0. 6687	0. 6864	0. 7029	0. 7194	0. 7252	0. 7540
安徽	0. 5411	0. 5545	0. 5721	0. 5780	0. 5956	0. 6149	0. 6216	0. 6438
福建	0. 6347	0. 6574	0. 6608	0. 6838	0. 6982	0. 7248	0. 7269	0. 7522
江西	0. 5437	0. 5548	0. 5623	0. 5754	0. 5924	0. 6010	0. 6077	0. 6291
山东	0. 6217	0. 6342	0. 6458	0. 6576	0. 6669	0. 6789	0. 6778	0. 6969
河南	0. 5525	0. 5640	0. 5771	0. 5940	0. 6140	0. 6305	0. 6343	0. 6410
湖北	0. 5608	0. 5758	0. 5901	0. 6040	0. 6227	0. 6375	0. 6289	0. 6570
湖南	0. 5574	0. 5737	0. 5861	0. 6056	0. 6154	0. 6364	0. 6409	0. 6620
广东	0. 6098	0. 6311	0. 6415	0. 6613	0. 6843	0. 7039	0. 7073	0. 7283
广西	0. 5092	0. 5242	0. 5342	0. 5479	0. 5659	0. 5836	0. 5855	0. 6022
海南	0. 5470	0. 5645	0. 5637	0. 5793	0. 5862	0. 6046	0. 6108	0. 6408
重庆	0. 5299	0. 5465	0. 5587	0. 5772	0. 5910	0. 6074	0. 6134	0. 6332
四川	0. 5347	0. 5469	0. 5589	0. 5789	0. 6001	0. 6152	0. 6187	0. 6364
贵州	0. 4641	0. 4906	0. 5078	0. 5246	0. 5346	0. 5556	0. 5694	0. 5844

续表

省份	2014 年	2015 年	2016 年	2017 年	2018 年	2019 年	2020 年	2021 年
云南	0. 4889	0. 4994	0. 5131	0. 5308	0. 5482	0. 5695	0. 5752	0. 5911
陕西	0. 5511	0. 5553	0. 5626	0. 5741	0. 5866	0. 6031	0. 6050	0. 6180
甘肃	0. 4734	0. 4848	0. 4965	0. 5166	0. 5302	0. 5543	0. 5613	0. 5751
青海	0. 5224	0. 5259	0. 5214	0. 5398	0. 5603	0. 5727	0. 5774	0. 5882
宁夏	0. 5258	0. 5366	0. 5436	0. 5551	0. 5666	0. 5916	0. 5962	0. 6095
新疆	0. 5418	0. 5421	0. 5480	0. 5595	0. 5756	0. 5982	0. 6005	0. 6109
均值	0. 5625	0. 5746	0. 5834	0. 5977	0. 6114	0. 6278	0. 6306	0. 6484

可以看到，近些年来我国各省份乡村振兴与新型城镇化的耦合协调度呈现逐渐上升的趋势。依据表 5 – 4 耦合协调度判断标准分析，2005 年我国大部分省份乡村振兴和新型城镇化两个系统的耦合协调度都处于不同程度的失调阶段。但经过十多年的发展，2021 年样本中的所有省份均实现了跨越，处于不同水平的协调阶段，这说明我国乡村振兴战略和新型城镇化建设的实施，对我国乡村的发展起到了关键的作用，二者的融合度较高，且有越来越协调的发展趋势。

第二节 实证测度结果与分析

通过上面对 2005—2021 年我国乡村振兴和新型城镇化耦合协调度的计算，较为直观地展现了乡村振兴和新型城镇化这两大系统互动发展的真实状态。基于这一分析结果，作者从时间的纵向序列和空间的横向序列，对乡村振兴和新型城镇化协调发展水平的趋势进行比较，从而更加准确地认识不同地区之间的差异与发展趋势。

一、纵向测度

根据表 5 – 5 计算得到 2005—2021 年我国乡村振兴和新型城镇化耦合协调度的均值，并绘制其时间序列变化折线图。如图 5 – 1 所示。

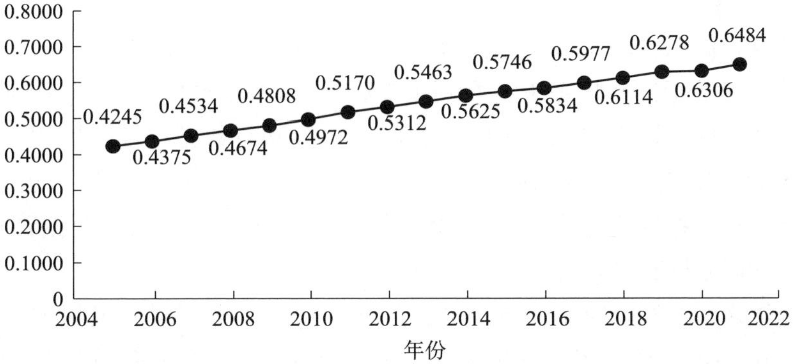

图 5－1　2005—2021 年我国乡村振兴和新型城镇化耦合协调度演化趋势

由图 5－1 可知，我国乡村振兴与新型城镇化的耦合协调度处于不断上升的状态，由 2005 年的 0.4245 增长到 2021 年的 0.6484，意味着总体由濒临失调状态演变为初级协调状态。具体而言，在过去的 10 多年，我国乡村振兴和新型城镇化耦合协调状态可以概括为两个阶段：第一阶段，2005—2010 年，乡村振兴和新型城镇化协调发展处于快速提升阶段，但耦合协调度整体处于失调水平（小于 0.5），显著说明该阶段乡村振兴和新型城镇化两大系统还未能达到良性互动关系。究其原因，乡村振兴战略尚未实施（2017 年党的十九大提出），中西部地区脱贫攻坚任务较为严峻，农村贫困问题还未得到全面改善，导致城乡发展在较长时间处于割裂状态，没有形成良好的互促关系。第二阶段，2011—2021 年，乡村振兴和新型城镇化协调发展处于持续提升阶段，耦合协调度整体处于协调水平（大于 0.5）。根据耦合协调度数值大小，这一阶段可以分为两个时期，分别为 2011—2017 年的勉强协调阶段和 2018—2021 年的初级协调阶段。这是因为，随着 2017 年乡村振兴战略的提出，2018 年《乡村振兴战略规划（2018—2022 年）》颁布，城乡融合机制体制进一步完善，2018—2021 年，乡村振兴和新型城镇化耦合协调度进一步增长，并成功跨入初级协调阶段。

为了表现乡村振兴与新型城镇化耦合协调发展的演变特征，借助 ArcMap 软件工具对 30 个省份乡村振兴与新型城镇化耦合协调度的测度结果进行分析。由于样本跨度较大，依照城乡经济发展的阶段性特征进行样本划分。考虑到 2012 年和 2017 年国家分别在党的十八大报告和党的十九大报告中提出了“新型城镇化”和“乡村振兴”战略，而 2011 年和 2016 年分别为战略提出的前一年。因此，本研究分别选取 2005 年、2011 年、2016

年和2021年的数据进行分析。

从乡村振兴与新型城镇化耦合协调度的演变趋势看，2005年我国除个别省份外均处于失调状态中，而到了2021年，所考察的30个省份均已实现两大系统的协调发展。这意味着我国乡村振兴与新型城镇化的耦合协调度总体呈上升趋势，且表现出“不协调→勉强协调→初级协调”的演变特征，这一演变特征充分说明，自2005年至今，我国在乡村振兴与新型城镇化互动发展中取得了良好成效。

具体来看，2005年，我国30个省份乡村振兴与新型城镇化的耦合协调度在0.3349（贵州省）—0.5830（上海市），大部分省份处于失调状态中，只有北京市（0.5649）、天津市（0.5048）、浙江省（0.5077）和上海市（0.5830）的耦合协调度大于0.5，但也只是处于勉强协调之中。其中，上海市的耦合协调度最高，其次是北京市、浙江省、天津市。而贵州省、宁夏回族自治区和甘肃省居后三位，与内蒙古、安徽、江西、湖北、广西、重庆、四川、云南、陕西和青海一并处于轻度失调阶段。其余省份则处于濒临失调阶段。2011年，各省份乡村振兴与新型城镇化的耦合协调度为0.4049—0.6589，北京市、天津市、上海市、浙江省和江苏省上升到初级协调阶段，河北、山西、吉林、黑龙江、福建、山东、河南、湖南、广东和海南也由濒临失调演变为勉强协调，全国各省份整体协调水平较2005年有所提升，至此，所有省份跨越轻度失调阶段。2016年，各省份乡村振兴与新型城镇化的耦合协调度为0.4785—0.7278，协调水平较2011年进一步提升。其中北京市、上海市上升到中级协调阶段，而福建、山东和广东由勉强协调演变为初级协调，内蒙古、安徽、广西、重庆、四川、贵州、云南、青海、宁夏和新疆由失调转为勉强协调，其余省份仍处于原来阶段。2021年，各省份乡村振兴与新型城镇化的耦合协调度为0.5018—0.8044，所有省份均达到协调状态，区域差异缩小。其中，北京市协调发展水平进一步提升，由中级协调上升至高级协调阶段，而江苏、浙江、福建和广东由初级协调到中级协调阶段，辽宁、吉林、黑龙江、贵州、云南、甘肃和青海处于勉强协调阶段，其余18个省份处于初级协调阶段。综合来看，2005—2021年我国30个省份乡村振兴与新型城镇化耦合协调发展水平不断提升，区域差异也逐步缩小。处于失调阶段的地区逐渐减少至零，处于初级协调和中级协调阶段的地区不断增加，且在空间上总体表现为东高西低的格局。

二、横向测定

中国作为一个幅员辽阔的大国，不同地区之间的自然环境和资源禀赋存在显著差异，导致各地经济发展水平存在较大差距，进而影响了乡村振兴和农民收入，这也加剧了区域间的不均衡现象。因此，在深入剖析全国范围内乡村振兴与新型城镇化协调发展水平的基础上，有必要进一步评估东、中、西、东北四大主要区域的乡村振兴和新型城镇化综合指数之间的地区差异以及四大区域内部各省域之间的发展差距，以更加明确乡村振兴和新型城镇化的重点关注区域。

本研究主要通过耦合协调度模型来衡量各地区乡村振兴与新型城镇化协调发展水平，反映的是两大系统之间协调发展水平的大小，而无法对两大系统的综合发展水平进行直观比较。所以在测算四大区域协调发展水平之前，有必要先对其综合发展水平进行对比分析，以作为乡村振兴与新型城镇化协调发展水平分析的有效补充。以四大区域所涵盖省份乡村振兴和新型城镇化综合指数的均值代表该区域整体的发展水平。根据表 5－2 和表 5－3 整理得到表 5－6。

表 5－6　　四大区域乡村振兴和新型城镇化综合发展水平比较

年份	乡村振兴				新型城镇化			
	东部地区	中部地区	西部地区	东北地区	东部地区	中部地区	西部地区	东北地区
2005	0.3777	0.2978	0.2501	0.2952	0.1507	0.0852	0.0755	0.0917
2006	0.3871	0.3015	0.2552	0.3043	0.1613	0.0986	0.0862	0.0987
2007	0.3956	0.3068	0.2569	0.2987	0.1793	0.1175	0.1033	0.1121
2008	0.4010	0.3143	0.2583	0.3173	0.1996	0.1302	0.1165	0.1253
2009	0.4075	0.3262	0.2727	0.3223	0.2167	0.1419	0.1285	0.1349
2010	0.4220	0.3390	0.2826	0.3370	0.2368	0.1573	0.1444	0.1515
2011	0.4368	0.3525	0.2980	0.3505	0.2641	0.1774	0.1647	0.1709
2012	0.4490	0.3652	0.3087	0.3530	0.2841	0.1949	0.1812	0.1870
2013	0.4651	0.3779	0.3230	0.3744	0.3087	0.2112	0.1945	0.2034
2014	0.4825	0.4043	0.3450	0.3848	0.3256	0.2276	0.2107	0.2122
2015	0.5042	0.4152	0.3589	0.3883	0.3459	0.2428	0.2204	0.2200
2016	0.4962	0.4206	0.3615	0.3990	0.3695	0.2596	0.2350	0.2256
2017	0.5101	0.4285	0.3790	0.4133	0.3957	0.2793	0.2501	0.2354
2018	0.5275	0.4426	0.3951	0.4264	0.4218	0.3010	0.2659	0.2482

续表

年份	乡村振兴				新型城镇化			
	东部地区	中部地区	西部地区	东北地区	东部地区	中部地区	西部地区	东北地区
2019	0.5436	0.4586	0.4183	0.4436	0.4493	0.3212	0.2857	0.2566
2020	0.5381	0.4587	0.4201	0.4407	0.4566	0.3261	0.2940	0.2636
2021	0.5653	0.4783	0.4358	0.4732	0.4947	0.3538	0.3142	0.2828

由表5－6可知，就乡村振兴和新型城镇化整体发展水平而言，我国四大区域表现出巨大差距，东部地区的发展水平远远领先于中部、西部和东北地区。具体就乡村振兴发展水平而言，中部地区与东北地区的综合发展水平的均值基本持平，而西部地区综合发展水平的均值在四大区域内最低，但与中部地区和东北地区的差距不大。而就新型城镇化发展水平而言，中部地区和东北地区在2005—2015年也基本持平，但在2015年两地区间表现出较大差距，2015年后，东北地区综合发展水平的均值一直是四大区域内最低的。

为简化计算，以东、中、西、东北四大区域所包含省份的乡村振兴与新型城镇化耦合协调度的均值代表该区域乡村振兴与新型城镇化的协调发展水平，结果如表5－7所示。

表5－7　　我国四大区域乡村振兴与新型城镇化耦合协调度均值

年份	东部地区	中部地区	西部地区	东北地区
2005	0.4905	0.3981	0.3694	0.4592
2006	0.5024	0.4143	0.3839	0.4644
2007	0.5172	0.4351	0.4023	0.4643
2008	0.5332	0.4493	0.4151	0.4763
2009	0.5464	0.4634	0.4314	0.4781
2010	0.5642	0.4803	0.4482	0.4876
2011	0.5856	0.4999	0.4691	0.4985
2012	0.6002	0.5163	0.4849	0.5009
2013	0.6183	0.5313	0.4991	0.5093
2014	0.6318	0.5506	0.5180	0.5191
2015	0.6475	0.5632	0.5293	0.5201
2016	0.6549	0.5745	0.5390	0.5256
2017	0.6703	0.5877	0.5542	0.5353
2018	0.6853	0.6038	0.5686	0.5371

续表

年份	东部地区	中部地区	西部地区	东北地区
2019	0.7010	0.6191	0.5873	0.5495
2020	0.7014	0.6216	0.5922	0.5537
2021	0.7244	0.6410	0.6075	0.5600

为了更加清晰地展现我国四大区域乡村振兴与新型城镇化耦合协调度的变化及趋势，将表5－7的计算结果绘制成四大区域乡村振兴与新型城镇化协调发展水平演化趋势图（见图5－2）。

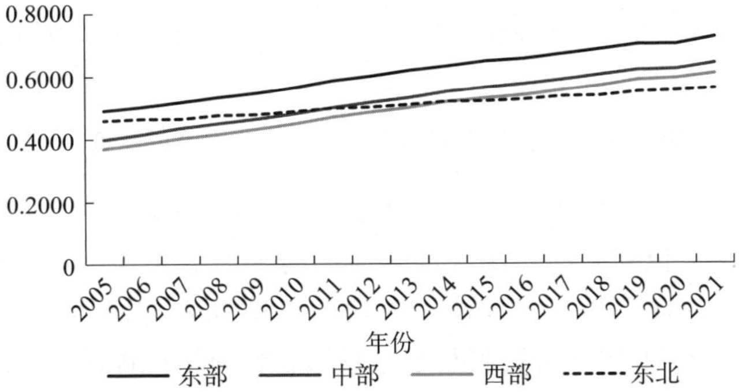

图5－2　2005—2021年四大区域乡村振兴与新型城镇化协调发展水平演化趋势

由图5－2可知，我国四大区域乡村振兴与新型城镇化的耦合协调度均呈上升趋势。而从各地区耦合协调度的增速来看，西部地区乡村振兴与新型城镇化互动发展变化速度最快，其次分别是西部、东部和东北地区。虽然东部地区乡村振兴与新型城镇化耦合协调度的上升幅度较小，但均值始终高于其他地区，除样本起始年外，其他年份均处于协调发展状态中。具体来说，东部地区在2006年就进入了勉强协调阶段，在2012年转入初级协调阶段，并于2019年转入中级协调阶段。中部和西部地区乡村振兴与新型城镇化协调发展趋势较为吻合，但数值上中部地区略高于西部地区。具体而言，中部地区由2005年的0.3981上升至2021年的0.6410，其中于2012年进入勉强协调阶段，于2018年进入初级协调阶段；而西部地区由2005年的0.3694上升至2021年的0.6075，并于2014年进入勉强协调阶段，于2021年进入初级协调阶段。东北地区乡村振兴与新型城镇化协调发展水平于2012年就进入勉强协调阶段并始终处于勉强阶段，但值得注意的是，其均值在2010年前高于中部和西部地区，2010年后逐渐落后于其他地区，并自 2015 年始终为四大区域中的最低值。

依据样本期间乡村振兴和新型城镇化耦合协调度的数据，计算得到我国 30 个省份的均值（见图 5 - 3）。

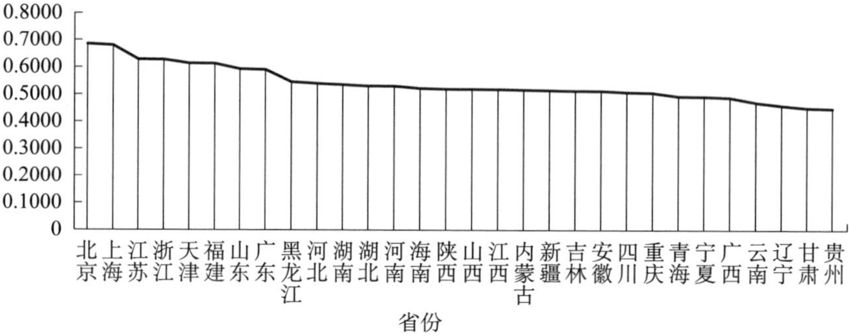

图 5 - 3　2005—2021 年我国各省份乡村振兴与新型城镇化耦合协调度均值

将 2005—2021 年我国各省份乡村振兴与新型城镇化耦合协调度均值划分为三个梯度。位列第一梯度（即样本期内平均值在 0.6 以上）的分别为北京、上海、江苏、浙江、天津、福建，总体处于初级协调阶段。其中，北京市 2005—2021 年乡村振兴与新型城镇化耦合协调度的均值最大，位列全国第一，平均值为 0.6852，但其在 2021 年达到了最大值 0.8044，已处于高级协调阶段；紧随其后的是上海市，平均值为 0.6805，同样上海市在 2021 年达到了 0.7792，处于中级协调阶段；江苏省和浙江省两大系统的耦合协调度分别排名第三和第四，且平均值非常接近，分别为 0.6289 和 0.6279，这两个省份在 2021 年也达到了中级协调阶段；第五名和第六名则分别是天津市和福建省，均值分别是 0.6149 和 0.6139。可以发现，位列第一梯度的六个省份均位于东部地区，这说明东部地区乡村振兴与新型城镇化形成了良好互动的关系，且这些地区乡村振兴和新型城镇化综合指数水平本身也相对较高。同时也说明不是只有牺牲经济发展才能使乡村发展，而是两者可以协调发展。

位列第二梯度（即样本期内平均值在 0.5—0.6）的有山东、广东、黑龙江、河北、湖南、湖北、河南、海南、陕西、山西、江西、内蒙古、新疆、吉林、安徽、四川和重庆。虽然以上省份的平均值都在 0.5—0.6，但不同省份间存在较大差异。例如，山东省和广东省乡村振兴与新型城镇化的耦合协调度分别为 0.5942 和 0.5920，而同样处于第二梯度的重庆市平均值仅为 0.5082，其余省份的平均值均在 0.51—0.55。同时，也可以发现，除均值较高的山东和广东外，其余位列第二梯度的省份大部分属于中西部地区。这说明，从历年均值来看，中西部地区的大部分省份乡村振兴与新型城镇化的耦合协调总体处于勉强协调阶段，但若仅从各省份 2021 年的发展情况看，位于第二梯度的所有省份也都达到了初级协调阶段。

位列第三梯度（即样本期内平均值在 0.5 以下）的则是青海、宁夏、广西、云南、辽宁、甘肃、贵州，意味着这些省份乡村振兴与新型城镇化的耦合协调度总体是濒临失调的。但观察其具体数值，这七个省份的耦合协调度的平均值均位于 0.45—0.5，意味着这些省份在样本初期发展缓慢，且均位于不同等级的失调状态，但其发展速度较快，在 2021 年也都达到了勉强协调或初级协调的阶段。不难发现，除辽宁外，其余省份均属于西部地区，而西部地区的乡村振兴和新型城镇化综合指数也较低，两者在近些年才形成良性互动。

以上测度结果与前文对于四大区域乡村振兴与新型城镇化协调发展程度的测度结果基本一致，表明本研究的结果较为稳健。

三、测度结果总结

依据由产业兴旺、生态宜居、乡风文明、治理有效和生活富裕五个方面构成的乡村振兴评价指标体系和由人口城镇化、经济城镇化、社会城镇化、空间城镇化和生态城镇化五个方面构成的新型城镇化评价指标体系，本章测算了 2005—2021 年我国 30 个省份乡村振兴与新型城镇化耦合协调度，并从纵向时间序列和横向地域空间序列对乡村振兴和新型城镇化协调发展水平进行比较分析，挖掘乡村振兴与新型城镇化协调发展水平的演化趋势，主要分析结果如下：

（一）乡村振兴战略和新型城镇化建设都离不开经济、生态、文化、公共服务等方面

单一指标的城镇化不能适应当前社会的发展，必须建立更加有效的指标体系去衡量乡村振兴和新型城镇化建设水平。近几年来，计划经济体制所带来的城乡二元结构的情况已经明显改善，城乡融合发展成为了目前的主要任务。在乡村振兴指标体系中，产业兴旺这个维度占据的权重最大，意味着产业兴旺程度对乡村振兴建设成效具有重要的影响，产业兴旺会给农民带来更多的就业机会，同时也会带动经济增长，提高农民的收入水

平，因此各省份要着重加强产业兴旺建设，以此来提升乡村振兴水平。在新型城镇化指标体系中，经济城镇化同样是占据重要位置的维度。经济的发展在城镇化进程中扮演着关键的角色，确保城镇的经济健康可以直接影响人们的生活质量和城镇化的可持续性，各个省份应该在现有的基础上不断发展经济，关心农村居民的生活状况，提升农村居民的生活水平。但是除了经济发展，还有其他维度如社会、生态等同样重要，综合考虑才能实现全面而可持续的城镇化发展。

（二）我国乡村振兴与新型城镇化的耦合协调度总体转变过程为“不协调→勉强协调→初级协调”

虽然在全国范围内乡村振兴与新型城镇化的耦合协调度不高，但由于区域差异十分显著，例如，2021 年我国东部地区的耦合协调度较高，大部分省份处于中级协调状态，个别省份已达到高级协调阶段，而中西部地区大部分省份处于初级协调阶段，个别省份仍处于勉强协调状态。因此在东部耦合协调度较高的地区应在现有的基础上继续强化创新引领，通过加大科研投入、鼓励企业技术创新等方式，推动知识经济的发展。同时，促进不同产业之间的协同发展，构建完善的产业链和价值链，实现产业的互补和提质增效。在城市规划方面，要注重生态环境保护，加强城市绿化建设、污染治理等，提高城市的宜居性和可持续性，从而推动乡村振兴与新型城镇化齐头并进。而在中西部耦合协调度较低的地区，应大力推动农村优先发展，在借鉴其他省份优秀成果的基础上，制定符合各省份发展的政策措施，特别是加强农村基础设施建设和公共服务的提升，以改善农村居民的生活条件。此外，在乡村振兴中，注重发展新兴产业和现代农业，提高农村经济的活力。同时，推动农村土地整治和规划，促进城乡融合发展，创造良好的发展环境，为乡村振兴和新型城镇化协调发展提供必要条件。针对存在较大的区域差异，东部和中西部地区可以建立跨地区的合作机制，推动经验分享和资源优势互补，促进不同地区间的协同发展，进而实现全国范围内的均衡发展。

在未来乡村发展的道路上，科学的评价指标体系可以更加深入地分析乡村振兴战略的动态变化过程。随着乡村振兴战略的不断演进，必然会出现新的情况和变化，因此需要根据实际情况对评价指标体系进行灵活调整和完善，以更好地追踪乡村发展的进程，有助于推动相关政策的制定和调整，从而实现乡村地区的全面振兴。在未来的乡村发展过程中，应根据各省份的具体情况，采取差异化的措施。特别是在西部地区，需要加强城乡统筹建设，借助特色产业如旅游业等的发展，提升第二、第三产业的带动作用，扩展城乡公路网络，以降低城乡流动成本。同时，还需提升乡风文明水平，强化城市对农村的带动作用。中部地区可发挥地理优势，大力发展高新技术，注重新型城镇化和乡村振兴的质量，为城乡发展提供动力。必要时，应完善城乡交通网络，通过整合城乡交通体系，促进城乡产业的繁荣，推动产业融合。在这一过程中，信息技术的提升也将有助于新型城镇化和乡村振兴的协调发展。而东部地区则应探寻经济新增长点，加强发达城市对周边城市的辐射带动作用。在经济发展的同时，需关注城乡生态文明建设，提高环境城镇化水平。借助区域的开放性和包容性，积极引进优秀人才，培育产业高地，加速产业结构的优化升级，从而开创一条城乡统筹发展的创新之路。

第三节 本章小结

本章主要依据乡村振兴与新型城镇化协调发展评价指标体系，以2005—2021年为时间序列，以我国30个省份为研究对象，运用所有数据，对30个省份乡村振兴与新型城镇化耦合协调度进行系统测算，并从纵向时间序列和横向地域空间序列对乡村振兴和新型城镇化协调发展水平进行比较分析，发现区域间乡村振兴与新型城镇化协调发展的不同状态，挖掘乡村振兴与新型城镇化协调发展水平的演化趋势。研究结论显示，乡村振兴战略和新型城镇化建设都离不开经济、生态、文化、公共服务等方面；我国乡村振兴与新型城镇化的耦合协调度总体是“不协调→勉强协调→初级协调”的演进过程，整体向好。

第六章

乡村振兴与新型城镇化协调发展影响机制的实证检验

第一节 变量选取与模型选择

乡村振兴与新型城镇化的协调发展受到多方面因素的影响，根据前文理论分析框架并参考已有学者的研究，选择以下六个变量：交通基础设施（Tran），以公路与铁路里程数之和与区域面积之比来表征；经济增长用经济发展水平来代替（Lngdp），采用地区生产总值来衡量，并作对数处理；产业结构（Ind），采用第三产业与第二产业的产值比重表示；城乡差距（Con），采用城市与农村居民人均消费性支出比重衡量，城乡差距中最主要的差距是城乡收入差距，而收入决定消费，城乡消费差距在一定程度上也能代表城乡差距，且对于收入差距，消费差距更能凸显社会经济群体之间的福利差异；财政支出（Gov），财政一般预算支出中用于科技、教育、医疗卫生、环境保护、文体传媒、交通运输、社会保障方面的财政支出所占比重并乘以100。各变量的描述性统计见表6-1。

表 6-1 变量描述性统计

变量性质	变量名称	符号	观测值	平均值	标准差	最小值	最大值
被解释变量	耦合协调度	D	510	0.6041	0.0864	0.3885	0.8436
解释变量	交通基础设施	Tran	510	0.9308	0.5367	0.4279	2.3771
	经济增长	Lngdp	510	9.5190	1.0021	6.2977	11.7310
	产业结构	Ind	510	1.1173	0.6420	0.4996	5.2968
	城乡差距	Con	510	2.4325	0.5223	1.5098	4.2620
	财政支出	Gov	510	48.7967	5.3942	28.3711	58.9984

为具体分析各因素的影响，本章将两大系统的耦合协调度作为被解释变量，各大因素作为解释变量并加入控制变量，选取 2005—2021 年我国 30 个省份的面板数据进行实证检验，具体模型设定见公式（6-1）。

$$D_{it} = c_0 + c_1X_{it} + c_2CV_{it} + y_{it} + \varepsilon_{it} \qquad (6-1)$$

式中，D_{it}为耦合协调度；i 表示地区；t 表示时间；c_0 是常数项；X 分别表示各影响因素，包括交通基础设施 Tran、经济增长 Lngdp、产业结构 Ind、城乡差距 Con、财政支出 Gov，CV 为相关控制变量，y 为时间效应；ε 为随机扰动项；下标 i 表示省份，下标 t 表示年份。

第二节
基准回归结果分析

基于 2005—2021 年 30 个省份的面板数据，本书利用固定效应模型进行回归分析，基准回归结果如表 6-2、表 6-3、表 6-4、表 6-5、表 6-6 所示。

在模型中是否加入解释变量以及是否加入时间和地区控制效应分别进行回归，各变量的显著性与符号基本无明显变化。

由表 6-2 可见，交通基础设施的回归系数为 0.0138，通过了 5% 的显著性检验，说明交通基础设施的建设对乡村振兴和新型城镇化的耦合协调水平具有促进作用。交通基础设施的完善为城乡要素的流动奠定了基础，有利于促进城乡间劳动力、资金、技术、资源等生产要素在一定范围内进行合理的交流与组合，尤其是促进城市要素向农村地区的扩散，为乡村产业的发展提供了人才、技术以及资金支持，振兴乡村产业，推动农村地区的经济发展，从而有效缩小城乡发展差距，也能降低要素流动成本，在更大的城乡空间范围内形成统一市场。同时，交通通达性的提高有利于城乡交通一体化发展，使城市建设不断向郊区，甚至向农村地区延伸，加快城乡空间发展与城乡边界的快速融合。

表 6－2　　交通基础设施回归结果

	(1)	(2)	(3)	(4)
Tran	0.2134*** (22.5431)	0.0299*** (4.6258)	0.0307*** (4.5739)	0.0138** (2.1694)
控制变量	N	Y	N	Y
地区固定	N	N	Y	Y
时间固定	N	N	Y	Y
常数项	0.4054*** (31.8097)	0.1695*** (5.0356)	0.4800*** (111.5855)	0.3353*** (9.0081)
R^2	0.5946	0.9082	0.9396	0.9518
N	510	510	510	510

注：***、** 分别表示在 1%、5% 水平上显著；括号内为标准误差。

由表 6－3 可见，经济增长的回归系数为 0.0674，通过了 1% 的显著性检验，说明地区经济的发展能够促进两大系统耦合协调发展。地区经济的发展为城乡融合提供物质保障，助力城乡的基础设施、公共服务等建设，还能为城乡居民提供更多的就业机会，尤其是吸引农村剩余劳动力，拓宽他们的就业渠道并增加农民收入，从而缩小城乡差距。经济水平的提高还能吸引更多的人才、技术集聚，为乡村振兴和新型城镇化的发展提供知识、技术支撑，从而为城乡融合发展提供新思路，做出科学性的前瞻谋划，有利于城乡高质量融合发展。

表 6－3　　经济增长回归结果

	(1)	(2)	(3)	(4)
Lngdp	0.1155*** (75.2980)	0.0796*** (20.4906)	0.0743*** (13.5859)	0.0674*** (11.5714)
控制变量	N	Y	N	Y
地区固定	N	N	Y	Y
时间固定	N	N	Y	Y
常数项	－0.4952*** (－28.3198)	－0.4746*** (－24.6214)	－0.1348*** (－2.9069)	－0.2327*** (－4.4247)

续表

	(1)	(2)	(3)	(4)
R^2	0.9301	0.9382	0.9549	0.9568
N	510	510	510	510

注：*** 表示在1%水平上显著；括号内为标准误差。

由表6-4可见，产业结构的回归系数为0.1991，在1%的水平上显著，表明产业结构的优化升级能够促进乡村振兴和新型城镇化耦合协调水平的提高。产业结构的升级能够推动二三产业的发展，有利于促进农村地区三大产业的融合发展，延伸乡村产业的产业链，培育出新产业新业态，带动居民就业，增加居民收入，同时促进城乡资源要素的均衡配置，形成以工促农、以城带乡、工农互惠、城乡一体化的新型工农城乡关系，逐步缩小城乡差距，促进城乡融合发展。此外，产业结构的优化升级促进了地区经济的发展，进而增加政府的税收收入，而政府收入的增加又能提高财政自给能力，使政府将更多的财政财政资金投入到城乡基础设施建设当中，促进城乡基础设施一体化发展。

表6-4　产业结构回归结果

	(1)	(2)	(3)	(4)
Ind	1.4820 *** (20.8053)	0.2941 *** (5.7858)	0.2767 *** (7.4853)	0.1991 *** (5.2926)
控制变量	N	Y	N	Y
地区固定	N	N	Y	Y
时间固定	N	N	Y	Y
常数项	-0.7150 *** (-11.1906)	-0.3781 *** (-8.8517)	0.2584 *** (8.1693)	0.2065 *** (4.2411)
R^2	0.4926	0.8933	0.9437	0.9508
N	510	510	510	510

注：*** 表示在1%水平上显著；括号内为标准误差。

由表6-5可见，城乡差距的回归系数为-0.0122，在1%的水平上显著，说明城乡差距的缩小对乡村振兴和新型城镇化的协调发展具有显著的正向作用。城乡差距是影响城乡融合发展的鸿沟，城乡差距的缩小势必会极大地推动城乡的融合发展。从城乡消费差距来看，消费差距的缩小意味着农村居民消费水平的提升，将有力地促进城乡经济的发展。一方面，大量的农村消费者涌入城市购买高水平的商品及服务，促进了城市的经济发展；另一方面，农村居民消费水平的提高引起对产品质量要求的提高，导致消费结构的改变，进而促使乡村产业提高产品的生产质量并调整产业结构，促进了乡村振兴，从而促进两大系统的耦合协调发展。

表 6-5　　城乡差距回归结果

	(1)	(2)	(3)	(4)
Con	-0.1269*** (-40.7516)	-0.0358*** (-10.5469)	-0.0266*** (-8.1497)	-0.0122*** (-3.7699)
控制变量	N	Y	N	Y
地区固定	N	N	Y	Y
时间固定	N	N	Y	Y
常数项	0.9128*** (81.5842)	-0.1258*** (-2.7901)	0.5726*** (57.0867)	-0.0399 (-0.7109)
R^2	0.7740	0.9382	0.9448	0.9565
N	510	510	510	510

注：*** 表示在1%水平上显著；括号内为标准误差。

由表6-6可见，财政支出的回归系数为0.0005，通过了10%的显著性检验，表明政府财政支出力度加强对乡村振兴与新型城镇化的协调发展具有积极作用。地方财政支出是政府能力发挥的重要保障，对城乡融合发展起着调节引导作用。一般来说，财政支出越多，城乡基础设施的建设、公共服务供给的完善等方面投入的资金越多，有利于城乡资源的优化配置，实现城乡基础设施和公共服务的均等化，从而促进城乡融合发展。

表 6-6　　财政支出回归结果

	(1)	(2)	(3)	(4)
Gov	0.0102*** (22.4224)	0.0006** (2.2124)	0.0006** (1.9903)	0.0005* (1.8008)
控制变量	N	Y	N	Y
地区固定	N	N	Y	Y
时间固定	N	N	Y	Y
常数项	0.1066*** (4.3850)	-0.1258*** (-2.7901)	0.4708*** (38.7762)	-0.0399 (-0.7109)
R^2	0.5336	0.9382	0.9374	0.9565
N	510	510	510	510

注：***、** 和 * 分别表示在1%、5%和10%水平上显著；括号内为标准误差。

为了缓解内生性问题，本书将各影响因素滞后一期作为工具变量并采用二阶段最小二乘法进行回归，结果如表 6－7 所示。

表 6－7　　内生性检验结果

	(1)	(2)	(3)	(4)	(5)
Tran	0.0342 * (1.7517)				
Lngdp		0.0714 *** (10.0586)			
Ind			0.2406 *** (4.2819)		
Con				－0.0170 *** (－4.1007)	
Gov					0.0014 ** (2.1049)
控制变量	Y	Y	Y	Y	Y
地区固定	Y	Y	Y	Y	Y
时间固定	Y	Y	Y	Y	Y
KP rk LM	60.157 [0.000]	90.910 [0.000]	44.907 [0.000]	77.892 [0.000]	38.072 [0.000]
KP rk Wald F	{70.071}	{2599.255}	{149.801}	{378.070}	{114.460}
R^2	0.9494	0.9578	0.9584	0.9527	0.9581
N	480	480	480	480	480

注：***、** 和 * 分别表示在 1%、5% 和 10% 水平上显著；括号内为标准误差。

从列（1）至列（5），交通基础设施、经济增长、产业结构、城乡差距和财政支出对乡村振兴与新型城镇化耦合协调度的影响结果与前文基准结果一致，并且不可识别检验 p 值均为 0.000，弱工具变量检验 Kleibergen－Paap rk Wald F 统计量大于临界值，符合标准。

为进一步验证研究结论的稳健性，本书采用以下方法进行稳健性检验：

第一，变换方法。因为乡村振兴与新型城镇化两大系统的耦合协调度的取值范围为 0—1，满足 Tobit 模型的构建条件，因而采用面板 Tobit 模型进行回归，结果如表 6－8 所示。

表 6 -8　　Tobit 模型回归结果

	(1)	(2)	(3)	(4)	(5)
Tran	0. 0138 ** (2. 2867)				
Lngdp		0. 0674 *** (12. 1973)			
Ind			0. 1991 *** (5. 5789)		
Con				-0. 0122 *** (-3. 9739)	
Gov					0. 0005 ** (2. 0074)
控制变量	Y	Y	Y	Y	Y
地区固定	Y	Y	Y	Y	Y
时间固定	Y	Y	Y	Y	Y
常数项	0. 4356 *** (9. 2787)	-0. 1721 *** (-3. 0575)	0. 2092 *** (3. 9009)	0. 0728 (1. 3209)	0. 1341 ** (2. 2788)
N	510	510	510	510	510

注：*** 、** 分别表示在 1% 、5% 水平上显著；括号内为标准误差。

第二，剔除直辖市。考虑到直辖市特殊的行政地位，在经济发展水平、政策优先度等方面与其他省份存在差异，因而剔除北京、天津、上海和重庆的样本数据，结果如表 6 -9 所示。

表 6 -9　　剔除直辖市的回归结果

	(1)	(2)	(3)	(4)	(5)
Tran	0. 0172 ** (2. 2532)				
Lngdp		0. 0655 *** (10. 2034)			
Ind			0. 2125 *** (4. 8576)		
Con				-0. 0141 *** (-3. 3370)	
Gov					0. 0005 * (1. 6792)

续表

	(1)	(2)	(3)	(4)	(5)
控制变量	Y	Y	Y	Y	Y
地区固定	Y	Y	Y	Y	Y
时间固定	Y	Y	Y	Y	Y
常数项	0.3259*** (7.6659)	-0.2628*** (-4.4109)	0.0649 (1.2467)	-0.0398 (-0.6485)	-0.1098 (-1.6194)
R^2	0.9505	0.9554	0.9477	0.9541	0.9529
N	442	442	442	442	442

注：***、**和*分别表示在1%、5%和10%水平上显著；括号内为标准误差。

第三，缩尾处理。为了剔除样本异常值的影响，对所有变量进行1%的缩尾处理，结果如表6-10所示。从结果来看，上述三种处理方式的回归结果与前文基准回归结果基本一致，说明各类因素会对乡村振兴与新型城镇化协调发展产生影响的结论是稳健。

表6-10　　缩尾处理的回归结果

	(1)	(2)	(3)	(4)	(5)
Tran	0.0177*** (2.8383)				
Lngdp		0.0768*** (10.4962)			
Ind			0.2088*** (5.3898)		
Con				-0.0153*** (-4.5326)	
Gov					0.0004* (1.6661)
控制变量	Y	Y	Y	Y	Y
地区固定	Y	Y	Y	Y	Y
时间固定	Y	Y	Y	Y	Y
常数项	0.3463*** (9.0485)	-0.3788*** (-5.3412)	0.1125** (2.4345)	0.0394 (0.6782)	-0.0434 (-0.5806)
R^2	0.9523	0.9543	0.9500	0.9527	0.9549
N	510	510	510	510	510

注：***、**和*分别表示在1%、5%和10%水平上显著；括号内为标准误差。

第三节 异质性分析

由于我国区域发展不平衡，乡村振兴、新型城镇化以及城乡融合发展的程度存在较大差异，各类因素对乡村振兴和新型城镇化协调发展的影响存在异质性。

一、交通基础设施（Tran）

由表6-11可知，交通基础设施的回归系数在东部、中部地区显著为正，而在西部地区不显著，说明交通通达性的提高在东部、中部地区对乡村振兴与新型城镇化协调发展具有明显的促进作用，而在西部地区无明显影响。这可能是由于：我国地形西高东低，东中部地区地形以平原丘陵为主，地势平坦，更有利于交通基础设施的建设，提高交通的便捷性，从而有利于促进城乡和区域间各类要素的流动，加强城乡之间的交流与联系，发挥城市对乡村的辐射带动作用，推动城乡的融合发展；而西部地区以高原、山地、盆地为主，地形起伏度较高，阻碍了交通基础设施的建设，这在一定程度上阻碍了城乡融合的进程，不利于发挥交通通达性的作用。

表6-11　　交通基础设施异质性分析结果

	东部	中部	西部
Tran	0.0208* (1.8160)	0.0639*** (4.4510)	0.0172 (1.5722)
常数项	0.4034*** (6.3435)	0.2474*** (2.9086)	0.3234*** (6.0348)
控制变量	Y	Y	Y
地区固定	Y	Y	Y
时间固定	Y	Y	Y
R^2	0.9543	0.9452	0.9675
N	187	136	187

注：***、*分别表示在1%、10%水平上显著；括号内为标准误差。

二、经济增长（Lngdp）

由表6－12可知，经济增长回归系数在三大区域均显著为正，说明经济发展水平的提高对东中西三大地区的乡村振兴与新型城镇化协调发展都具有积极影响。随着社会整体经济发展水平的提高，城市发展的“极化效应”开始向“涓滴效应”过渡，逐渐惠及农村地区，促进乡村振兴，缩小城乡差距，因而地区经济增长对城乡融合发展发挥着积极作用。通过比较各区域的系数大小，可发现东部地区的回归系数在数值上要大于中西部地区，表明经济增长对东部地区城乡融合的促进作用要大于中西部地区，可能的原因是：相比于中西部地区，东部地区经济发展、对外开放、人才资源等方面占据优势，尤其是数字经济迅猛发展的时代，东部地区能够更好地利用数字经济红利来促进城乡融合发展。

表6－12　　经济增长异质性分析结果

	东部	中部	西部
Lngdp	0.0995*** (7.8637)	0.0617*** (4.6864)	0.0454*** (2.7260)
常数项	－0.4737*** (－3.5333)	－0.2918** (－2.4465)	－0.0975 (－0.6252)
控制变量	Y	Y	Y
地区固定	Y	Y	Y
时间固定	Y	Y	Y
R^2	0.9662	0.9507	0.9691
N	187	136	187

注：***、**分别表示在1%、5%水平上显著；括号内为标准误差。

三、产业结构（Ind）

由表6－13可知，产业结构的回归系数在东部、中部地区显著为正，在西部地区不显著，说明产业结构的升级对东部、中部地区的城乡融合会产生积极作用，但对西部地区的城乡融合影响不显著。这可能是由于东中部地区经济相对发达，城乡联系紧密，产业结构的调整不仅促进了城市经济进步，还能带动乡村非农产业发展，进而促进乡村振兴与新型城镇化耦合协调发展。对比东中部地区的回归系数，产业结构升级对中部地区的影响更为显著，东部地区发展起步早，城乡融合水平高，产业结构也相对高级，因而产业结构发挥的作用有限，其城乡融合发展更多依赖于人力资本积累和金融事业的发展；中部地区在基础设施、产业发展水平等方面与东部地区均存在一定的差距，相对落后的社会经济条件给产业结构升级提供了促进城乡融合发展的前提，因而产业结构升级对中部地区两者的协调发展具有更强的拉动作用。而西部地区经济落后，乡村地区产业层次低、城乡要素流动不畅等客观原因导致城市产业链难以向乡村地域延伸，导致产业结构升级对城乡融合发展的影响不明显，同时城市发展带来的“虹吸效应”造成乡村要素不断向城市聚集，可能会进一步拉大城乡差距。

表 6－13　　产业结构异质性分析结果

	东部	中部	西部
Ind	0.1916** (2.3801)	0.2131*** (3.0692)	0.0446 (0.6993)
常数项	0.2088** (2.2999)	0.0162 (0.1786)	0.3046*** (4.1628)
控制变量	Y	Y	Y
地区固定	Y	Y	Y
时间固定	Y	Y	Y
R^2	0.9547	0.9463	0.9682
N	187	136	187

注：***、** 分别表示在 1%、5% 水平上显著；括号内为标准误差。

四、城乡差距（Con）

由表 6－14 可知，城乡差距的回归系数在东部地区显著为正，在中西部不显著，说明城乡差距的缩小在东部地区有利于促进两者的协调发展，而在中西部地区作用有限。东部地区的城乡发展水平较中西部地区相对较高，但部分省份由于城市的快速发展而引起城乡居民生活差距的扩大，而中西部地区整体发展水平较低使城乡生活差距较小，因而城乡差距的缩小在东部地区对两者协调发展的促进作用更为明显，对中西部地区的作用尚未得到充分体现。

表 6－14　　城乡差距异质性分析结果

	东部	中部	西部
Con	－0.0153*** (－3.6772)	－0.0127 (－1.1516)	0.0018 (0.3260)

续表

	东部	中部	西部
常数项	0.0028 (0.0315)	-0.0176 (-0.1386)	0.2851** (2.4754)
控制变量	Y	Y	Y
地区固定	Y	Y	Y
时间固定	Y	Y	Y
R^2	0.9680	0.9459	0.9668
N	187	136	187

注：***、** 分别表示在1%、5%水平上显著；括号内为标准误差。

五、财政支出（Gov）

由表6－15可知，财政支出的系数在东部、西部地区显著为正，而在中部地区不显著，表明财政支出对东部、西部地区的乡村振兴与新型城镇化协调发展具有正向影响，对中部地区的无明显影响。这可能是因为：东部地区由于经济发展优势使得城乡差距小，但在教育医疗等民生保障方面仍存在差距，而财政支出结构的不断调整促进了城乡公共服务均等化，从而推动城乡融合；西部地区本身发展较为缓慢，政府财政支出的增加加快了西部地区城乡公共交通、基础教育、卫生医疗等方面的基础设施和公共服务的建设与完善，从而有力地推动了乡村振兴与新型城镇化的协调发展。

表6－15　　财政支出异质性分析结果

	东部	中部	西部
Gov	0.0017*** (4.2174)	-0.0006 (-1.0458)	0.0010** (2.1884)
常数项	-0.2980** (-2.0326)	-0.3416*** (-2.9304)	-0.1559 (-1.0283)
控制变量	Y	Y	Y
地区固定	Y	Y	Y
时间固定	Y	Y	Y
R^2	0.9667	0.9497	0.9689
N	187	136	187

注：***、** 分别表示在1%、5%水平上显著；括号内为标准误差。

第四节 本章小结

本章基于第四章测算出的乡村振兴与新型城镇化耦合协调度，并根据第三章的理论分析框架，选取交通基础设施、经济增长、产业结构、城乡差距以及财政支出作为影响两大系统协调发展的因素，利用固定效应模型进行实证检验。结果发现：一是交通基础设施、经济增长、产业结构、城乡差距以及财政支出对乡村振兴与新型城镇化协调发展均具有显著影响。二是各类因素对两者协调发展的影响存在着区域差异性，交通基础设施在东部和中部地区具有显著的正向影响，且对中部地区的影响大于东部的地区；经济增长在三大地区均具有促进作用；产业结构在东部和中部地区发挥着积极作用，而在西部地区的影响不明显；城乡差距的缩小对城乡融合发展的促进作用只在东部地区较为明显；财政支出对城乡融合发展的积极作用更多体现在东部和西部地区。

第七章

城乡发展政策对乡村振兴与新型城镇化协调发展的影响研究

第一节 研究假设与概念模型

一、研究假设

城乡融合是统筹城乡发展和城乡发展一体化的继承与升华，是乡村振兴与新型城镇化战略的贯通与演进，其发展受到多方面因素的影响。但城乡融合发展的直接动力来源于政策赋能和政府引领，政府通过制定发展战略，完善发展环境，实施相关支持政策，把握城乡融合发展的方向，为城乡融合注入强大动力。城乡融合发展面临最现实的问题是城乡要素流动不畅、城乡基础设施及公共服务差距大，这些问题的解决亟须政府制定健全的体制机制来促进引导城乡资源要素的双向流动，实现城乡基础设施和公共服务的均等化。基于现有研究以及相关政策文件，当前城乡融合政策涵盖城乡资源均衡配置以及城乡发展多维互动等方面，本章也将从这两个方面理论分析城乡融合政策对乡村振兴与新型城镇化协调发展的影响，并提出相关假设。

（一）城乡资源均衡配置与乡村振兴、与新型城镇化协调发展

城乡资源涵盖了城乡公共资源以及要素资源。从城乡公共资源来看，主要包括基础设施和公共服务两方面：基础设施是社会经济发展的基础性要素，城乡基础设施一体化建设是推进乡村振兴与新型城镇化协调发展的基本保障；公共服务关乎民生，对于提升人民群众的获得感、幸福感、安全感具有重要意义。现有政策文件关于基础设施和公共服务的内容较多集中于促进农村基础设施提档升级、城乡基础设施一体化发展、城乡公共服务均等化发展等。城乡基础设施的完善将会极大地促进城乡经济的增长，助力乡村振兴与新型城镇化。但当前农村基础设施整体质量不高，存在投入总量不高、设施不完善、区域发展不平衡、管护机制不健全等问题，城乡基础设施发展不平衡的问题亟须解决。城乡融合政策不断强调完善农村基础设施建设的重要性：一方面，农村基础设施建设能够通过促进农民的非农就业来提高农民收入，同时使低收入群体受益更多，具有减贫增收的功效；另一方面，各类农村基础设施的完善、相互配合有利于增强农业综合生产能力，提高农业生产效率，推动农业经济的增长。公共服务是经济增长的有力支撑，促进城乡公共服务融合兼顾了城乡经济的效率与公平，为乡村振兴与新型城镇化的发展营造稳定的社会环境。城乡公共服务融合的重点是提高农村公共服务质量，当农村居民与城市居民享受到同等的公共服务时，农村吸引力将大大提升，有利于促进乡村振兴，助力城乡融合发展。党的十八大以来，我国大力推进民生改善工程，出台一系列政策，促进基本公共服务从“普惠化”“均等化”到“优质化”的跨越式发展，缩小城乡、区域之间的差距，带动城乡融合与共同富裕。

从城乡要素资源来看，城乡要素双向流动是实现城乡融合发展的关键举措。过去偏向城市的政策令城市发展表现出极大的虹吸效应和集聚效应，引起大量的劳动力、资本、土地等要素资源由乡村向城市流动，这种明显单向的流动模式导致了乡村的衰落，严重阻碍了城乡融合发展。因而，城乡融合发展要突破城乡要素流动限制，畅通城乡要素流动。一方面，引导城市要素入乡流动，城市先进要素的回流能够为乡村振兴提供人

才、技术、资金等方面的支持，从而为加快农业农村现代化发展注入活力，有利于推动农村新产业新业态的发展，提升乡村发展的水平，全面推进乡村振兴。但单纯依靠市场难以实现要素双向流动，需要政府通过政策等手段引导城市要素向乡村倾斜，从而促进要素流动和平等交换机制的构建，重塑城乡关系。另一方面，完成农业转移人口市民化，中国城市化的发展吸引了大量的农村劳动力转移至城市，但其并未有效实现"市民化"，来自农村的劳动力无法享受与城市劳动力同等的待遇。因此要加快农业转移人口市民化，提升城镇化质量是城乡融合发展的必然选择。城乡要素双向流动既能使农村要素注入城市，支持城市建设，又能使城市要素进入农村，为农村发展注入新动力，从而提高要素配置效率，缩小城乡差距，促进城乡融合发展。

可见，城乡资源均衡配置对乡村振兴、新型城镇化与城乡协调发展均有正向影响。

基于以上分析，提出以下研究假设：

H1：城乡资源均衡配置对乡村振兴与新型城镇化协调发展具有正向影响

H1a：城乡资源均衡配置对乡村振兴具有正向影响

H1b：城乡资源均衡配置对新型城镇化具有正向影响

H1c：城乡资源均衡配置对乡村振兴与新型城镇化协调度具有正向影响

（二）城乡发展多维互动与乡村振兴、与新型城镇化协调发展

城乡发展多维互动是城乡融合的最终目标，它强调城市和乡村是相互依存、互促共荣的有机整体，两者处于优势互补、平等交换的地位。城乡发展多维互动是多领域、全方位的融合发展，包括经济、社会、生态、文化等方面的内容。城乡经济融合关键是要促进城乡产业融合，有利于优化城乡产业空间布局，形成合理的城乡产业体系也能以产业为纽带加强城乡联系。从城市来看，资本、人才、技术等先进生产要素高度集中于城市，而伴随着经济增长动力从要素驱动向技术创新驱动转变，要素投入带来的边际效应逐渐递减；从农村来看，大多数农村产业仍以传统农业为主，而生态资源、民俗风情、特色农产品等资源尚未得到深入挖掘，农村经济发展空间十分广阔。因而，推动城乡产业融合，引导城市

要素向农村地区流入，既能使要素维持比较满意的投资回报率，又能促进三大产业跨界融合，推进农业提质增效，也能发挥农村资源禀赋的优势，不断拓展农业生产功能，有效延伸农业产业链并提升价值链，实现农村产业多样化发展，进而推动乡村振兴与新型城镇化的发展，实现城乡融合。城乡生态融合发展是生态文明建设的基础。农村在土地资源、自然环境等生态环境上具有优势，而城市在资金、人才、技术等方面具有优势，城乡生态融合促进了生态资源在城乡间的双向流动和优化配置，有利于城乡发挥各自的比较优势，合理有序进行生态要素的开发、维护和改造，助力乡村振兴与新型城镇化。在互联网时代，数字媒介为现实社会文化数字化提供了载体，也逐渐成为城乡文化交流沟通的工具，引起城乡文化在网络空间不断地交互、碰撞与融合，进而促进社会多元文化的融合，弥合城乡文化差异，同时也有利于解决城乡居民精神文化生活不平衡的问题。此外，城乡文化具有互补性，一方面是具有现代文明理性的城市文化对封闭保守的乡村文化进行改造，另一方面是蕴含淳朴民俗等乡土特色的乡村优秀文化影响城市文化的浮躁、功力与世故，从而有利于重塑新型城乡文化关系，推动乡村振兴与新型城镇化的协调发展。可见，城乡发展多维互动对乡村振兴、新型城镇化与城乡协调发展均有正向影响。

基于以上分析，提出以下研究假设：

H2：城乡发展多维互动对乡村振兴与新型城镇化协调发展具有正向影响

H2a：城乡发展多维互动对乡村振兴具有正向影响

H2b：城乡发展多维互动对新型城镇化具有正向影响

H2c：城乡发展多维互动对乡村振兴与新型城镇化协调度具有正向影响

二、概念模型

根据上面所提出的理论假设，绘制城乡融合政策对乡村振兴与新型城镇化协调发展影响的概念模型图 7 –1。该概念模型图中有 5 个变量，其中 2 个自变量，分别是城乡资源均衡配置和城乡发展多维互动；3 个因变量，分别是乡村振兴、新型城镇化以及城乡协调度。

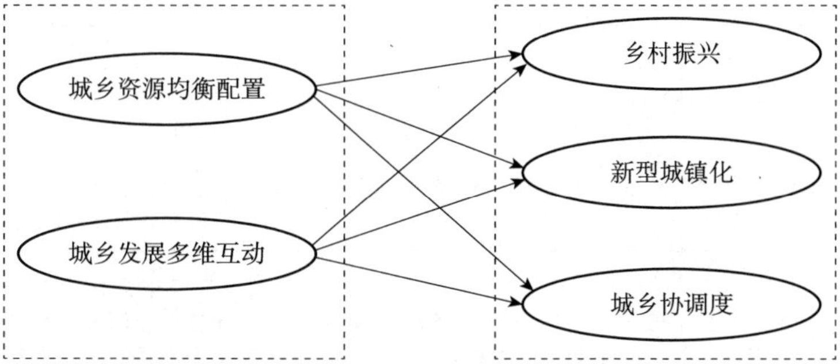

图7-1　城乡融合政策对乡村振兴与新型城镇化协调发展影响的概念模型

第二节 问卷设计与数据采集

一、问卷指标选取

作者基于现有研究成果，通过文献阅读等方式设计了我国城乡融合政策的测量问卷和我国乡村振兴与新型城镇化协调发展水平的测量问卷，城乡融合政策从政策目标出发构建包含城乡资源均衡配置和城乡发展多维互动的问卷指标，乡村振兴与新型城镇化协调发展从乡村振兴、新型城镇化以及协调度三个方面进行问卷设计，具体如表7-1、表7-2所示。

表7-1　城乡融合政策测量问卷指标

主维度	细分维度	指标	指标来源
城乡资源均衡配置	推动城乡基础设施建设 x1	城乡基础设施统一规划、建设和管护	《建立健全城乡融合发展体制机制和政策体系的意见》
	完善城乡公共服务配套 x2	教育、医疗、社会保险等城乡公共服务标准化、均等化	《建立健全城乡融合发展体制机制和政策体系的意见》
	引导城市要素入乡流动 x3	人才、资金、技术等要素向乡村流动	孙祥栋等（2023）
	完成农业人口市民化转移 x4	城市落户门槛降低、城镇公共服务均等化	《2022年新型城镇化和城乡融合的重点任务》

续表

主维度	细分维度	指标	指标来源
城乡资源均衡配置	深化土地制度改革 x5	土地产权权能不断完善、土地流转交易市场化	严金明等（2022）；陈坤秋等（2019）
城乡发展多维互动	促进农村经济多元化发展 x6	农业现代化及乡村新产业新业态发展	《建立健全城乡融合发展体制机制和政策体系的意见》
	守住生态保护红线 x7	农村人居环境整治及城市绿色低碳发展	《中共中央国务院关于做好2023年全面推进乡村振兴重点工作的意见》《关于推动城乡建设绿色发展的意见》
	传承城乡文化根脉 x8	保护与传承优秀历史文化	《关于推进以县域为重要载体的城镇化建设的意见》
	优化城乡空间格局 x9	城乡空间规划“多规合一”、推进城乡空间布局一体化	刘守英等（2022）

表 7－2　乡村振兴与新型城镇化协调发展水平测量问卷指标

概念	维度	指标	指标来源
乡村振兴水平	产业兴旺 y1	乡村产业发展迅速，农业产业链延伸，农业功能不断扩展	朱启臻（2018）
	生活富裕 y2	农民增收，就业质量和收入水平提高	叶兴庆（2018）
	生态宜居 y3	乡村人居环境的改善	孔祥智等（2019）
	乡风文明 y4	乡村公共文化服务体系健全	胡守庚等（2019）
	治理有效 y5	农村自治、法治、德治水平提升	王艺璇（2022）
新型城镇化水平	人本性 y6	基础设施完善、公共服务水平提高	陈明星等（2020）
	协同性 y7	人口、经济、社会等要素在城镇化进程中协同发展	方创琳（2019）
	包容性 y8	城乡统筹发展，脆弱贫困群体共享发展成果	陈明星等（2019）
	可持续性 y9	全面治理城市环境污染	陈明星等（2019）
协调发展水平	城乡经济关系 y10	城乡产业融合，城乡居民收入差距缩小	刘守英等（2022） 张英男等（2019）
	城乡社会关系 y11	加大对乡村基础设施、医疗、教育等方面的财政支持，促进公共资源均衡配置	朱玉春等（2023）
	城乡生态关系 y12	城乡生态环境一体化	张英男等（2019）
	城乡文化关系 y13	城乡文化资源配置均衡，城乡文化不断融合	陈志钢等（2022） 张英男等（2019）

二、问卷信度与效度分析

调查问卷的信度分析反映的是利用问卷所测数据结果的稳定性、一致性和可靠性，效度分析在于研究题项是否有效表达研究变量或者维度的概念信息。为了检验问卷的信度与效度，本书通过作者在 MBA 学员中发放问卷的方式收集了有效问卷 49 份进行预测试。

在信度检验方面，根据样本的情况，采用克隆巴赫系数（Cronbach's alpha）分析各个维度的内部一致性。克隆巴赫 α 系数的取值范围在 0—1，系数越高代表信度越高。根据表 7－3 问卷信度结果可知，潜变量各个维度的 α 系数均高于 0.8，总量表的 α 系数高于 0.9，说明本次调查问卷具有良好的内部一致性，呈现较高的信度。

表 7－3　问卷信度分析

潜变量	维度	Alpha 系数
城乡融合政策	城乡资源均衡配置	0.875
	城乡发展多维互动	0.867
	总体	0.903
乡村振兴与新型城镇化协调发展	乡村振兴	0.911
	新型城镇化	0.882
	协调度	0.895
	总体	0.949

在效度检验方面，本文采用探索性因子分析对城乡融合政策问卷题项和乡村振兴与新型城镇化协调发展问卷题项进行检验（见表 7－4）。由表 7－4 可知，城乡融合政策问卷和乡村振兴与新型城镇化协调发展问卷的 KMO 统计量的值分别为 0.855、0.870，均大于 0.7 的判定标准，两者的巴特利特球形检验的显著性水平均为 0，小于 0.05，说明各观测指标适合进行因子分析。

表 7－4　KMO 和巴特利特球形检验

		城乡融合政策	乡村振兴与新型城镇化协调发展
KMO 取样适切性量数		0.855	0.870
巴特利特球形检验	近似卡方	257.859	533.767
	自由度	36	78
	显著性	0	0

进一步采用主成分分析法，通过最大方差法旋转因子进行探索性因子分析，表7－5、表7－6显示了分析结果。在表7－5中，城乡融合政策一共提取了2个因子，与本文的理论构想一致，且2个因子累计方差贡献率达71.137%，具有较强的解释力。

表7－5 城乡融合政策旋转后的成分矩阵a

名称	成分	
	因子1	因子2
x1	0.747	0.171
x2	0.742	0.425
x3	0.777	0.145
x4	0.717	0.469
x5	0.834	0.235
x6	0.344	0.738
x7	0.286	0.806
x8	0.067	0.877
x9	0.416	0.771

注：提取方法使用主成分分析法；旋转方法使用凯撒正态化最大方差法，a旋转在3次迭代后已收敛。

在表7－6中，乡村振兴与新型城镇化协调发展提取了3个因子，与理论构想相一致，3个因子累计方差贡献率为77.204%，但“生活富裕（y5）”这个指标同时在2个因子上的负荷均大于0.5，结合理论分析，将其归入第1个因子更加合理。总体而言，两份问卷均具有较高的效度。

表7－6 乡村振兴与新型城镇化协调发展旋转后的成分矩阵a

名称	成分		
	因子1	因子2	因子3
y1	0.802	0.139	0.277
y2	0.794	0.414	0.123
y4	0.754	0.146	0.468
y3	0.654	0.407	0.438
y5	0.603	0.537	0.318
y6	0.416	0.212	0.752
y7	0.270	0.391	0.758
y8	0.331	0.350	0.721
y9	0.185	0.375	0.719

续表

名称	成分		
	因子1	因子2	因子3
y10	0.108	0.804	0.288
y11	0.309	0.771	0.278
y12	0.357	0.767	0.363
y13	0.391	0.618	0.466

注：提取方法使用主成分分析法；旋转方法使用凯撒正态化最大方差法，a旋转在7次迭代后已收敛。

三、数据采集

本研究主要以浙江省为调查范围，通过走访、课堂、网络等形式发放，最终回收有效问卷共计493份。数据的样本特征分布描述如表7－7所示。其中，性别方面，男性占比45.4%，女性占比54.6%，取样性别分布较为均衡；年龄方面，涉及各个年龄段，并以26—35岁的调查对象居多，该年龄段人群具有一定的思考与理解能力，对社会发展有比较深刻的认识，因而将他们作为调查对象的主力有助于提升调查结果的效度；工作单位方面，企事业单位、政府机关占了绝大部分，相比社会其他人员，他们更加关注整个社会的运行与发展，对调查内容有更深刻的体会；学历方面，以本科和研究生及以上学历居多，说明调查对象整体文化水平较高，能够更好地理解调查内容，更加准确地反映真实情况。

表7－7　样本特征分布描述

变量	选项	频率	占比
性别	男	233	47.3%
	女	260	52.7%
年龄	25岁及以下	146	29.6%
	26－35岁	216	43.8%
	36－45岁	97	19.7%
	46－55岁	27	5.5%
	56岁以上	7	1.4%
工作单位	政府机构	98	19.9%
	事业单位	175	35.5%
	企业	67	13.6%
	自由职业	12	2.4%
	其他	141	28.%

续表

变量	选项	频率	占比
学历	高中及以下	12	2.4%
	专科	11	2.2%
	本科	265	53.8%
	研究生及以上	205	41.6%

第三节 统计分析与结果讨论

一、描述性统计分析

表7－8为各个维度描述性统计及测量题项的正态性检验结果。据表7－8可知，各个变量的均值得分在3—5，问卷计分方式为1—5正向计分，说明本次调查对象群体对城乡融合政策和乡村振兴与新型城镇化协调发展基本持肯定的态度。各个测量题项的正态性检验采用偏度和峰度进行检验，从表7－8可以看出，本次调查中各个测量题项的偏度和峰度系数绝对值均在标准范围内，可以说明各个测量题项的数据均满足近似正态分布。

表7－8　描述性统计及测量题项的正态性检验结果

维度	测量题项	M	SD	偏度	峰度	总体 M	总体 SD
城乡资源均衡配置	x1	4.010	0.864	－0.796	0.645	3.934	0.779
	x2	4.020	0.880	－0.831	0.467		
	x3	3.810	1.001	－0.667	－0.070		
	x4	3.950	0.96	－0.709	－0.079		
	x5	3.880	0.897	－0.652	0.589		
城乡发展多维互动	x6	4.150	0.868	－1.030	1.053	4.185	0.757
	x7	4.220	0.824	－0.981	0.932		
	x8	4.230	0.836	－0.990	0.635		
	x9	4.140	0.845	－0.778	0.183		

续表

维度	测量题项	M	SD	偏度	峰度	总体 M	总体 SD
乡村振兴	y1	4. 150	0. 902	-1. 091	0. 984	4. 179	0. 765
	y2	4. 120	0. 899	-1. 113	1. 365		
	y3	4. 290	0. 765	-1. 109	1. 736		
	y4	4. 250	0. 888	-1. 212	1. 270		
	y5	4. 090	0. 879	-0. 905	0. 577		
新型城镇化	y6	4. 210	0. 778	-0. 915	0. 930	4. 166	0. 754
	y7	4. 150	0. 845	-0. 969	1. 072		
	y8	4. 060	0. 902	-0. 804	0. 330		
	y9	4. 240	0. 827	-0. 880	0. 266		
协调度	y10	3. 970	0. 947	-0. 761	0. 184	4. 060	0. 823
	y11	4. 080	0. 931	-0. 900	0. 371		
	y12	4. 100	0. 858	-0. 821	0. 466		
	y13	4. 090	0. 896	-0. 843	0. 296		

根据表 7 -9 Pearson 相关分析结果可知，各个变量之间均存在显著的相关关系，并且相关系数均大于 0，说明各个变量之间均存在显著的正向相关关系。

表 7 -9　　　　Pearson 相关分析结果

维度	城乡资源均衡配置	城乡多维互动发展	乡村振兴	新型城镇化	协调度
城乡资源均衡配置	1				
城乡发展多维互动	0. 767 **	1			
乡村振兴	0. 768 **	0. 869 **	1		
新型城镇化	0. 792 **	0. 826 **	0. 878 **	1	
协调度	0. 814 **	0. 783 **	0. 851 **	0. 873 **	1

注：** 表示在 1% 水平上显著。

二、验证性因子分析

在问卷信度与效度检验中，已用探索性因子分析对问卷结构效度进行了检验，而验证性因子分析能够验证理论构建的模型拟合实际数据的能力，检验测量变量是否有效。本书依托 Amos26. 0 软件对城乡融合政策对乡村振兴与新型城镇化协调发展的影响进行验证性因子分析。

使用 AMOS26. 0 软件对结构方程模型进行适配度检验，结果如表 7 -10 所示。

表 7-10　　结构方程模型整体适配度检验

指标（绝对适配指标）	模型指标值	标准	结论
χ^2/df	2.766	<3 拟合良好　<5 可接受	拟合良好
GFI	0.846	>0.9 拟合良好　>0.8 可接受	可接受
AGFI	0.807	>0.9 拟合良好　>0.8 可接受	可接受
RMSEA	0.078	<0.08 拟合良好　<0.1 可接受	拟合良好
RMR	0.026	<0.08	拟合良好
增值适配指标			
NFI	0.918	>0.9	拟合良好
RFI	0.906	>0.9	拟合良好
IFI	0.946	>0.9	拟合良好
TLI（NNFI）	0.938	>0.9	拟合良好
CFI	0.946	>0.9	拟合良好
简约适配指标			
PGFI	0.675	>0.5	拟合良好
PNFI	0.802	>0.5	拟合良好

一般认为，χ^2/df（卡方自由度比）小于3为拟合良好，小于5为可接受，本文 χ^2/df = 2.766 < 3，拟合程度良好；RMSEA（近似误差均方根）越小表示模型拟合度越好，RMSEA < 0.08 表示模型拟合良好，RMSEA < 0.1 表示模型普通适配，本文 RMSEA = 0.078 < 0.08，达到拟合良好的适配标准；GFI（拟合优度指数）= 0.846 > 0.8，AGFI（调整的拟合优度指数）= 0.874 > 0.8，这两个指标在可接受的范围内；其余绝对适配指标、增值适配指标和简约适配指标，包括 RMR（误差均方根）、NFI（规范拟合指数）、RFI（相对拟合指数）、IFI（增值拟合指数）、TLI（Tucker - Lewis 指数）、CFI（比较拟合指数）、PGFI（节俭拟合指数）、PNFI（节俭规范拟合指数），均通过适配标准，说明模型整体拟合效果较好，具有一定的可靠性。

进一步对结构方程模型进行收敛效度和组合信度检验，主要是观察平均方差抽取量（Average Variance Extracted，AVE）和组合信度（Composite Reliability，CR）两个指标进行判断。一般认为，当AVE > 0.5，CR > 0.7 时，问卷具有良好的收敛效度和组合信度。本文通过公式计算出各个维度的 AVE 值和 CR 值，具体公式如下。

$$AVE = \frac{(\sum \lambda^2)}{[(\sum \lambda^2) + \sum \theta]};CR = \frac{(\sum \lambda)^2}{[(\sum \lambda)^2 + \sum \theta]} \quad (7-1)$$

式中，λ 为因子载荷，θ 为测量。

根据表 7-11 的结果可知，问卷各个维度的 AVE 值均达到了 0.5 以上，CR 值均达到了 0.7 以上，说明各个维度均具有良好的收敛效度和组合信度，测量题项的内部一致性较好。

表 7-11　　收敛效度与组合信度检验

路径关系	因子载荷	信度系数	测量误差	AVE	CR
x1 <—城乡资源均衡配置	0.771	0.594	0.406	0.6363	0.8974
x2 <—城乡资源均衡配置	0.808	0.653	0.347		
x3 <—城乡资源均衡配置	0.812	0.659	0.341		
x4 <—城乡资源均衡配置	0.825	0.681	0.319		
x5 <—城乡资源均衡配置	0.771	0.594	0.406		
x6 <—城乡发展多维互动	0.854	0.729	0.271	0.7148	0.9093
x7 <—城乡发展多维互动	0.867	0.752	0.248		
x8 <—城乡发展多维互动	0.844	0.712	0.288		
x9 <—城乡发展多维互动	0.816	0.666	0.334		
y1 <—乡村振兴	0.834	0.696	0.304	0.7277	0.9303
y2 <—乡村振兴	0.876	0.767	0.233		
y3 <—乡村振兴	0.879	0.773	0.227		
y4 <—乡村振兴	0.839	0.704	0.296		
y5 <—乡村振兴	0.836	0.699	0.301		
y6 <—新型城镇化	0.880	0.774	0.226	0.7472	0.9220
y7 <—新型城镇化	0.885	0.783	0.217		
y8 <—新型城镇化	0.874	0.764	0.236		
y9 <—新型城镇化	0.817	0.667	0.333		
y10 <—协调度	0.827	0.684	0.316	0.7638	0.9282
y11 <—协调度	0.879	0.773	0.227		
y12 <—协调度	0.889	0.790	0.210		
y13 <—协调度	0.899	0.808	0.192		

三、结构方程模型验证

根据理论模型以及所收集的问卷数据对城乡融合政策对乡村振兴与新型城镇化协调发展的影响构建结构方程模型。基于理论基础的分析，利用

AMOS26.0 绘制了结构方程模型，如图 7 - 2 所示，包括 5 个潜变量，22 个观察变量，25 个残差。其中，潜变量用椭圆形表示，分为两种类型：一是内生潜变量，模型中乡村振兴、新型城镇化以及协调度处于此种类型；二是外生潜变量，模型中城乡资源均衡配置和城乡发展多维互动属于此类型。观察变量用方形表示，残差用圆形表示，双箭头表示相关关系，单箭头表示单方向的路径关系。为了保证模型的验证过程能够成立，将残差的非标准化路径系数设为 1。

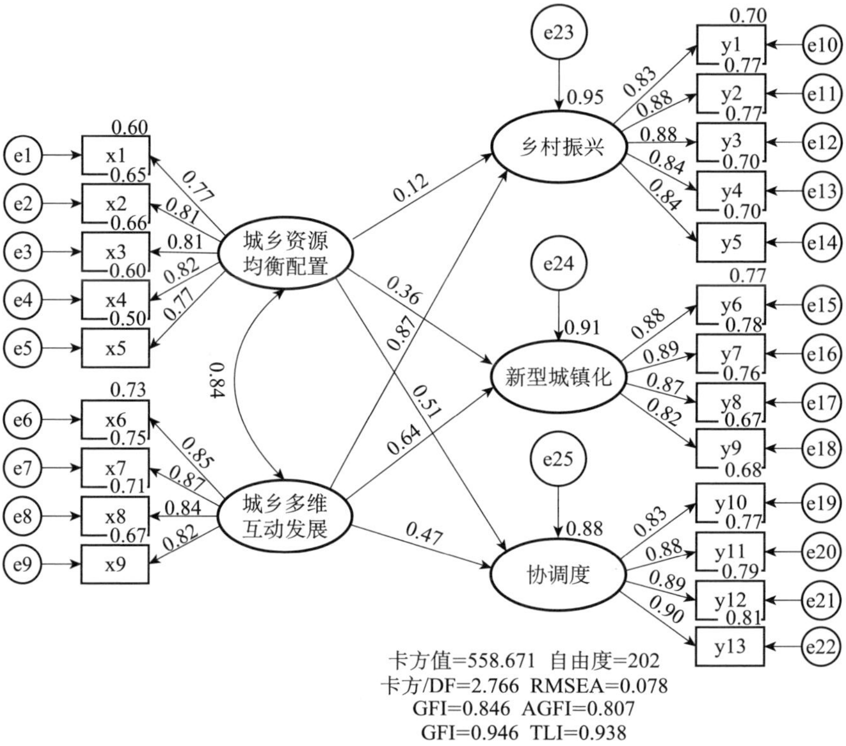

图 7 - 2　结构方程模型

分析图 7 - 2 结构方程模型标准化路径系数可知，在 $P \leqslant 0.1$ 的统计水平上，6 条路径均通过显著性检验，且符合理论假设，说明理论模型与实际数据吻合。城乡资源均衡配置、城乡发展多维互动对乡村振兴、新型城镇化以及乡村振兴与新型城镇化协调发展均存在显著的正向影响，城乡融合政策对乡村振兴与新型城镇化协调发展的影响假设均得到了支持。

表 7－12　结构方程模型标准化路径关系

路径关系	Std.	S. E.	C. R	P
乡村振兴 <—城乡资源均衡配置	0. 123	0. 072	1. 93	0. 054
新型城镇化 <—城乡资源均衡配置	0. 357	0. 069	5. 34	***
协调度 <—城乡资源均衡配置	0. 510	0. 087	6. 902	***
乡村振兴 <—城乡发展多维互动	0. 470	0. 074	6. 705	***
新型城镇化 <—城乡发展多维互动	0. 868	0. 077	11. 41	***
协调度 <—城乡发展多维互动	0. 636	0. 063	9. 262	***

注：*** 表示 P <0. 01。

具体来看，城乡资源均衡配置对乡村振兴、新型城镇化以及协调度的影响路径标准化系数分别为 0. 123、0. 357、0. 510，可见城乡资源均衡配置对乡村振兴与新型城镇化协调度方面的影响最为明显；城乡发展多维互动对三个维度的影响系数分别为 0. 470、0. 868、0. 636，说明城乡发展多维互动对新型城镇化方面的影响最为显著。城乡融合政策中城乡资源均衡配置包含城乡保障协同发展和城乡要素双向流动两个目标，这是解决当前城乡融合发展问题的关键，随着户籍管理制度、农村土地制度、社会保障制度等方面的政策体系不断完善，极大地促进了城乡公共资源一体化发展，助力乡村振兴与新型城镇化，逐步实现城乡融合发展。城乡发展多维互动是城乡融合政策的终极目标，城乡融合发展体制机制和政策体系的建立健全加快了以工促农、以城带乡的新型城乡关系的形成，充分发挥城市对乡村的带动作用，城乡日益成为一个优势互补、协调联动的发展共同体。

第四节 本章小结

结构方程模型是一种分析变量间因果关系的统计方法，本章采用结构方程模型定量分析了我国城乡融合政策对乡村振兴与新型城镇化协调发展的影响。首先，通过文献阅读，从城乡资源均衡配置影响两者协调发展以及城乡发展多维互动影响两者协调发展两个方面出发，提出了 6 个研究假设，并以此为基础建立了结构方程理论模型。其次，本书建立城乡融合政策的量表和乡村振兴与新型城镇化协调发展的主观测量量表，通过问卷的方式获取了一手数据。最后，经过结构方程模型验证了所提出的研究假设。从结论可知，城乡融合政策的不断完善对乡村振兴与新型城镇化协调发展具有促进作用，并且对城乡协调发展的不同维度产生的影响程度不同。这一研究结论为城乡融合发展未来改革方向以及政策实施等方面提供了参考。

第八章

乡村振兴与新型城镇化协调发展建设典型案例：长三角城市群小城镇发展分析

城市群作为我国新型城镇化道路的“主体形态”与“核心平台”，是当今世界城市发展的主流趋势，能够通过其提高城市间联系的紧密程度促进资源的合理配置。但近年来，城市群和都市圈的培育使得部分超大城市和大城市快速集聚人口和资源，导致城镇规模结构出现“头重脚轻”问题，部分中小城市和小城镇由于缺乏产业支撑和公共服务，就业岗位和人口吸纳能力严重不足。小城镇作为城市和乡村连接的过渡地带，是我国新时代振兴乡村、产业集聚与经济转型升级的重要抓手，也是解决城市群发展过程中城乡经济发展失衡问题的关键。成为乡村振兴与新型城镇化协调发展的重要实验示范区。为此，2021 年《政府工作报告》及“十四五”规划中提出，要完善新型城镇化战略，全面推进乡村振兴，同时强调要以城市群、都市圈为依托，促进大中小城市和小城镇协调联动、特色化发展。为此，2022 年国家发展和改革委印发的《“十四五”新型城镇化实施方案》指出，要加强城市群和都市圈的辐射作用，推动大中小城市和小城镇协调发展。实体产业是小城镇发展的着力点和财富创造的本源，浙江首先提出积极推进特色小城镇创建工作以来，经过几年的发展，长三角城市群国家级、省级特色小城镇建设已经取得一定成绩，为全国城镇化建设提供了发展的范例。浙江特色小城镇信息网公布的数据显示，在浙江省全部特色小城镇发展的八大产业基础上，形成了商贸流通型、工业发展型、农业服务型、旅游发展型、历史文化型、民族聚居型等多种产业集聚类型的小城镇。在理论层面，产城融合属于城镇化和工业化协调发展的理论范畴。产城融合实质是实现产业发展与城镇空间的互相匹配与有效渗透，提高工业化与城镇化之间的互动发展，极大地增强城镇各产业的竞争力，提升城镇化发展质量及城镇居民幸福水平。在经验层面，提高城镇化发展质量的关键在于促进人的城镇化发展，促进人的城镇化发展的核心在于推动产城融合发展。长三角地区的小城镇建设经验充分证明，小城镇的发展需要依靠产业的支撑和带动，尤其是通过产业集聚吸引人才、资金等要素的流入，形成规模效应，进一步带动小城镇的发展。此外，已有研究证明小城镇的产业集聚存在明显的空间分异特征，且其产业的空间选择和城市空间环境与制度等相关要素之间是相互影响的。本章通过考察长三角城市群小城镇产业集聚效率的时空演变特征以及具体影响因素，以期更好地促进长三角城市群小城镇产业和经济发展，探寻我国新型城镇化建设有效的发展路径，指导区域空间结构优化和调整，为乡村振兴与新型城镇化的建设发展提供典型范例。

小城镇是城镇体系的基本单元，在新型城镇化建设方面起着举足轻重的作用，学术界针对小城镇发展展开了大量研究。目前，从产业集聚效率视角研究小城镇的文献中，多数是围绕着城镇化效率和全要素生产率变动本身展开研究，少数学者进行了城镇化效率与经济发展关系的探讨，且产业集聚多采用区位熵、赫芬达尔—赫希曼指数等指数法进行测度，此外也有学者考虑环境要素对集聚效率进行具体测算，但采用投入产出法进行测度的较少。

在小城镇产业集聚的影响因素方面，学者们从小城镇与产业集聚的空间互动效应角度探讨小城镇的产业集聚与扩散机制，认为具有产业集聚特质的小城镇作为新兴产业空间组织形式是产业集群演进发展的必然结果。此外，也有学者认为小城镇作为产业与空间深度融合的功能区，对城市产业空间布局、城市功能结构演变具有重要影响。

受镇级统计工作体制机制不健全限制，小城镇的数据获取难度较大，导致现有对小城镇的研究并不深入。本书综合相关研究，通过对小城镇的统计数据、空间数据和网络数据进行融合叠加，得到2010—2020年长三角城市群1357个小城镇的数据，并基于此面板数据深入研究长三角城市群产业集聚效率时空演变特征及其影响因素。

第一节 概念界定、数据来源与研究方法

一、概念界定

关于小城镇的概念界定，学术界历来存在较大争议，且不同国家和地区对小城镇的规模界定也存在较大差异。国外将小城镇按照行政建制的不同分为小城市和小镇。在美国，200 人以上的社区可以申请建镇，而小城市则定义为人口在 5 万人以下的居民点；在瑞士，小城镇人口规模要求在 5000 人以上，还有一些国家将小城市的人口规模设定在 5000—20000 人。而在国内，学者们普遍认为建制镇是小城镇的主体，争议点在于小城市、城关镇和集镇是否属于小城镇。小城镇作为城乡之间的过渡地带，实际上兼具了城市和乡村的双重属性，既要保留原始的乡村风貌，在人口、地域、经济等方面同乡村保持紧密联系，又同城市有着人员、信息、资本的关联，而小城市缺乏乡村的特征，集镇则缺少与城市的联系。小城镇作为农村农业发展的重要实践和统筹城乡一体化发展的重要载体，是深入推进乡村振兴战略和新型城镇化协调发展的主要抓手。2005 年国务院发布的《关于推进社会主义新农村建设的若干意见》将小城镇定义为建制镇和城关镇，2008 年国家统计局《统计上划分城乡的规定》将城关镇纳入到建制镇的范围中，本书参考相关文件，将小城镇界定为国家批准建立的建制镇。

二、数据来源

在城市群范围界定方面，2016 年 5 月 11 日，国务院常务会议通过《长江三角洲城市群发展规划》，规划中包含 26 个城市（上海 1 个、江苏 9 个、浙江 8 个、安徽 8 个），2016 年 6 月 1 日，国家发改委、住建部印发《长江三角洲城市群发展规划》，本书研究对象则设定为以该规划中的 26 个城市全域范围内的小城镇。就小城镇方面，本书在《中国建制镇统计年

鉴（2012）》的基础上，根据历年《中国县域统计年鉴（乡镇卷）》和《中华人民共和国乡镇行政区划简册》，基于数据可得性，最终筛选出1357个小城镇（即建制镇）样本。小城镇的实际数据来源于历年《中国县域统计年鉴（乡镇卷）》，县级市的数据来源于中经网长三角城市群统计数据库和各县区历年统计公报，缺失值用线性插值法进行补充。

由于《中国县域统计年鉴（乡镇卷）》中指标数据较少，且历年间统计口径不一致，为了建立较为全面的指标体系，丰富小城镇的相关研究，本书参考唐永等的方法，采用空间分析法，抓取长三角城市群155个县区的经纬度和1357个小城镇的经纬度，借助ArcGIS中的相关功能生成2010—2020年长三角城市群1357个小城镇的空间数据库。由于大部分县区的统计公报从2011年起数据最全，因此本书选择各县区2011年统计公报中所统计的2010年数据作为起始年份数据，而《中国县域统计年鉴（乡镇卷）》最新统计到2021年，即2020年的实际数据，因此本书研究的实际年份为2010—2020年。首先，基于县区和小城镇的经纬度数据生成相关的矢量地图shp文件，并将二者的图层进行叠加，再将县区的所有数据连接到县区相关图层中。其次，通过ArcGIS中Spatial Analyst工具插值提取部分的克里金插值工具，对县区所在的面要素进行赋值，其中克里金法输入的点要素为县区图层，处理范围为长三角城市群边界，这一方法得到覆盖县区研究单元样本的栅格图，此时栅格图中任意位置的某一要素都得到具体赋值，再用同一步骤对其余要素进行操作。再次，通过Spatial Analyst工具中的提取分析，将上一步得到的县区栅格图层的各个指标数据提取到小城镇的点要素上，其中输入的点要素为乡镇图层，输入的栅格即为上一步得到的栅格图层，并选中在点位置进行插值，再用同一步骤对其余要素栅格进行操作。最后，导出Excel数据文件进行整理，从而获得各个小城镇样本的数据，并整合成长三角城市群1357个小城镇2010—2020年的面板数据，为研究奠定基础。

三、研究方法

（一）探索性空间数据分析

探索性空间数据分析采用空间自相关检验。空间自相关检验主要包括全局莫兰指数检验和局部莫兰指数检验，用以判断变量在研究单元之间是否存在空间上的相互作用关系。

此外，本书采用核密度分析进一步判断小城镇的产业集聚效率要素值在空间上的聚集情况。核密度分析能够以要素点为中心，根据输入的要素值对点状地理要素在其周围一定搜索半径中的密度进行计算，由于其函数形式不受限制，避免了因设定不合理导致的误差，因此其估计结果相比较直方图而言更加准确。核密度计算公式如下：

$$f(x) = \frac{1}{nh}\sum_{i=1}^{n} k\left(\frac{x_i - X_i}{h}\right) \tag{8-1}$$

式中，f(x) 为根据小城镇的产业集聚效率在 n 个小城镇的值 X_1，X_2，…，X_n 估计得到的概率密度函数；h 为搜索半径；k 为随机核函数；i 为研究区域内的某个小城镇。

（二）产业集聚效率测度方法

产业集群是在一定区域内大量相关企业及相关机构的地理集中现象，而产业集聚的效率则是进一步对产业集群在空间上集聚效率的测度。在对长三角城市群产业集聚效率进行测度时，需要构建指标体系。本书从产业集聚的投入和产出两个维度考虑，将投入划分为集聚程度、集聚规模，产出划分为集聚效益和集聚质量，构建 4 个维度的指标体系，全方位度量长三角城市群小城镇的产业集聚效率，而集聚质量中包含了非期望产出。具体指标见表 8-1，其中镇区常住人口、城镇建成区面积、工企数量均为《中国县域统计年鉴（乡镇卷）》中的数据，缺失数据采用线性插值法和指数平滑法进行补充，而 GDP、工业增加值和 CO_2 排放量均为基于小城镇所在县区数据在 ArcGIS 中匹配得到的数据。

表 8-1　　长三角城市群小城镇产业集聚效率测度指标体系

类型	一级指标	二级指标	计算方法
投入	集聚程度	人口集聚	城镇建成区常住人口/城镇建成区面积
	集聚规模	产业规模	工企数量
产出	集聚效益	经济发展	GDP
	集聚质量	产业辐射	采用耦合协调度模型计算工业增加值和 GDP 的协调度
		非期望产出	CO_2 排放量

传统的数据包络法采用 CCR、BBC 等方法基于径向、角度两个方面测算决策单元的效率，忽略了投入产出的松弛变量，无法有效比较决策单元的效率。本书使用 Tone 于 2002 年提出的超效率 SBM 模型，通过在目标函

数中引入松弛变量，并加入考虑环境因素的非期望产出，构建基于全局参比、规模报酬不变的超效率 SBM-Undesirable 模型，从而对多个决策单元进行有效区分和排序。

（三）影响因素的空间计量分析

小城镇产业集聚效率受多重因素的影响，传统的面板计量模型忽略了变量在空间上的关联，本书基于产业、要素、空间和社会 4 个维度，引入相关变量于模型中，并构建空间杜宾模型（SDM）、空间误差模型（SEM）和空间滞后模型（SAR），考察样本单元在空间上的相互关系。具体模型如下：

$$Y=\rho WY+X\beta+WX\theta+\varepsilon,\varepsilon\sim N(0,\delta^2) \tag{8-2}$$

式中，θ 为外生交互效应的系数，当 θ = 0 时，即为 SAR 模型，θ = −ρβ 时，即为 SEM 模型，当 θ 都不等于这两者时，即为空间杜宾模型；ρ 为空间滞后效应的影响系数；ε 为服从正态分布的随机误差项；W 为空间权重矩阵，此外，本书选择固定时间和固定个体的双重固定效应对样本进行回归；Y 为被解释变量产业集聚效率（Eff，产业集聚效率测算结果 +1 的自然对数）；X 为解释变量，主要包括核心解释变量和控制变量。核心解释变量包括 4 个维度的变量，分为产业、要素、空间和社会。

产业包括产业结构（Str，第三产业增加值与第二产业增加值的比值）、技术进步（小城镇所在县区在校学生数与小城镇总人口的比值的对数）。要素包括劳动投入（从业人员与总人口的比值）、资本投入（人均固定资产拥有量 +1 的自然对数）。空间包括空间距离。空间距离衡量的是小城镇距离中心城市距离，距离中心城市越近，越能获得城市的扩散效应，从而通过承接城市溢出的人才、资金等资源推动产业集聚，有利于产业集聚产出效率的提升。社会包括政府投入水平（政府一般公共预算支出的对数）和人民生活水平（人均居民可支配收入的对数）。此外，控制变量包括信息化水平（移动电话家庭户数/总人口数的对数）、就业密度（从业人员数/城镇建成区面积的对数）、城镇化水平（城镇建成区人口与总人口的比值）。其中，除总人口数、从业人员数和城镇建成区面积为《中国县域统计年鉴（乡镇卷）》中的数据外，其余数据均为基于小城镇所在县区数据在 ArcGIS 中匹配得到的数据。

第二节
长三角城市群小城镇产业集聚效率时空特征

一、空间演化特征分析

为了探寻长三角城市群产业集聚效率在时间和空间两个维度的演变特征，选取2010、2014、2017、2020年的集聚效率数据并进行空间分布的可视化，采用自然断裂法将其分为5个梯度（见图8-1）。

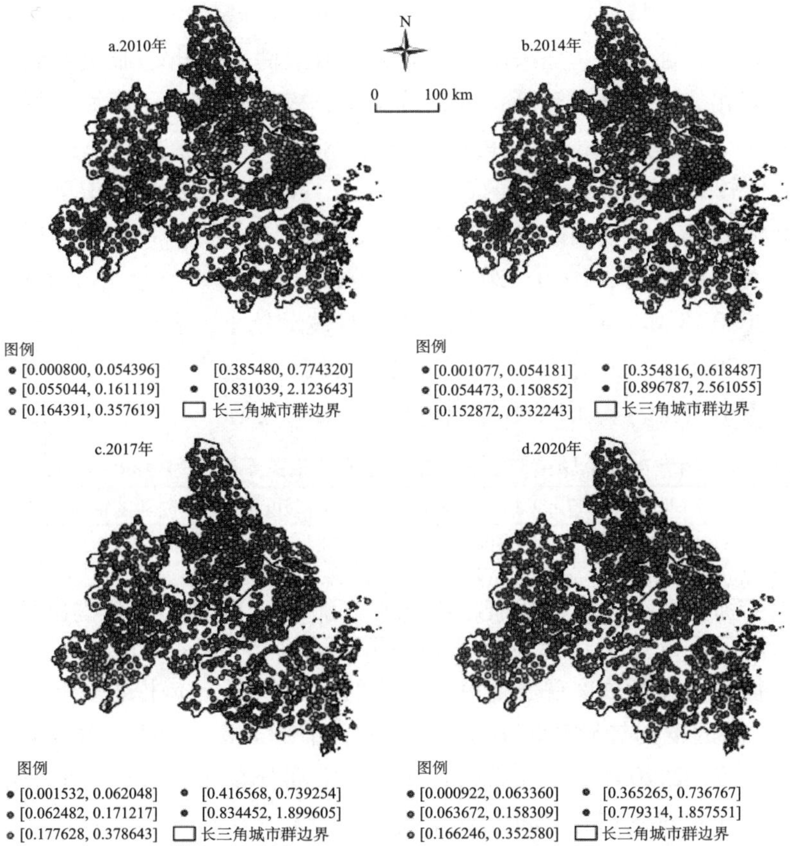

图8-1　长三角城市群小城镇产业集聚效率总体分布

从图 8 -1 可以看出，长三角城市群小城镇的产业集聚效率存在显著的区域异质性，产业集聚效率较高的小城镇主要集中在江浙沪地区，主要为上海、杭州、苏州、舟山、宁波等经济较为发达的城市。安徽省的小城镇在 2010、2014 年产业集聚效率均较低，而在 2017、2020 年，安徽省的安庆、池州和宣城这 3 个城市的小城镇产业集聚效率得到了较大提升，可能的原因是这些小城镇依托政府的扶持，加大人才、资金等资源的投入，推动产业的正向产出，并逐步优化产业空间布局，使产业在空间上进一步集聚，产业集聚效率得到提升。苏北地区和安徽的中北部地区小城镇的产业集聚效率水平均较低，同产业集聚效率较高的地区存在显著的差异，小城镇产业的发展还有待进一步提升。

二、空间联系格局分析

从空间分布特征可以看出，长三角城市群小城镇产业集聚效率存在明显的区域差异性。进一步采用全局莫兰指数检验来分析小城镇产业集聚效率的空间相关性。全局 Moran's I 计算结果见表 8 -2。长三角城市群小城镇产业集聚效率全局 Moran's I 的随机分布检验 P 均超过了 99% 的置信度检验，Z 值较大，且 Moran's I 的数值均为正，这表明长三角城市群小城镇的产业集聚效率存在较强的空间正相关性，呈现一定的空间集聚特征，从数值的变化趋势来看，2010—2013 年的 Moran's I 明显较大，并呈下降趋势，2014—2020 年 Moran's I 呈现波动态势，且波动较小，表现为长期空间正相关特征。2010—2020 年 Moran's I 的波动反映了产业集聚效率可能受到空间位置因素的干扰，从而出现波动性的空间集聚现象。

表 8 -2 长三角城市群小城镇产业集聚效率空间自相关系数（Moran's I）值

项目	2010 年	2011 年	2012 年	2013 年	2014 年	2015 年	2016 年	2017 年	2018 年	2019 年	2020 年
Moran's I	0. 4769	0. 3290	0. 3562	0. 2401	0. 1506	0. 1314	0. 1484	0. 1522	0. 1817	0. 1791	0. 1694
P 检验值	0. 0000	0. 0000	0. 0000	0. 0000	0. 0000	0. 0000	0. 0000	0. 0000	0. 0000	0. 0000	0. 0000
Z 检验值	67. 0840	46. 2633	50. 0200	33. 7802	21. 4649	18. 5691	20. 9820	21. 5233	25. 6739	25. 3676	24. 0056

全局自相关无法展现研究单元个体的空间特征，本书进一步采用 ArcGIS10. 5 中的聚类与异常值分析方法进行局部自相关分析，并选择 2010、2014、2017、2020 年这 4 个代表性年份的空间分布图分析长三角城市群各小城镇产业集聚效率的空间关系（见图 8 -2）。

从图 8 -2 中可以看出，2010、2014 年，产业集聚效率高—高（H - H）

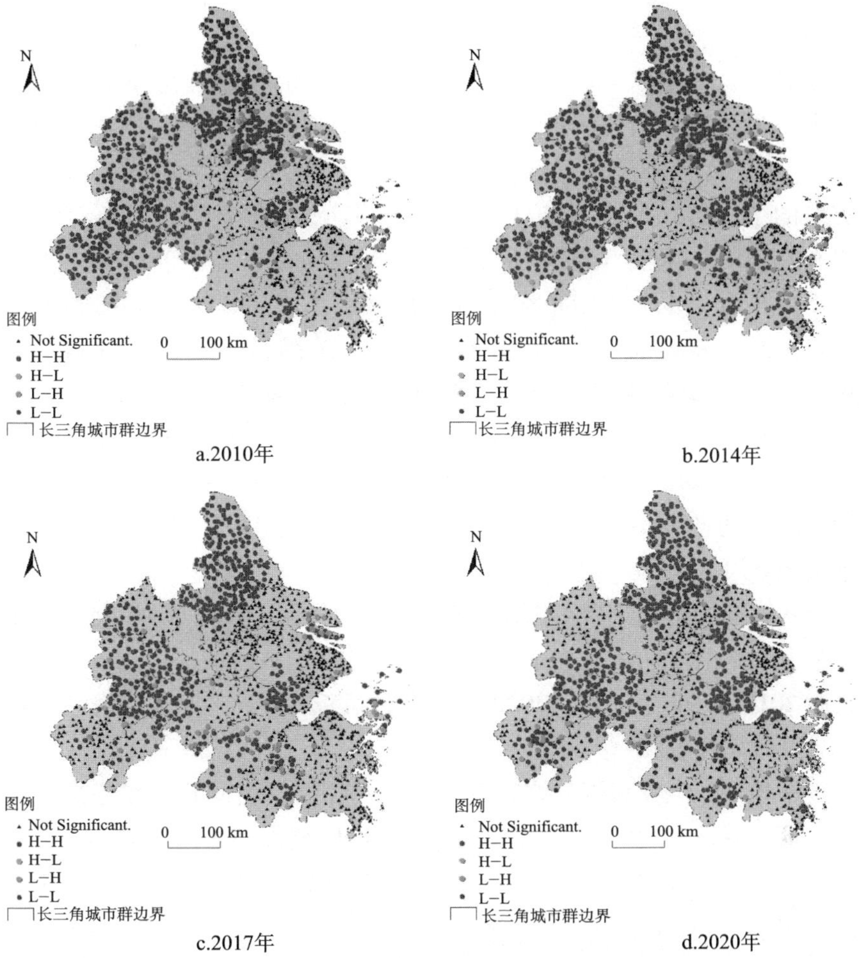

图 8－2　长三角城市群小城镇产业集聚效率局部自相关分析图

型小城镇主要集中在江苏的泰州、常州、苏州、无锡、南通和上海的崇明区以及浙江的杭州、舟山和台州，安徽仅有宣城一地部分小城镇为产业集聚效率高—高（H－H）型。高—高（H－H）型小城镇不仅自身产业集聚效率较高，同时还能辐射带动周边的小城镇共同发展，高—低（H－L）型小城镇数量不多且主要分布在滁州、湖州和嘉兴，低—高（L－H）型小城镇的分布地区与高—高（H－H）型大致一致，且对高—高（H－H）型小城镇形成了一定的空间包围，这说明越接近产业集聚效率高的小城镇，越利于小城镇的产业发展和高效率的集聚，而低—低（L

-L）型则主要分布在江苏的盐城以及安徽大部分地区，这种分布情况主要与地区的经济发展水平等密切相关。安徽省在长三角城市群中经济较为落后，且一向以工业为支柱产业，对环境的重视程度不高，碳排放量较大，导致产业的投入产出效率较低。2017、2020 年，产业集聚高—高（H-H）型小城镇主要集中在杭州、上海、绍兴、池州和安庆，其他类型的小城镇分布情况与 2010 和 2014 年大致相同。经过几年的发展，池州和安庆的小城镇自身产业集聚效率得到了提高，还带动了周边小城镇的产业集聚，也为长三角城市群其他城市小城镇建设发展起到了示范效应。此外，江苏的泰州、常州、苏州、无锡、南通等地区在 2010、2014 年为产业集聚效率高—高（H-H）型，而在 2017、2020 年为不显著（no significant）地区，这可能是由于这些地区的产业发展和集聚程度已经达到较高水平，因此投入增加但产出提升有限，使得集聚效率较低，对周围地区的产业集聚无法产生显著作用，呈现出产业集聚空间上的不显著关系。

点状数据的空间集聚可以用核密度进行分析，为了进一步揭示小城镇产业集聚效率的空间演化形态，借助 ArcGIS10.5 中的核密度分析工具，分别绘制 2010、2014、2017、2020 年四个时间断面下长三角城市群各小城镇产业集聚效率密度图（见图 8-3）。

结果显示，产业集聚效率较高的小城镇主要呈组团化聚集格局，且空间极化现象明显。2010 年核密度值较高的小城镇集中在江苏的泰州、常州和无锡，2014 年集中在浙江的杭州和绍兴一带，2017 年安徽的安庆市核

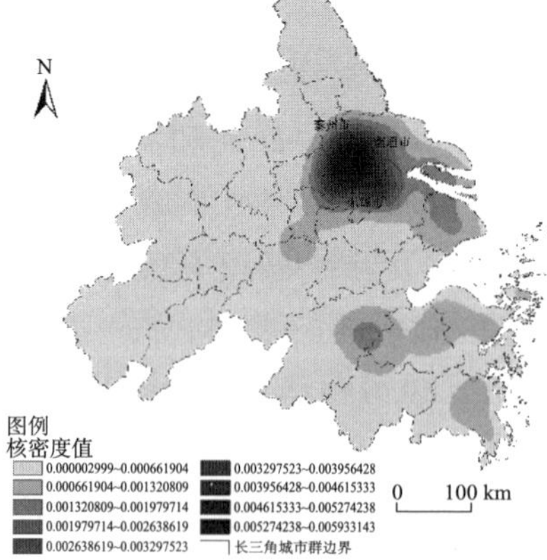

a.2010年

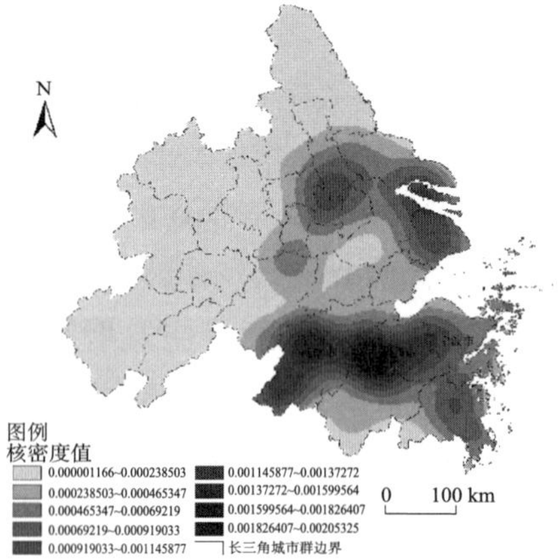

b.2014年

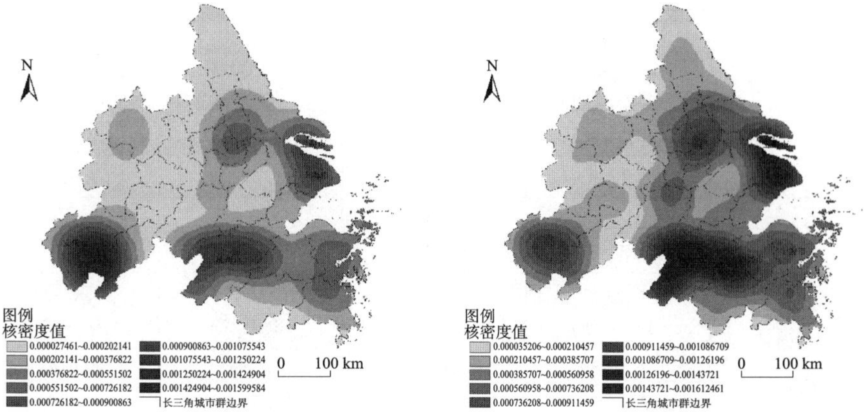

c.2017年　　d.2020年

图 8 – 3　长三角城市群小城镇产业集聚效率核密度分析图

密度值较高，2020 年核密度值较高的小城镇则集中在上海、杭州和宁波。总体来看，产业集聚效率的强密度区域呈现出向东南方向延伸的趋势，带动上海、浙北、安徽南部等地区的核密度增强，上海—杭州成为长三角城市群小城镇产业集聚的核密度高值轴线。此外，长三角城市群小城镇的产业集聚效率核密度值总体呈现上升趋势，表明长三角城市群小城镇的产业集聚效率都有所提高且空间集聚程度越来越高。

第三节
长三角城市群小城镇产业集聚效率时空演变影响因素

本书使用最小邻近权重矩阵进行空间计量回归分析，OLS 模型回归、SDM 回归、SEM 回归和 SAR 回归，结果见表 8 – 3。

表 8 – 3　　小城镇产业集聚效率时空演变影响因素回归结果

	OLS	SDM	SEM	SAR
Str	0. 0244 *** (4. 2302)	0. 0399 ** (2. 0773)	0. 0442 *** (4. 5617)	0. 0103 ** (2. 4247)

续表

	OLS	SDM	SEM	SAR
Hl	-0.1798*** (-18.3210)	0.0765*** (7.0632)	-0.0021 (-0.1980)	-0.0508*** (-6.9434)
Lab	0.0882*** (8.7206)	0.0547*** (7.2739)	0.0470*** (6.2982)	0.0547*** (7.3695)
Cap	1.3208*** (7.5689)	0.9409*** (6.8895)	1.2532*** (9.1447)	1.1729*** (9.1615)
Dis	6.9163*** (13.2171)	3.2115*** (8.4064)	1.4348*** (4.0189)	3.4826*** (9.0327)
Gov	0.0273*** (2.7773)	0.3151*** (8.4242)	0.0334* (1.9456)	0.0104 (1.4393)
Liv	-0.0082 (-0.9482)	0.0490* (1.9584)	0.0163 (1.1499)	-0.0019 (-0.3000)
Info	0.1322*** (23.0257)	-0.0425*** (-6.0971)	0.0149** (2.2298)	0.0427*** (9.9090)
Dens	-0.0264*** (-8.8006)	-0.0233*** (-10.6842)	-0.0214*** (-10.1514)	-0.0231*** (-10.4753)
Urban	0.0115** (2.2101)	0.0060 (1.5118)	0.0070* (1.7744)	0.0101*** (2.6246)
N F/Log-L	14927 74.46	14927 22324.2061	14927 21993.7919	14927 22075.5403
R-sq	0.0990	0.0033	0.0007	0.0006

注：*、**、*** 分别表示在 10%、5%、1% 的水平上显著；括号内为 t 值。

通过 LM 和对比 Log-L 值和 R^2 值以及各系数的显著性，均可以看出 SDM 的拟合效果最好，但总体上不同回归模型结果中大多数变量的估计系数和显著性水平差异较小。SDM 和 SAR 模型中的 Rho 即为模型公式中被解释变量的空间滞后项系数，这一系数均显著为正，表明两个模型中 Eff 的滞后项包含了误差项的空间相关性，SEM 模型中的 Lambda 即为模型中误差项的滞后系数，这一系数也显著为正，表明长三角城市群各个小城镇之间一些无法观测到的因素，例如气候、地形等自然地理和经济区位因素的一致性，使得相邻小城镇的产业集聚效率呈现空间正相关。

根据表 8-3 的回归结果，产业结构变量 4 个回归中均显著为正，表明产业结构的优化能显著提升小城镇产业集聚效率，随着产业结构的优化，高附加值、低能耗、低排放的第三产业比重逐渐增加，有利于降低产业成本，提高资源配置效率，有利于产业集聚效率提升，同时产业结构高度化通过产业内部的结构调整与升级，加快产业链的延伸和价值链的增值，推动工业化和城镇化进入“产城融合”的新阶段，进一步引致资源的流入，从而提升产业集聚效率。技术进步变量在SDM模型中显著为正，在校学生比例越高，表明小城镇当地的教育水平越高，根据内生增长理论，以人力资本为外化的技术进步是产业提质转型发展的动力，技术进步水平的提升能够促进产业创新转型，提升产业发展效能，促进产业价值链、创新链的双向提升，从而加快产业之间的资源整合，促进产业集群的形成，最终提高小城镇产业集聚效率。劳动力投入和资本投入在SDM模型中的系数均显著为正，表明要素投入水平的提升能够促进小城镇产业集聚效率的提升，劳动力和资本两大生产要素是产业集聚的核心机制之一，劳动力的增加能够提升地区产业的生产能力，同时在特定的运输成本下，劳动力的流动又能引起产业间的劳务关联，促进产业在地理上的集中，从而提升产业集聚效率；而资本投入的增加为产业提供充足的资金支持，并且在市场经济的作用下资源配置会使得社会资本为了克服自身的分散而在地区集聚，资本的地区集聚会带来企业的集聚，企业集群的形成进一步推动产业的集聚，使得企业间配套衔接更加便利，降低了产业生产成本，从而提升产业集聚效率。空间维度中，空间距离对小城镇产业集聚效率的系数均显著为正，离县区距离越近，产业要素流动越顺畅，产业集聚的成本也越低，更有利于产业集聚效率的提高，并且中心城市的产业资源相对饱和，即通过产业资本转移、关键技术扩散、创新资源流动、创新人才流动等方式将多余的产业和资源转移到距离中心城市较近的小城镇。因此，离中心城市越近的小城镇受中心城市扩散作用越强，对其产业集聚效率提升作用也越大。社会维度中政府投入水平和人民生活水平的系数在SDM模型中也都显著为正，这表明政府投入水平和居民生活水平的提升，均有利于小城镇产业集聚效率的提升。政府投入的增加能够改善城镇基础设施建设，提升城镇交通水平，有利于产业要素流通，还能为产业发展提供一定的资金支持和政策扶持。居民生活水平的提升过程能释放城镇居民的消费需求，从而拓展产业发展的市场空间。在空间滞后项中，技术进步水平、资本投入、政府投入水平和人民生活水平的空间滞后项均显著为负，其原因是相邻小城镇之间存在一定的竞争和资源争夺，会导致资金和产业等向经济较为发达的一方集聚，形成空间极化效应，带动当地的小城镇产业发展和集聚，但却挤压了邻近地区小城镇的要素资源，从而不利于其产业聚集效率的提升。此外，当上级政府的投入倾向于一部分小城镇时，会导致对另一部分小城镇投入的减少，从而使得这些小城镇的产业发展受到一定程度的限制，抑制了其产业集聚效率的提升。

第四节 研究结论与发展建议

一、研究结论

以上研究结果显示：第一，长三角城市群小城镇产业集聚效率存在显著的区域异质性，产业集聚效率较高的小城镇主要集中在上海、浙江和江苏，安徽的大部分地区小城镇产业集聚效率较低，小城镇产业集聚效率和地区的经济发达程度有密切联系；第二，长三角城市群产业集聚效率为高—高（H－H）型的小城镇大多分布在江苏南部、上海和浙江的杭州、舟山等地，低—高（L－H）型小城镇对高—高（H－H）型小城镇形成了一定的空间包围，而低—低（L－L）型小城镇则主要分布在江苏的北部以及安徽大部分地区，这种分布情况主要与地区的经济发展水平等密切相关；第三，产业集聚效率较高的小城镇主要成组团化聚集格局，且空间极化现象明显，产业集聚效率的强密度区域呈现出向东南方向延伸的趋势；第四，产业结构、技术进步、劳动力投入、资金投入、政府投入水平等因素对长三角城市群小城镇产业集聚效率均有显著提升作用，相邻的小城镇之间存在一定的竞争和资源争夺，这些因素在促进当地的小城镇产业集聚效率提升时，会挤压邻近地区小城镇的要素资源。

二、发展建议

基于以上结论，作者认为，在促进长三角城市群小城镇优化发展上，可以从以下几个方面着手：第一，不断优化地区的产业空间布局，均衡区域发展，着力解决地区间小城镇产业发展不平衡的问题，充分发挥上海、苏州、杭州、宁波、舟山等小城镇产业集聚效率较高地区的辐射带动作用，加强区域间的协调合作。长三角城市群整体则要发挥上海的核心作用，以点带面，辐射长三角城市群其他城市的发展，从而带动当地小城镇的产业发展。第二，构建产业、要素、空间、社会4个维度的机制，对小城镇的产业发展进行合理规划，通过产业结构优化、技术进步、劳动力和资本的协调投入、政府投入增加等方面，推动长三角城市群小城镇产业的集聚，不断积累小城镇建设发展在促进乡村振兴与新型城镇化协调发展方面的经验，努力使长三角小城镇建设发展成为促进我国乡村振兴与新型城镇化建设的先锋阵地。第三，加快推动中心城市产业升级和功能升级，把一般性的发展空间让渡于周边小城镇，通过产业链分工和技术溢出，弥补小城镇产业发展的不足，并通过加强县城、主城区和小城镇之间的交通信息基础网络设施建设，推动城市和城镇的一体化发展，充分发挥县城和城市主城区的辐射带动作用。第四，政府要合理分配资源，引导小城镇之间的合作发展，通过小城镇之间政策关联、劳动力关联、资金关联等，加强小城镇之间产业关联程度，避免相邻小城镇出现资源的恶性竞争。

第五节 本章小结

本章关于长三角城市群小城镇产业集聚效率的研究发现，小城镇产业集聚效率和地区的经济发达程度有密切联系，且其产业集聚效率存在较强的空间正相关性，并表现出一定的空间集聚特征。从区域分布来看，高—高型集聚多集中在江浙沪地区，产业集聚效率较高的小城镇组团化聚集格局显著，地理位置上临近的小城镇之间存在一定的竞争和资源争夺，导致技术进步、劳动力投入、资金投入、政府投入水平等因素在提升小城镇产业集聚效率时，会出现挤压邻近地区小城镇要素资源的现象。由此，构建相关机制，促进资源合理分配，以高效推动区域均衡发展，在共同富裕背景下，促进城市城镇一体化发展。

第九章

数字经济背景下的乡村振兴与新型城镇化建设发展

第一节
数字乡村建设：实现乡村振兴和新型城镇化建设的有机衔接

乡村振兴作为近年来国家发展建设的战略重点，已经成为推进新型城镇化建设，促进城乡一体化发展的重要途径。而随着信息技术的全面蓬勃发展，与大数据结合的数字技术被广泛应用在社会发展的各个领域。在数字化浪潮中，数字乡村建设作为数字中国建设的重要组成部分，是实现乡村振兴、加快推进农业农村现代化的必要条件。中央经济工作会议明确提出，以提升乡村产业发展水平、提升乡村建设水平、提升乡村治理水平为重点，强化科技和改革双轮驱动，强化农民增收举措，集中力量抓好办成一批群众可感可及的实事，建设宜居宜业和美乡村。这为以数字乡村建设推动农业农村现代化指明了方向和路径。数字乡村主要是指在广大农村地区全面深入推进数字化技术与服务，包括数字农业、移动支付、电子商务、智慧物流等。近些年，随着我国城市化建设进程的不断加速，农村地区人口流失严重，“留守村”、“鬼村”等空巢村落、荒败村落不断增多，如何使农村流失劳动力回归乡村，守住乡村，发展乡村，数字乡村的建设显得尤为重要。

通过广泛应用互联网、人工智能等技术，数字乡村在乡村治理水平提升、乡村产业发展、社会服务能力提升、生态环境保护强化等方面都得到了长足发展。数字乡村建设作为数字经济背景下推进乡村振兴的重要手段，其目的在于不断缩小城市和乡村之间的差距，使乡村居民和城镇居民一样能够享受到基础设施建设、公共服务配置等带来的便利，促进城乡一体化和现代化，数字技术无疑为这一进程的加快实现提供了抓手。

一、数字乡村的应用实绩

数字乡村作为乡村振兴的重要抓手，通过提升乡村治理能力、促进经济发展、改善社会服务、推动生态保护和提升居民生活质量等方面，解决了乡村发展中的诸多问题。通过数字化转型，乡村焕发出新的活力和生机，实现可持续发展。在信息化、数字化时代，数字乡村成为推动乡村全面振兴、实现农业农村现代化的重要力量。

（一）有效促进乡村治理能力提升

（1）实现便捷的数据采集与综合分析。通过各类数字乡村平台的应用，全面收集人口、农业生产等方面的信息，实现平台化管理，一目了然，实时掌握信息动态，为快速制定农村政策提供依据。

（2）有效实现精准治理。利用平台各类数据分析，快速准确识别乡村建设发展中的不足及问题，有效提升精准治理的速度和效率。

（3）政务公开，促进诚信政府建设。依托数字凭条，对乡村各类政务信息进行定期公布，帮助村民全面了解乡村建设规划、建设进程、财务信息，发挥主人翁精神，集思广益促乡村建设的同时，起到良好的政务监督作用，有利于廉洁政府的建设。

（二）数字赋能促进乡村经济发展

（1）大力推进智慧农业。充分利用物联网技术，实现对天气、土壤等农业发展重要影响要素的实时监测，精准指导农民开展农业生产活动，促进农业提产增质。

（2）大力推进农村电商。通过搭建电商平台，突破农产品产地、消地之间的时空差异，减少农产品市场中间环节，缩短农产品流通链条，促进农产品进入市场，将利润更多的留给农民，促进农民增收。

（3）大力推进数字营销。积极贯彻落实习近平总书记“绿水青山就是金山银山”的绿色发展理念，发挥乡村绿色资源优势，打造乡村特色产业，借力各类短视频平台、朋友圈等社交平台和媒介，加强乡村旅游宣传，引流游客，实现城市走向乡村的旅游新趋势。

（三）有效促进乡村社会资源共享

（1）丰富乡村教育资源。乡村教育资源的匮乏以及与城市教育资源之间的严重不匹配一直是乡村教育落后很重要的因素，互联网技术技术的普及应用，使得优秀教育资源、培训等快速传输到乡村成为可能，有网络、有手机电脑就可以和城市孩子享受同样丰富的网络资源，有效解决了乡村教育资源匮乏的问题，助力实现教育均等化。

（2）促进卫生服务均等化。互联网可视技术的应用使得乡村居民享受大城市优质的医疗服务成为可能，同时，乡村居民可以同样通过医院预约挂号平台提前预定想请的医生进行看诊，如期前往即可，有效降低了就医的盲目性。另外，通过线上医疗网络平台，乡村居民的健康状况也可以得到实时监测，健康可以得到有效管理，提升乡村卫生健康水平。

（3）社会公共服务更加便捷。对于银行、社保等服务可以足不出户，通过手机、电脑进入相关公共服务平台实现居家操作办理，大大提高了生活便利性。

（四）促进乡村居民生活质量提升

（1）提供便捷生活服务。互联网信息技术的发展，使得乡村居民线上购物、网上支付成为可能，虽居住在农村，仍然可以享受到足不出户满足居家生活的需要，大大提升了生活便利性。此外，丰富的网络文化娱乐资源，极大地满足了乡村居民多元化的精神文化需求，丰富了乡村居民农业生产之余的文化生活。

（2）有效提升社区治理水平。通过智能设备的广泛应用，如智能安防、智能垃圾分类等，提升社区治理水平。同时，数字化平台的应用助力提升社区服务，社区论坛等平台的运用强化了社区工作人员、邻里之间等的有效沟通和信息流通，提高社区服务效率和管理水平，助力打造和谐社区。

二、数字乡村建设成功案例

（一）杭州萧山区瓜沥镇梅林村“共富乡村”精彩纷呈

梅林村是浙江省“千万工程”的重要源起地，作为首批省级“未来乡村”建设试点、首个村级共同富裕指标体系的创建地，其始终坚持以人为本的理念，以“共富乡村”建设为目标，围绕数字乡村绿色发展的核心，描绘了一幅“美丽乡村＋数字乡村＋共富乡村”的新时代中国农村画卷。

1. 具体做法

（1）“云”上共建，建设智慧管理系统。一方面，按照“城市大脑＋未来社区”的发展模式，构建“镇、村、户”三级一体化的“沥家园”数字基层治理体系，积极探索“一网统管”的重大集成应用。另一方面，拓展具体应用。围绕数字化技术在基础设施建设、生活服务、产业构建、数字化治理等方面的具体应用，积极推进数字赋能、数字创新等场景的具体应用实践，如通过数字化集成服务加强对水、电、气、社保、医疗、教育、卫生等公共服务的数字化管理。同时，还将数字化技术向智慧养老方向推进，加强对独居老人、困难老人、患病老人等的统一管理，打造云端协同管护的“智慧养老”场景。此外，伴随着绿色发展理念的不断深化，将低碳技术融入“未来民居”等应用场景，深入贯彻落实绿水青山就是金山银山的理念。

（2）“云”上共治，打造智慧管理模式。一方面，围绕以人为本的发展理念，以共同富裕为目标，依托“数字社会”建设，构建地方共富发展指标评测体系，同时通过数字化手段实现共富建设的全面可视化分析及监测，并将其结果直接用于提升乡村公共服务和基层社会治理智能化水平。另一方面，充分利用现代低碳技术，促进乡村低碳场景的应用，如充分利用屋顶空间安装光伏发电板，满足村民日常生活的同时，多余电量通过并入国家电网增加收入，充分实现长效节能和农民增收的双赢局面。另外，利用垃圾分类监管中心平台，全方位记录村民垃圾分类、垃圾投放等情况，并对其进行评价，积极促进村落绿色持续发展。

（3）“云”上共享，收获智慧管理成果。一方面，大力推进共享服务。充分发挥“沥家园”服务端的功能，开发“邻里帮”、“文 E 家”等生活数字化服务，村民通过积分兑换的方式可以获得相应的商品，大大提升了村民对智慧生活好处的直观感受，参与积极性也得到了提高。同时，充分利用公交站点等公共节点，发布实时天气情况、车辆到站信息事项；数字技术在民众的身体锻炼层面也得到很好的推广应用，例如数字跑道的建设使用，通过人脸识别，获得民众实时健身数据等。另一方面，大力推行业态共享。引进无人便利店、无人健身房、无人书店等业态，全面打造互信、友好村庄。同时，打造数字书房，满足全年龄段、24 小时开放的需求，村民依靠身份证、市民卡等门禁自助系统进入使用，为村民提供良好的学习、交流和体验的公共文化空间。

2. 取得成效

（1）共富指标“亮眼”。依托浙江省共同富裕评价指标体系，结合梅林要素禀赋特征及发展实际情况及未来方向，凝练具有梅林特色的共同富裕评价指标体系，形成全省首个村级共同富裕评价体系，并获得了全省首个村级共富展示馆等八个“第一”，实现了良好业绩。

（2）村民共富“超前”。充分发挥集体资源、资金使用效率，村民享受收益分红。同时，依托村级慈善工作站发挥涓涓溪流汇成江河的能量，募集善款，为村民福利提升、为困难民众送温暖提供重要资金支持。

（3）精神富足“共进”。依托智慧书房、青少年宫等文化场所、社团，大力开展各类乡村文化活动，使村民在享受物质丰富的同时，实现精神生活的富足。

（二）丽水庆元县：乡村共富，产业先行

丽水市庆元县充分依托自身资源禀赋优势，通过数字赋能的加持，成功开发农业产业项目——甜橘柚，创建了“亿元村”——黄坛村，实现了农村农民致富。

1. 具体做法

（1）依托先天优势，规划特色产业。依托自身乡村发展优势，规划建设优势农产品甜橘柚产业园，配套精深加工园、仓储物流中心、交易中心，围绕甜橘柚形成地方产业链，形成地方具有相当辐射带动能力的产业体系。

（2）推进科技助农计划。通过科技特派员、农技干部联系群众等方式，切实保证家家有科技保障，为农户提供科技支撑，促进甜橘柚生产规

模扩大，切实促进农民增收。另外，充分依托高校等科研院所的智慧力量，政府牵线搭桥，推进“校企地”深度合作，促进新品种的开发和创新。

（3）推进数智田园建设。加大果园的科技投入，在数字化设备使用、数字化管控平台使用等方面，打造全数字化链条，实现智慧果园建设和管理。

2. 取得成效

（1）围绕甜橘柚有效培育特色产业链，形成了全国乡村特色产业“亿元村”。村民收入极大增长，有效实现了百姓富裕。

（2）在乡村振兴的道路上，走出了自己坚实的步伐，为全国各种类型的乡村资源开发建设、产业链构建提供了非常好的借鉴。

（三）嘉兴桐乡乌镇：传承历史，向世界展示中国

桐乡市具有非常丰富的历史遗产，是一个具有非常浓厚历史文化底蕴的城市。习近平总书记曾就桐乡的实际情况清晰地提出“以保护历史遗产来发展旅游业”的理念，以特色古镇——乌镇的特色古城镇资源为依托，大力发展旅游业，创造创业就业机会，推动居民创业就业。乌镇模式已经得到全国推广。

1. 具体做法

（1）保护原始要素禀赋。乌镇具有非常重要的历史文化特征，文化资源丰富。乌镇的开发秉持“保护第一、修旧如旧、以存其真”的原则，极大程度地保留了古镇的历史风貌和文化遗存。也造就了乌镇独一无二的旅游资源，具有浓厚历史韵味的街区、建筑得到有效的修复并重新投入使用，恢复街市中传统的蓝印花布、三白酒、姑嫂饼等传统手工艺品与地方特色小吃，并形成开放民俗展馆和传统工艺作坊，游客可以近距离接触，提高旅游体验感。

（2）大力发展智慧旅游。乌镇旅游中融入了诸多智慧要素，如人脸识别系统广泛应用，开发应用系列智慧平台，全面提供自助购票、自助办理入住和自助行李寄存等服务，提升游客出行效率和旅游体验。同时，借助大数据技术对游客进行细化分析，全面了解游客的个性化需求，以实现更好的精准服务。

（3）大力建设数字乌镇。依托首届世界互联网大会——乌镇峰会的浪

潮，全力发展乌镇数字经济。“乌镇之光”超算中心，是浙江省首个大型超算中心，落地桐乡以来，坚持“立足桐乡、辐射全国”，给乌镇插上了遨游世界的翅膀。

2. 取得成效

桐乡市以全域旅游富民增收的“乌镇模式”，有效推动了区域资源有机整合、产业融合发展，为周边群众创造了大量守家创业就业的机会，为桐乡市人民提供了增收、富裕的重要引擎。一方面，建立品质民宿经济规范发展机制，成立“乌镇人家”民宿协会，引导、培育特色精品民宿融入乌镇文化特色，实现差异化发展。另一方面，推进“互联网＋”文旅新模式。促进“互联网＋”在乌镇旅游业发展中的运用，充分凸显乌镇作为世界互联网大会永久会址的独宠荣誉，渐进推进乌镇“浙北聚居小镇—江南枕水古镇—世界互联网小镇”的华丽升级。提升世界地位，吸引更多的国内外游客来到中国，来到乌镇，享受中国传统文化的魅力，打造了一张向世界展示中国的名片。

第二节 乡村振兴与新型城镇化协调发展促进实现共同富裕

共同富裕是中国特色社会主义的本质特征，农村农民是我国实现共同富裕的短板。乡村振兴与新型城镇化不仅是推动农民增收的重要举措，还是缩小收入分配差距的抓手和实现社会主义现代化的途径。无论是新型城镇化建设还是乡村振兴战略，都是我国推动共同富裕的重要手段。统筹新型城镇化和乡村全面振兴，有助于推动城乡产业协同发展，推动城乡价值需求互补，引导生产要素向农村地区流动，进而形成多方利益协调机制，为共同的目标分工协同，不断提高农村地区的富裕程度。当前在实现我国现代化发展的进程中城镇化发展不可逆，通过乡村振兴与新型城镇化整体推进、综合施策、协同发展，才是实现共同富裕的有效策略。

从中国城镇化发展的整体情况来看，东、中、西部地区不平衡现象仍然显著，西部地区城镇化水平整体相对滞后，城市发展能级相对较弱。西部大开发战略的实施促进了以人为本的新型城镇化建设，成为协调区域经济发展、缩小东西部发展差距的重要战略措施。新型城镇化建设通过整体上优化资源配置，使不同地区能够在教育、卫生、养老等公共服务上实现资源共享，促进城乡居民福利均等化。

乡村振兴战略的实施，为全面提高农村、农民发展提供了重要契机，是结合我国发展阶段不同特点的实际要求所实施的“城市包围乡村”的特色发展道路。深入实施西部大开发，推动农业向现代化转变，能够有效促进西部农村地区劳动生产力水平提升。扎实推进西部地区乡村振兴，对于巩固拓展西部地区乡村脱贫攻坚成果，促进共同富裕有效实现至关重要。同时，西部大开发战略实施极大地加快了西部基础设施建设步伐。要致富先修路，打通西部乡村对外联结和通道，便利西部居民生活的同时，对于西部地区产业开发意义重大。

新型城镇化和乡村振兴的融合协调发展，对于实现城乡共同富裕能够起到合力作用。但是，也必须清楚地认识到，新型城镇化战略和全面推进乡村振兴战略的实施都是长期且艰巨的任务，需要把二者充分结合起来，加快形成城乡融合发展新格局。依托产业链建设，以农业产业链的横向拓展和纵向延伸，促进农村农民致富，推动城乡产业协同发展，助力新型城镇化和乡村全面振兴，促进全国城乡共同富裕的最终目标早日实现。

第三节
数字乡村建设对共同富裕的影响分析

一、数字乡村建设水平测度与时空特征

（一）数字乡村建设水平测度

由于当前学界对数字乡村建设评价指标体系尚未达成一致意见，且受限于数据的可得性，本书借鉴李本庆等和伍国勇等的研究，选取数字基础设施建设、农村农业数字化和农村生活数字化 3 个一级指标和对应的 13 个二级指标对数字乡村建设水平进行测度，具体测度指标如表 9－1 所示。鉴

于各指标量纲不同，本书利用熵值法将各一级指标标准化后计算得到数字乡村建设综合指数（X）。

表 9－1　　数字乡村建设水平评价指标体系

一级指标	二级指标	指标解释	单位	属性	权重
农村数字基础设施	农村电脑普及率	农村居民家庭平均每百户年末计算机拥有量	台	+	0.081
	农村移动电话普及率	农村居民家庭平均每百户移动电话拥有量	部	+	0.083
	农村宽带接入用户	农村宽带接入户数	万户	+	0.071
	农村投递线路长度	农村投递路线长度	km	+	0.079
农村农业数字化	单位产值化肥使用量	农业总产值/农业化肥使用量	万元/kg	−	0.084
	单位产值农药使用量	农业总产值/农药使用量	万元/kg	−	0.084
	单位产值塑料薄膜使用量	农业总产值/农用薄膜使用量	万元/kg	−	0.084
	有效灌溉率	有效灌溉面积/农作物总播种面积	%	+	0.079
农村生活数字化	农民数字服务消费水平	农村居民人均交通通信消费支出	元	+	0.079
	农村网络文化建设水平	农村广播节目综合人口覆盖率	%	+	0.084
	农村数字电视覆盖率	农村电视节目综合人口覆盖率	%	+	0.084
	淘宝村数量	淘宝村数量	个	+	0.031
	数字化金融	数字普惠金融指数	—	+	0.081

（二）数字乡村建设水平的变化

通过各省份数字乡村建设综合指数取平均数，分析我国 31 个省份在 2011—2020 年数字乡村建设水平的变化趋势，结果如图 9－1 所示。在 2011—2020 年，我国省级平均数字乡村建设水平呈现逐年上升的趋势，但同时也观察到数字乡村建设平均增长率呈现波动下降趋势，这一现象可能是受到“宽带中国”战略实施和数字经济普及的影响。2013 年，“宽带中国”战略的实施和以电子商务、移动支付为代表的数字经济在全国的普及，加速了农村地区的数字基础设施建设，为数字乡村建设奠定了基础。随后，国家又提出了一系列政策支持我国数字乡村建设，比如“电子商务进农村综合示范县”的推进，不仅有效助力了农民脱贫，也为数字乡村的发展提供了新动力。

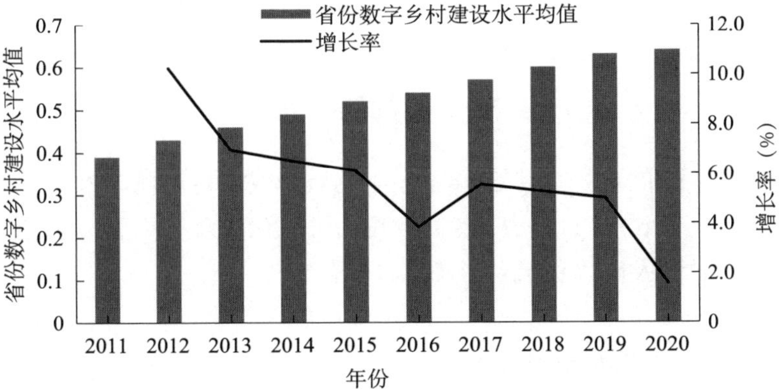

图 9-1　2011—2020 年中国省级数字乡村建设水平及其增长率变化趋势

（三）数字乡村建设水平的空间特征

以 2011 年、2020 年为时间节点，对比考察我国 31 个省份数字乡村建设水平发现，东部沿海省份的数字乡村建设水平普遍较高，这些省份同时也是我国经济发展水平和城乡一体化程度相对较高的地区。其中，数字乡村建设水平的高值区为江苏、浙江、广东、北京。城市的发展离不开经济基础的支撑，这些省（市）在财政补贴、金融创新等方面的水平远高于全国平均水平。在 2011 年，位于数字乡村建设水平高值区的是江苏、浙江和北京，其余东部沿海省份位于较高区间。结果表明，2011 年我国数字乡村建设水平整体不高，但东部沿海地区凭借其较为雄厚的经济基础，在数字乡村建设方面表现出较好的竞争力。在 2020 年，高值区和低值区呈现集聚分布格局，说明数字乡村建设呈现一定的空间溢出效应。位于数字乡村建设水平高值区和较高区间的省份除了东部沿海地区，也包括了一些中西部地区省份，说明此时中西部地区的省份也享受到了数字经济发展的红利，以数字技术为代表的信息资源逐渐向中西部地区的农村扩散。

二、城乡共同富裕水平测度与空间特征

（一）城乡共同富裕的测度

实现城乡共同富裕需要扭转当前收入差距扩大的趋势，本书参考何理等的做法，将城乡收入差距作为城乡共同富裕的衡量指标。由于衡量收入差距的指标众多，其中泰尔指数考虑了城乡收入分布和人口结构的情况，

更符合我国城乡二元结构的发展背景。因此，本书采用泰尔指数（t_{it}）来衡量城乡收入差距，计算公式如下：

$$t_{it} = \sum_{j=1}^{2} \frac{y_{ijt}}{y_{it}} \ln\left[\left(\frac{y_{ijt}}{y_{it}}\right) \Big/ \left(\frac{x_{ijt}}{x_{it}}\right)\right] \tag{9-1}$$

式中，t_{it}表示泰尔指数；y_{ijt}表示 i 省 t 年的城镇或农村居民收入（j = 1 代表城镇，j = 2 代表农村）；y_{it}为 i 省 t 年城乡居民总收入；x_{ijt}和 x_{it}分别为 t 年城镇或农村居民人口数和城乡居民总人口数。

（二）城乡共同富裕的变化

2011—2020 年，我国省级层面城乡共同富裕的变化趋势如图 9 - 2 所示。

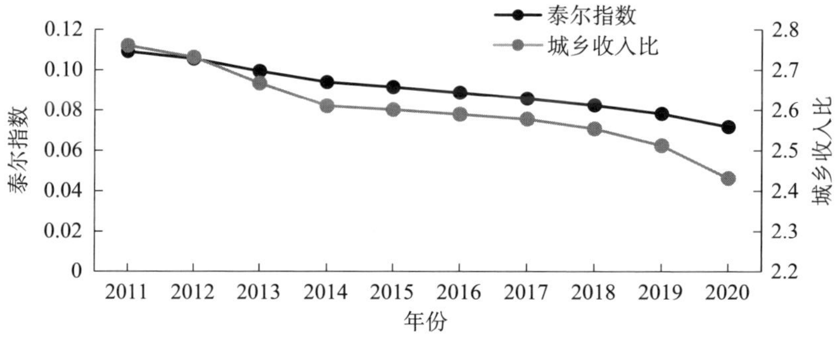

图 9 - 2　2011—2020 年中国省级城乡共同富裕的演变

由图 9 - 2 可见，无论是从泰尔指数还是从城乡收入比来看，2011—2020 年我国城乡收入差距总体均呈现稳步缩小的态势。其中，2011—2014 年总体城乡收入差距在图中表现为迅速下降，这与我国农村扶贫开发工作的持续推进和“精准扶贫”方略的实施密切有关。2014 年后，我国总体差距基本表现为平稳下降的趋势，这可能与我国提出的一系列政策措施支持农村农业发展有关。

2011—2020 年我国东、中、西部各区域泰尔指数变化见图 9 - 3。

由图 9 - 3 可见，2011—2020 年我国东、中、西部各区域泰尔指数变化在数值上总体均呈现逐渐缩小的趋势，而不同区域间城乡共同富裕差距从小到大表现为“东部、中部、西部”。在变动幅度方面，东部地区和中部地区的波动较西部地区更小。总体而言，我国城乡共同富裕水平各区域间存在发展非均衡性，但各区域泰尔指数在不断接近，说明东、中、西区

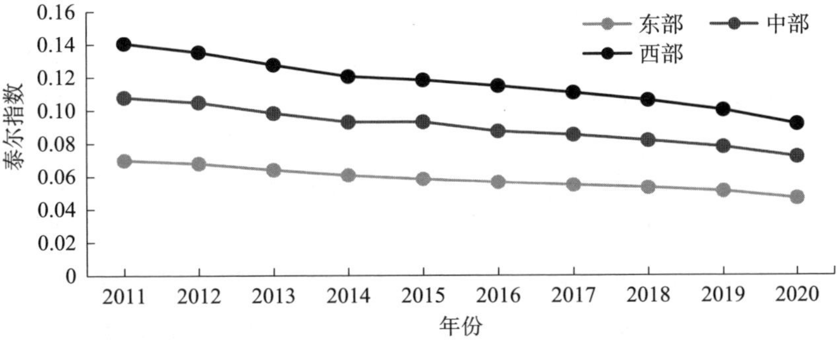

图 9－3　2011—2020 年中国分区域泰尔指数的演变

域间的城乡收入差距在逐渐缩小。

（三）城乡共同富裕的空间特征

对比 2011、2016、2020 年我国城乡共同富裕水平空间分布与演变情况可知，中国省域城乡收入差距呈现从东部向中部向西部递减的趋势，即城乡收入差距较小的地区主要集中在北京、天津、上海、浙江等东部沿海和东北地区，而云南、贵州、西藏等西部地区城乡收入差距较大，且总体空间集聚格局较为稳定，高值区域和低值区域呈现集聚分布格局，说明城乡共同富裕呈现一定的空间溢出效应。

三、数字乡村建设对城乡共同富裕的影响实证分析

（一）理论分析

1. 数字乡村建设对城乡共同富裕的直接影响

根据内生增长理论，经济增长的源泉是技术进步，当物质要素投入达到某一饱和点后往往呈现边际收益递减的状态，而技术是边际收益递增的。在数字经济时代，数字技术与农业农村经济的融合发展孕育了数字乡村。数字乡村建设对城乡共同富裕的作用主要表现在：第一，农村产业数字化。互联网在农村地区的普及，出现了智慧农业、农村电子商务、乡村旅游等新经济模式，为农业发展带来了新的生产经营方式。互联网宽带接入，能够以更快的速度和多样的渠道传递各类重要信息，这一过程不仅提升了生产效率，减少了信息不对称的负面影响，还有助于农民降低生产成本、拉动农村剩余劳动力就业，实现“家门口增收”。农民收入的增加，有助于城乡收入差距收敛，从而助力城乡共同富裕。第二，农村治理数字

化。现代化信息技术的发展与传播不仅保障了农村居民的知情权，也减少了因信息摩擦对农民造成的不利影响；在扶贫过程中，通过大数据监管平台智能分析低收入农户致贫因素，并针对性地加大对贫困农户的就业扶持力度，通过政府补贴、就业培训等形式推动低收入农户就业，从而助推乡村产业的繁荣发展，实现农民增收。第三，服务数字化。“互联网 + 教育”的智慧教育在农村地区普及，提升了农村居民的人力资本水平，从而有效减小城乡收入差距。数字普惠金融能够有效缓解农村居民融资约束，促使更多农民进行自主创业和投资，弥合城乡收入差距。基于上述分析，提出本书研究假设。

假设 1：数字乡村建设能促进城乡共同富裕

2. 数字乡村建设对城乡共同富裕的间接影响

根据配第—克拉克定理，部门收入差距是劳动者流动的主要影响因素。由于生产技术和资源条件限制，农民在追求更高收入和生活质量的驱动下，更倾向于在非农部门就业。数字乡村建设引入了附加值更高的新兴产业和服务业，这些产业的发展壮大，能够为城乡居民提供更多的非农就业机会。同时，更多劳动力进入生产率较高的二、三产业，将促进城乡经济的结构转型。随着农村地区的数字化转型和非农就业机会的增加，城乡之间的经济联系和资源要素的流动将进一步加强，有利于缩小城乡收入差距，促进城乡共同富裕的实现。基于上述分析，提出本书研究假设。

假设 2：数字乡村建设通过扩大非农就业促进城乡共同富裕

3. 数字乡村建设对城乡共同富裕的空间溢出效应

新经济地理理论认为，贸易、要素的流动以及知识技术的扩散和溢出会导致地区之间的空间依赖性增强。由于各省在数字基础设施、农民数字化素养方面存在差异，我国的数字乡村建设存在空间不平衡的特征。然而，在数字经济时代，技术和数据的传播不再受地理距离的限制，使得地区间社会资源和生产要素的流动更加高效便捷。这种流动性的增强加强了地区间经济社会活动的前后向关联，使得数字乡村建设对周边地区的城乡收入差距产生空间溢出效应。数字技术还能促进不同地区间政府在政策制定和实施等方面开展交流合作，从而减少区域间的市场壁垒，带动周边地区的经济发展，并对周边共同富裕产生正向空间溢出效应。基于上述分析，提出本书研究假设。

假设 3：数字乡村建设对城乡共同富裕存在正向的溢出效应

（二）模型设定和变量说明

为了检验上文的假设，本书首先运用省级面板数据实证检验数字乡村建设对共同富裕的促进作用，其次运用空间模型检验数字乡村建设对城乡共同富裕的正向溢出效应。

1. 模型设定

（1）数字乡村建设对城乡共同富裕影响的检验模型。根据上文理论分析，本书构建如下模型进行实证检验，具体模型如下所示：

$$t_{ia} = \alpha_0 + \alpha_1 X_{it} + \alpha_2 Controls_{it} + \mu_i + \lambda_t + \varepsilon_{it} \tag{9-2}$$

式中：t_{ia}为 i 省 t 年的城乡收入差距：X_{it}为 i 省 t 年的数字乡村建设水平；$Controls_{it}$为控制变量；μ_i 和 λ_t 分别为个体和时间固定效应；α_0、α_1 和 α_2 为参数；ε_{it}为随机扰动项。

（2）数字乡村建设对城乡共同富裕的空间溢出效应检验模型。本书构建空间面板模型对假设 3 进行检验，具体模型如下所示：

$$t_{ia} = \beta_0 + \rho_1 \sum_{j}^{n} w_{ij} t_{it} + \beta_1 X_{it} + \rho_2 \sum_{j}^{n} w_{ij} t_{it} + \beta_2 Controls_{it} + \mu_i + \lambda_t + \varepsilon_{it} \tag{9-3}$$

式中：ρ_1 和 ρ_2 分别为城乡共同富裕的空间自相关系数和数字乡村建设水平的空间溢出系数；w_{ij}为空间权重矩阵；$w_{ij}t_{it}$为城乡共同富裕空间滞后项；β_0、β_1 和 β_2 为参数，其他参数含义同式（9－2）。

2. 变量说明

本书的解释变量为数字乡村建设水平，被解释变量为城乡共同富裕，这两个指标的测算过程如前文所示；本书选取的控制变量为：城镇化（X_1），采用城镇人口所占比重衡量；产业结构（X_2），用地区第二产业和第三产业产值之和占地区生产总值的比重衡量；对外开放程度（X_3），用实际利用外资总额占地区生产总值的比重衡量；财政分权（X_4），用地区一般公共预算支出占全国一般公共预算支出比重衡量；人力资本（X_5），参考李梦娜和周云波的研究，采用人均受教育程度衡量。相关数据来源于各省统计年鉴、阿里研究院、《中国第三产业统计年鉴》和北京大学数字金融普惠指数。

（三）实证结果及分析

1. 基准回归结果

为验证数字乡村建设对城乡共同富裕的影响，本书对模型（9－2）进行回归，得到基准回归结果，具体见表 9-2。

表 9-2　基准回归结果

变量	(1) OLS	(2) RE	(3) FE	(4) FE
X	-0.100*** (-7.51)	-0.062*** (-8.36)	-0.119*** (-3.30)	-0.074*** (-3.17)
Controls	Yes	Yes	No	Yes
Constant	0.179*** (7.41)	0.121*** (6.36)	0.155*** (11.37)	0.117** (2.27)
Province Fe	No	No	Yes	Yes
Year Fe	No	No	Yes	Yes
Observations	310	310	310	310
R - squared	0.805		0.856	0.912

注：***、** 分别表示在 1%、5% 水平上显著；括号里为 t 值。

列（1）和列（2）是不控制个体和时间固定效应的混合 OLS 和随机效应结果，列（3）控制了固定效应，但未加入控制变量，列（4）在这基础上加入了控制变量。结果显示，无论在何种模型下，数字乡村建设的估计系数均显著为负，这说明数字乡村建设使得城乡收入差距得到了显著收敛，即一个地区数字乡村建设的开展有助于实现城乡共同富裕，假设 1 成立。以列（4）的回归结果为例，数字乡村建设每提高 1 个单位，泰尔指数会下降 0.074 个单位，这意味着数字乡村建设是促进城乡共同富裕的重要手段之一。

2. 异质性与分项检验

进一步考虑因农村经济和地区开放程度不同造成的数字乡村建设水平差异，本书将 31 个省份划分为东部地区和中西部地区两个子样本进行回归，结果见表 9-3。

表 9-3　区域异质性分析与分维度检验

变量	东部地区	中西部地区	分维度检验		
	(1)	(2)	(3)	(4)	(5)
X	-0.062*** (-3.72)	-0.060* (-2.02)			
数字基础设施			-0.086 (-1.66)		
农业数字化				-0.097* (-1.93)	

续表

变量	东部地区	中西部地区	分维度检验		
	(1)	(2)	(3)	(4)	(5)
生活数字化					-0.080* (-1.99)
Controls	Yes	Yes	Yes	Yes	Yes
Constant	0.197** (3.05)	0.171** (2.28)	0.102* (1.74)	0.140** (2.45)	0.124** (2.51)
Province Fe	Yes	Yes	Yes	Yes	Yes
Year Fe	Yes	Yes	Yes	Yes	Yes
Observations	110	200	310	310	310
R - squared	0.929	0.929	0.903	0.905	0.905

注：***、** 和 * 分别表示在 1%、5% 和 10% 水平上显著。

对比第（1）（2）列发现，无论是东部地区还是中西部地区，数字乡村建设的回归系数与共同富裕均呈负相关关系，表明数字乡村建设对东部地区和中西部地区城乡收入差距均具有收敛作用，但对东部地区的作用大于中西部地区。主要原因在于：第一，东部地区由于较高的农村整体经济发展水平和相对良好的基础设施与生活条件，城乡收入差距相对较小；第二，东部地区农村的互联网等基础设施相对发达，农村居民的数字素养也较高，而西部地区乡村基础设施普遍落后。

为考察数字乡村建设分项对城乡共同富裕的影响是否存在差异，将数字乡村建设按照数字基础设施、农业数字化和生活数字化三个维度进行回归。结果显示，农业数字化和生活数字化对城乡共同富裕具有显著的促进作用，而数字基础设施的影响不显著。可见，农业数字化和生活数字化仍是当前数字乡村建设的重点。在农业数字化方面，需要借助数字技术进一步变革农户的生产经营方式、降低农户生产成本、提高经营农业所得，从而缩小城乡收入差距；在生活数字化方面，通过进一步引导农村居民使用移动互联网设备进行在线学习、购买理财产品等方式，提高农村居民的人力资本和财产性收入，使更多农村居民选择非农就业，实现农民增收，从而缩小城乡收入差距。而数字基础设施对城乡共同富裕的影响不显著的原因可能是当前我国乡村数字基础设施整体发展水平较高，对缩小城乡收入差距的显著作用已难以显现。

3. 机制分析

基于前文理论分析，数字乡村建设可能通过扩大非农就业促进城乡共同富裕。借鉴已有文献，本书采用交互项的方式进行机制检验，构建相应模型如下所示：

$$t_{it} = \gamma_0 + \gamma_1 dv_{it} + \gamma_2 Controls_{it} + \gamma_3 X_{6it} \times dv_{it} + \mu_i + \lambda_t + \varepsilon_{it} \quad (9-4)$$

机制检验结果见表 9－4。

表 9－4　　机制检验

变量	(1) 泰尔指数	(2) 泰尔指数
X	－0. 173*** (－5. 71)	－0. 090*** (－4. 16)
X_6	－0. 001*** (－3. 0888)	
XX_6	0. 002*** (5. 26)	
X_7		－0. 011*** (－3. 38)
XX_7		0. 010*** (3. 29)
Controls	Yes	Yes
Province Fe	Yes	Yes
Year Fe	Yes	Yes
Constant	0. 160*** (3. 49)	0. 141*** (2. 96)
Observations	310	310
R－squared	0. 937	0. 919

注：*** 表示在 1% 水平上显著。

由表 9－4 可见，无论是以第二、第三产业就业人员所占比重还是以第二、第三产业就业人员数量表示非农就业，其与数字乡村建设的交互项的估计系数在 1% 的水平上显著为正，数字乡村建设对城乡共同富裕的促进作用随着非农就业的扩大而增强。这一结果表明，扩大非农就业是数字乡村建设促进城乡共同富裕的重要机制路径，数字乡村建设可以依托数字技术使农村地区的经济产业结构多元化，促进城乡经济融合，从而推动城乡共同富裕的实现。基于上述分析，假设 2 得到验证。

4. 空间溢出效应检验

通过计算历年泰尔指数和数字乡村的 Moran's I，发现两者均显著为正，说明各省份城乡共同富裕和数字乡村建设具有空间相关性，有必要进行空间分析。根据 LM、Wald、LR 等检验，采用空间杜宾模型进行检验。空间溢出效应的检验结果显示（限于篇幅，结果省略），在邻接权重矩阵和地理距离权重矩阵下，数字乡村建设对泰尔指数均具有显著的负向影响，即数字乡村建设水平的提升能够带动城乡收入差距的缩小。此外，在不同空间权重矩阵下，城乡共同富裕的空间滞后项都通过了显著性检验，意味着我国省域城乡共同富裕存在空间正相关性，即某一省份的城乡收入差距缩小会带动邻近省份城乡收入差距的缩小。另外，数字乡村的空间滞后项系数显著为负，提示数字乡村建设存在一定程度的虹吸效应而未产生正向辐射效应。

进一步通过偏微分法计算数字乡村建设对城乡共同富裕的直接效应、间接效应和总效应。分解结果表明：在直接效应中，数字乡村建设对本地城乡收入差距具有显著的缩小作用；在间接效应中，数字乡村建设对城乡收入差距的间接效应显著为负。这表明，数字乡村建设不仅收敛本地的城乡收入差距，由于正向的空间溢出效应，对临近地区的城乡收入差距也存在收敛作用，假设 3 得到验证。

5. 稳健性与内生性检验

采用以下 3 种方法检验数字乡村建设对城乡共同富裕影响效应的稳健性，以确保上述实证结果的可靠性。第一，当期的数字乡村建设可能存在滞后性，因此将自变量滞后一期作为解释变量进行回归，列（1）结果显示，滞后一期的数字乡村建设水平依然在 1% 的水平上显著为负，且估计系数的大小与基准回归接近，证明了结果是稳健的；第二，为替换被解释变量的估计结果，用城乡收入比代替泰尔指数，其他变量均不变进行回归，回归结果显著性没有明显变化；第三，使用主成分分析法重新计算数字乡村建设水平（X_8）进行回归，结果显示依然显著。由此分析可得，本书模型的估计结果是可靠的。稳健性检验结果见表 9 - 5。

表 9 - 5　　稳健性检验

变量	(1)	(2)	(3)	(4)
	泰尔指数	城乡收入比	泰尔指数	泰尔指数
L. X	-0.065*** (-2.95)			
X		-0.607*** (-2.81)		-0.082*** (-4.78)
X_8			-0.007* (-1.77)	
Controls	Yes	Yes	Yes	Yes

续表

变量	(1)	(2)	(3)	(4)
	泰尔指数	城乡收入比	泰尔指数	泰尔指数
Province Fe	Yes	Yes	Yes	Yes
Year Fe	Yes	Yes	Yes	Yes
Kleibergen – Paap rk LM				60. 736 ***
Cragg – Donald Wald F				422. 074
Kleibergen – Paap rk Wald F				240. 216
Constant	0. 089 * (1. 82)	2. 360 *** (5. 68)	0. 102 * (1. 97)	0. 067 ** (2. 19)
Observations	279	310	310	279
R – squared	0. 902	0. 852	0. 904	0. 992
N	279	310	310	
F test	0	0	0	
r^2_ a	0. 897	0. 845	0. 899	0. 991
F	68. 67	70. 54	52. 76	691. 7

注：*** 、** 和 * 分别表示在 1% 、5% 和 10% 水平上显著。

考虑到潜在内生性问题，本书将核心解释变量数字乡村建设水平滞后一期作为工具变量，并采用两阶段最小二乘法进行估计。估计结果再次证明了前文的结论，即数字乡村建设有利于缩小城乡差距，促进共同富裕。

第四节 乡村振兴与城镇化协同发展实现共同富裕的政策供给思考

一、增强农村人力资源供给

随着农村劳动力流失，农村地区青壮劳动力短缺，为农村、农业发展带来较大负面影响。新农村建设基于改善弄村生活基础设施、提高农民生活幸福感等方面，不断加大对农村建设的投入力度，出台各项政策引导发达城市和地区的资本投资农村。一方面，为农民就业提供岗位，同时也带来了先进的生产、创业理念，丰富了农村居民的见识和视野，拓宽农民致富思路，优化营商环境。另外，为缓解农村地区劳动力供给尤其是优质人力资源的缺乏问题，可以考虑采取对农民劳动力进行培训的方法，不断提高农民技能，进而提高城乡整体劳动力质量，以满足传统农业向现代农业转型升级的需要。另外，推进规模化经营的农业现代化、产业化、资本化、科技化运作之路，这既是依托乡村优势、兴农兴村的发展之路，同时也是促进乡村振兴与城镇化协调发展的重要选择。

二、提高农村农民就业收入水平

城市和乡村的发展归根结底是人的发展，人的发展需要产业的支撑来实现就业和收入水平的提升。因此，促进乡村振兴和新型城镇化的协调发展最终要靠产业支撑，为人的发展提供平台。在我国乡村振兴和新型城镇化发展的大背景下，通过产业创新、产业转移等方式，不断搭建城市和乡村之间发展的桥梁，走“城市包围乡村”的道路，不断促进城乡一体化发展。对于农村地方经济、产业的发展，一方面，要充分结合地方发展先天禀赋资源优势，提供政策、制度支持，地方政府牵线搭桥，引入先进的、经济发达地区的企业、资金、人才等，切实建设吸引人的产业发展体系；另一方面，吸收外出务工人员回乡创业就业，同时不断扩大生产经营规模，吸引更多的外来资本进入。通过农业户籍制度的深入改革、保障农业转移人口在城市享有同等的基本公共服务、进一步完善农村产权制度等，创造有利于大量农村劳动力向城市转移的就业和发展条件。强化城乡经济高质量发展的政策导向和机制保障，统筹建设城镇平台、产业平台、创新平台和投融资平台，统筹发展城乡特色经济和联农带农经济、集体经济和民营经济，统筹完善城乡基础设施体系、公共服务体系和社会治理体系，从而不断增加居民收入，促进城乡融合，推动区域协调发展。

三、促进城乡协调发展助力共同富裕

乡村振兴战略的实施使得我国城乡之间的联系越来越紧密，电子商务的发展使得城乡之间的商品交换更加便利，城乡间的产业结构调整也开始表现出“亦城亦乡”的形态，城乡关系开始呈现前所未有的联系。在这样的发展现实情况下，促进乡村振兴与新型城镇化协同发展必须摒弃原有的割裂城乡关系的思想，不断挖掘乡村发展的潜在优势，促进乡村功能拓展，充分依托自身资源要素禀赋，增强城乡联动发展动力，促进二者协调发展。具体而言，第一，要发掘城乡协调发展的有效衔接点。依托资金、土地、气候、地理位置等要素资源的协调配置，积极探求城乡产业联动发展的衔接点，促进要素配置效率提升；第二，提高对农村资源的利用率，提高农民收入；第三，提高引入资金的使用效果和投资回报率。需要注意的是，秉持绿色发展理念，依托乡村绿色禀赋资源，开发农村生态旅游、绿色康养等产业，促进城乡产业协同可持续发展；第四，充分发挥城市对外联结的通畅渠道，为农村绿色产品提供多元化的物流、商销渠道，为农村产业产品走出去提供渠道。

第五节 本章小结

本章在共同富裕成为中国式现代化重要特征的背景下，分析数字乡村建设对实现城乡共同富裕的影响，并尝试分析其机制。主要得到以下结论：第一，数字乡村建设对城乡共同富裕有显著的正向影响。第二，农业数字化和生活数字化对城乡共同富裕具有显著的促进作用，而数字基础设施的影响不明显，表明农业数字化和生活数字化是当前数字乡村建设的重点内容。第三，非农就业是数字乡村建设促进城乡共同富裕的一个重要路径。第四，数字乡村建设在对当地城乡共同富裕产生推动作用的同时能够促进临近地区城乡共同富裕。

第十章

国外促进乡村振兴与新型城镇化协调发展的政策比较与借鉴

沿着人类发展史的路径向前追溯，在传统农业社会中，最开始只有“村”，而无“市”，正如西塞罗所说的，“我们天生拥有一种与我们的同胞过社会生活的倾向，由此整个人类结成团体和共同体”。随着生产力的发展，城市慢慢从乡村中剥离出来，但二者的关系在早期仍旧呈现为互嵌杂糅的共同体形态。资本主义经济的产生和发展使得城市和乡村成为了两个相对独立的社会形态，工业革命的出现急剧改变了城乡格局，矛盾的孕育和诞生也就在此时。工业的产生帮助城市得到了野蛮成长，但同时剥夺了乡村的资源，城市和乡村开始陷入一种紧张且对立的状态，并且普遍表现为城市主导乡村的局面，“城乡二元化矛盾”的历史由此展开。这种“差别—分离—矛盾”的城乡关系演进历程是人类社会发展的必然，因此，城乡关系的调适是任何一个国家都要重视和面对的重大发展问题，并且由于其本身就是一项极其复杂的长期性工程，所以城乡共同体的理想图景需要不断追寻。在这样的背景下，中国已经将乡村振兴和新型城镇化提高到了国家战略的地位，各国也相应地作出了本土化举措，因此本章在构思中国特色的乡村振兴和新型城镇化协调发展机制的过程中，将发达国家、新兴市场、发展中国家的发展举措作为有效参照，总结出实践经验和启示。

第一节 发达市场经济国家促进乡村振兴与新型城镇化协调发展政策

一、美国促进乡村振兴与新型城镇化协调发展政策

美国的工业化和城镇化起步非常早，目前已经发展成为世界上城乡一体化程度最高的国家之一。在18世纪末19世纪初，工业革命的风吹到了美国。美国的工业化道路就此开启。在南北战争结束以后，美国的工业发展开始突破，赶超欧洲的势头显现，并逐渐走向现实。在这段时间，得益于不断便利化的交通运输条件，大量的劳动力为了寻求更好的工作机会从乡村涌入城市，美国的城市得到了空前的发展，极大地推动了城市化进程。在20世纪30年代，美国境内已经不存在传统意义上的农村了，1968年，美国的城市化率已经高达87%。然而事态在20世纪中叶开始出现转折，一方面是快速城镇化伴生了很多负面问题，另一方面是受到了第二次世界大战的巨大影响，最终导致人口向郊区大量流动，到20世纪90年代，美国的城市化率退至76%，但相对于全球其他国家来说仍旧是很高的水平。这里要区别郊区和农村的概念，郊区是指既非农村也非城市的地带，根据美国环境保护署和美国普查局的信息，从广义上也可以将所有非城市核心部分归类到郊区的范畴。这段时期美国城郊化的发展极大地拉动了城乡融合发展的进程，各方面的建设力量明显向着郊区倾斜，郊区逐渐向边缘城市的方向发展，成为连接城乡的缓解带，不仅发挥了承接部分城市功能的作用，也辐射带动了乡镇的发展。当前美国已经基本实现了较高质量的城乡一体化，而为了配合不同阶段的发展需求，美国采取了诸多措施。

（一）加大支农力度，完善法制保障

美国政府并没有为了推进本国的工业化而牺牲农业，反而不断完善和提高针对农业的支持性政策。美国很早就开始发布和实施农业的支持性政策，积极响应农产品价格保护、环境保护、食品安全等各方面的法制需

要。为了支持农业的发展，美国在农业补贴层面进行了丰富的制度安排，不断提高财政投入对农业发展支持的有效性。1973 年，美国国会通过并发布了《农业与消费者保护法》，该项法案引入了目标价格，提出要对农民进行直接的收入补贴。1996 年，《联邦农业完善和改革法案》对补贴政策进行了重大调整，通过废除临时供应控制项目、采用新型补贴金额编制方式等举措，加强市场对农产品生产的导向作用。2002 年的《农业安全与农村投资法》和 2008 年的《食品、环保、能源法》又对农业补贴制度进行了更进一步的调整，主要表现为推动补贴制度由直接补贴转向市场选择的趋势。除了补贴政策，围绕保护农民利益的议题，美国在提供农民保险方案、支持农民市场营销等各方面也做出了努力。1973 年的《农业与消费者保护法》、1977 年的《食品和农业法》等法案广泛关注到了农业发展的多个领域，为农业发展提供了综合性的全面指导。2012 年，美国政府制定了《农业收入保险保障计划》，并于 2014 年提高了风险保障标准。美国全面支持农业发展的政策体系日趋完善，这对于平衡农工发展差距发挥了重要作用。

（二）坚持科技强农，促进农民增收

美国高度重视农业的现代化发展，主张研发和应用关键的农业技术来支撑农业自身高质量发展。美国在较早的时期完成了工业化，这为推动农业的现代化发展提供了技术支持，加快了农业科技的研发和推广。在耕作制度上，美国广泛推行可持续农作制度，在有效提高产量的同时，减少化肥使用量，例如残茬覆盖少免耕法、覆盖作物扦入轮作等。在耕作手段上，依托工业化成果，美国较早地实现了农业机械化和电气化。1940 年，美国农业生产中的机械化比重就已经达到了 93%，1920—1945 年，拖拉机总量从 24.6 万台增加到了 235.4 万台，增长了 8.6 倍。信息化、网络化、自控化是美国农业发展的最新趋势，在提高劳动生产效率的同时，减少劳动力投入，达到优化劳动力资源配置的目的，例如使用“3s”技术的精确农业机械，装有计算机控制系统、产量检控器和激光测定技术等装备。此外，美国现代农业还充分运用了生物技术，一方面持续研发和推广转基因技术，对农产品品种进行改良，以更加适应市场需求，另一方面将生物技术转化为病虫害综合防治的手段，不仅提高了防治效率，而且减少了农药的使用，兼顾了对生态环境的保护，体现了绿色发展概念。美国现代农业的发展加速了农业产业化的进程，农民的经济效益因此得到提高，从而使城乡收入水平差距处在合理的范围之内。20 世纪 90 年代以来，美国城市居民家庭收入与农村居民家庭收入的中位数之比一直处于 1.28 ~ 1.33 的区间内。

（三）加强农村基建，完善人居环境

美国政府非常重视对农村基础设施的建设，力图平衡城市与乡村的人居环境质量。政府在农村基础设施建设上投入了大量的财政资金，除了建设费用以外，为了保证建设质量，美国政府还为从事相关行业的企业提供贴息。在交通基础设施层面，截至 2014 年，美国高速公路总里程约达到了世界高速公路总里程的一半，高速公路网基本形成，覆盖了 5 万人以上的全部城镇。为了配合实现农业的机械化发展，美国还对农田基本建设、灌溉设施、农田道路等基础设施进行了相应改进，助力农业生产各个环节顺利实现机械化运转。2018 年 2 月发布的《美国重建基础设施立法纲要》中将农村基础设施建设作为重建内容之一，针对农村地区现存的道路建设状况不佳、铁路和航线的覆盖范围缩小、无法使用宽带互联网等问题，美国政府预计投资 500 亿美元，用以改善农村基础设施建设条件和能力。2023 年，美国农业部宣布将拨款 1.02 亿元用于美国 47 个州和美属萨摩亚农村人口供水基础设施的扩建，该项举措预计将惠及数十万人口，是保障农村人口享有同等基础设施服务的重要举措之一。

（四）落实社会保障，保护公民权益

美国政府将保障农民享有与城市居民同等质量的公共服务作为统筹城乡发展的重要举措，不断完善社会保障体系。在美国，政府是美国农民公共服务的主要提供者。历史上，美国的工业化和城镇化的进程中均伴随着大量的人口流动，流动人口的社会保障问题以及城乡社会保障制度差异问题亟待解决。1935 年美国颁布了《社会保障法》，该项法案构建了美国社会保障体系的基本框架。在此基础上，又经过了几十年的努力，美国逐步建立起了一个统一的社会保障体系，完全打破了城乡居民之间的差异，实行完全同等的社会保障政策和制度。由此，人口流动的自由度再次得到提高，公民在任一定居地的基本权力都能得到保障，当然也要求公民履行居住地要求的义务，这为劳动力的自由转移创造了极其有利的条件。在农村

医疗、农村教育等方面，美国在加大财政投入的同时，也鼓励社会资本参与，力图推动医疗、教育等建设资源向乡村倾斜。

二、法国促进乡村振兴与新型城镇化协调发展政策

从19世纪20年代到19世纪中叶，法国经历了工业革命，现代化和工业化的发展使得大量的农村劳动力流向城市，也开启了法国的城镇化进程。由于法国是一个小农经济根深蒂固的欧洲传统农业国家，此时法国的城镇化规划主要以中小城市为主，推进较为缓慢。直到1931年，法国的城镇化率才到达50%的水平，落后于大多数欧美发达国家，例如，同时期英国的城镇化率已经达到了80%左右，德国的城镇化率也超过了60%。法国的城镇化在第二次世界大战以后进入了快速发展阶段。法国是二战的主要参战国，因为这场世纪大战法国的国民经济受到了重创。在战后百废待兴的状况下，法国选择优先发展工业来拉动经济振兴，也就是说将经济发展的重点放在了城市。城市工业的发展一方面产生了大量的劳动力需求，另一方面创造了大量的相对高薪的就业机会，在“拉力”和“引力”的共同作用下，大量的农村劳动力流向城市。法国城市人口占总人口的比重从1946年的53.2%快速增长到了1968年的66.2%，城镇化率也提高到了70%。同时，由于长期、大量的劳动力流失，农业、农村发展问题日益显现，政府开始重视农业发展。在之后的几十年里，法国的工业逐渐由劳动密集型和资本密集型向技术密集型转变，对劳动力的需求降低了，同时由于城市人居环境的恶化，法国出现了人口向乡村的反流。法国政府因势利导，出台了一系列配套乡村政策，逐渐打破城乡的“核心—边缘”结构。2017年，法国的城镇化率达到了80%的高水平，同时在农村发展中呈现城乡等值化特征。其在协调城乡关系层面的典型做法有以下几点。

（一）以土地改革助推农业生产集约化

农业耕地规模化经营是降低农业生产成本、释放农村劳动力、提高农业生产效率的必然选择，改造传统小农经济模式，推进农业生产集约化是法国发展现代农业、缓解城乡人力资源矛盾的首要举措。由于历史原因，从18世纪末到20世纪中叶，法国的传统小农经济模式持续了150余年，根据1955年法国的首次全国农业普查报告，总面积3400多万公顷的全国农地被分割为了7600万个地块，平均每个不过0.45公顷，55.9%的农场

面积不到10公顷，农业发展表现为高度分散化的特征。传统小农经济模式一方面不利于农业科技的推广，劳动生产效率低，另一方面在二战后法国城镇化快速发展的情况下，农村居民人数锐减导致了大量土地资源的浪费。鉴于此，法国政府对土地资源进行了大力整治。1960年，政府颁布《农业指导法》，其主旨是通过财政补助和信贷优惠的手段推动土地流转，并成立了“土地整治与乡村建设公司（SAFER）”，主要任务是对零碎土地进行收购，然后集中出售给大型耕作者，从而实现规模化经营。该项法案先后又在1962年、1980年、1982年、1999年进行了四次修改，不断补充相关补贴条款，土地流转工作取得了良好成效，为法国农业的集约化生产铺平了道路。

（二）以农业合作社模式创新经营方式

在土地合并的基础上，法国大力推行合作社性质的专业组织，致力于进一步实现农业一体化。在1967年和1972年，法国先后发布了《合作社调整法》和《农业合作社条例》，提出将利用财政补贴、税收优惠、金融支持等手段，全面支持农业合作社的发展。法国农业合作社类型众多，其中以农民自我生产为原则，基于农业生产链的不同环节，可以将合作社分为三类：为农业提供生产资料的供应合作社、为改善农业生产条件的服务合作社以及为改善农产品商业化条件的农产品加工、贮藏和销售合作社。法国还存在由多个私人工商业企业组织起来，共同为农场主提供产、供、销一体化农业服务的情况，这是其最具特色的农业合作模式，该模式有效打破了传统农业合作社的区域限制，进一步扩大了农业合作社的覆盖率。截至2018年，法国90%以上的农场均加入了农业合作社。法国大力推行的合作社模式不仅成为了推广农业技术、提高农业机械化水平的重要切入点，而且推动了农业、农村、农民的外联，从而有效对接城市资源。

（三）以财政补贴推动务农主体年轻化

为了推动农业的高质量发展，法国着力优化农业生产经营队伍，通过鼓励老年人离农和青壮年务农，双轮驱动农业劳动力结构年轻化。一方面，鼓励老龄人口退出农业生产机制。1962年版的《农业指导法》中提出，面向65岁及以上的农民开放“离农补贴”申请，该补贴属于非退休金的社会福利补助基金，并且能够终身发放津贴，1980 年的《农业指导法》修订版中又将该补贴的申请年龄限制放低至 55 岁。据有关学者统计，1965—1970 年，大约有 30 万人退出农业耕作，并且领取终身津贴的老年农民数量快速扩张。另一方面，鼓励青年加入务农队伍。1980 年的《农业指导法》修订版中提到，为鼓励青年农户扩大农业经营规模，将对前往“老少边穷”地区的青年农户给予特别补贴。1999 年法国农业部修改了相关政策，加大了对青年农业经营者的补贴力度，为其提供无偿的安置费和优惠贷款，其中落后地区和山区地区能够获得更高水平的补贴。同时，政府还会对 18—40 岁的农业经营者提供税收减免。在提供优惠政策的同时，法国政府将文化水平列为资源获取的门槛之一，只有持有“农业技师证书”，或者通过农业职业和技术会考的学生才有资格经营农场，并且要接受 6 个月的专项培训和 40 个小时的实习。由此，法国不仅通过务农主体年轻化为本国农业发展注入了活力，而且同步提高了农民的技术水平，强化了农业经济发展软实力。

（四）以多功能价值创建新型乡村空间

随着乡村吸引力的不断增强，法国应势对农业和乡村进行了改造，通过挖掘乡村的多功能价值，将其打造成与城市近乎平等的生存空间。法国在经历了迅速工业化和城镇化的时期后，也出现了同美国一样的乡村人口回迁趋势，特别是在 20 世纪 70 年代以后，远离城市聚居区的人口增长率不断提高。而相比过去，此时的人们在区域间流动的主要动机不再是为了生计，更多的是对生活质量的诉求。乡村不再是用于农业生产的单一空间，法国政府很快意识到这一点，并对其乡村政策作出改变，乡村的复兴由此开启。1967—1975 年，法国先后提出了“乡村更新区（1967 年）”“区域自然公园（1967 年）”“乡村整治规划（1970 年）”等计划，着力于发展乡村旅游业、保护自然空间、保护生态和文化资源、建设高质量乡村基础设施等，明显将维护乡村价值置于空前重要的地位。贝尔纳·凯泽（Bernard Kayser）经过研究发现，在老龄化农业村庄和工业乡镇中间，存在着一个新型乡村空间：有为市场而生产、农业生产者占主体的农业乡镇；有社会结构多样、非农产业占主体的综合性乡镇；也有以定居或休闲娱乐为主的旅游乡镇。1996 年法国国家统计局专门调整术语，将法国的市镇区分为城市主导型空间和乡村主导型空间。至此，法国颠覆了传统意义上的城乡强弱关系，并走向更高水平的城乡互惠阶段。

三、德国促进乡村振兴与新型城镇化协调发展政策

德国是最早开始进行区域规划的国家之一，如今已经成功实现了城乡一体化的发展格局。德国城镇化的开端也源于工业革命，19 世纪中叶，随着工业革命在国内的大规模展开，德国的城市规模在不断扩大的同时，还萌生了一大批新兴工业城市，如多特蒙德、塞尔多夫、杜伊斯堡等，人口也在向着城市大量聚集。在 1871—1910 年，德国的城镇化进入高速发展期，在约 40 年的时间里，城镇化率提高了 23.9 个百分点，到达 60%。二战结束以后，得益于坚挺的工业基础，德国的国民经济并没有因为自身作为战败国而受到打击，其城镇化水平依旧在稳步提升当中。1950 年，“城乡等值化”发展理念被德国赛德尔基金会提出，该理念对于德国协调城乡关系来说具有非凡的指导意义。20 世纪 60 年代，德国的城镇化率在越过七成大关的同时，工业化出现向乡村转移的趋势。在 20 世纪 70 年代和 20 世纪 90 年代，德国政府先后推出了“我的乡村应该更美丽”“乡村更新规划”，聚焦乡村聚落的发展问题，指导乡村在基础设施、生态保护、产业发展等各方面的建设工作。2000 年，德国的城市化水平已超过了 80%。如今，德国已经形成了“城市似乡村，乡村胜城市”的城乡高度一体化状态。

（一）坚持全面贯彻落实城乡等值化理念

城乡等值化理念是指导德国实现城乡协调发展的中心理念，它自 1950 年由德国赛德尔基金会首次提出后，受到全社会的广泛关注。1965，德国的巴伐利亚洲率先在其《城乡空间发展规划》中对城乡等值化理念作出解释。随后，又经过多年的实践探索和学术研究，城乡等值化的理念逐步得到完善。“城乡等值化”并不是“城乡等同化”，它以实现“农村和城市生活不同但等值”为最终目标，其理想图景是，田园牧歌式的乡村与现代繁华的都市和谐共生，无论是生活在乡村还是生活在城市的居民都能够享受到同等的生活条件，得到同等的生活品质。城乡等值化概念的另一关键点是强调城乡发展模式的差异化，重点是因地制宜、量体裁衣，照搬照做是绝对错误的。德国高度奉行和实践城乡等值化发展模式，并取得了卓越的建设成果，例如在基础设施层面，电力、交通、网络、医疗、教育等公

共服务设施的城乡一体化覆盖到位，无论是城市居民还是乡村居民，二者的生活水准没有明显的差距。

（二）通过推进去中心化来平衡区域资源

德国非常重视全国的协调发展，在国家层面，德国联邦宪法第 106 条规定：应追求区域的平衡发展和共同富裕。德国的各项城乡规划都必须以之为原则，以之为目标。城乡之间最尖锐的矛盾就是资源的不平等，大多时候都因为乡村处于弱势，而表现为资源从乡村向城市的单方面输入，进一步恶化了乡村的发展条件。鉴于此，德国推出“去中心化”策略，将政治、经济、文化等中心城市分布到全国各地。这一举措的真正意义在于实现人口、资本等资源的重新配置，改善过去由于主要大城市占据资源中心地位而导致的地区发展不均衡问题，同时，一定程度上还能缓解由发展过快或过度集中而形成的“城市病”。具体来说，德国将联邦法院设立在仅 28 万人口的卡尔斯鲁厄市，房地产建设银行总部则设立在人口仅 18 万的施瓦本哈尔县城。德国是欧洲人口最稠密的国家之一，2022 年总人口约 8430 万，若以拥有 10 万人口作为认定大城市的标准，那么德国有 80 余个城市符合标准，而其中只有柏林、汉堡、慕尼黑和科隆拥有的人口数量超过 100 万。这意味着，承载德国大多数人口的是广大中小城市，而德国之所以能够维持这样的人口布局，是因为这些中小城市拥有和大城市一样的配套设施，人们能够享受同等的甚至更高的生活品质。

（三）通过完善交通设施来加强城乡联系

德国极为重视交通网络的建设，城市与周边乡镇之间的交通联系非常方便。德国是世界上最早修建高速公路的国家之一，也是路网最密集的国家之一。德国在建设交通网络的过程中，不仅重视大中小城市之间的互通，而且注重城乡之间交通联结，公路四通八达，地铁、公共汽车、有轨电车等公共交通设施一应俱全。一方面，人们在中心城市与周边乡镇之间的活动更为便捷，城市居民可以在闲暇时前往乡镇享受到乡村风光，缓解压力，乡村居民则能够享受到来自中心城市的公共服务设施。另一方面，基于良好的城乡交通网络，德国建立了较为完备的物流供应体系，城乡物流的发展则进一步推动了城乡公共服务均衡化。如此互联互通，德国的城乡融合程度不断加深。

（四）通过多项举措来共促乡村产业振兴

在发展农业方面，德国也存在和法国类似的农业经营散碎化问题，小规模经营很难摆脱生产效率落后的困境，也很难推进农业机械化。对此，前联邦德国政府在1953年颁布了第一部《土地整理法》，开始大规模展开乡村土地治理。该项法案针对农业用地作出部署，在相关村镇规划的基础上，明确土地归属权，开展农用地整理，鼓励零散小块土地的合并。在《土地整理法》的作用下，德国小规模农户开始退出农业生产体系，为了进一步推动土地流转，进而展开农业规模化经营，前联邦德国政府在1955年颁布了《农业法》，放开了对土地买卖和出租的限制。值得特别注意的是，德国在进行土地整改的过程中还广泛听取民众声音，通过提高民众参与度来推进土改的落地实施，体现了法规约束下的乡建。此外，德国历来非常重视农村人口素质的提高，要求农民接受技能教育，从而助推农业机械化的发展。如今，大规模且经营有效的德国家庭农场已经成为全球典范。

德国在推进城乡统筹的过程中，注重挖掘乡村的特色价值，通过培育村镇特色产业极大地带动了乡村产业结构升级。德国的很多乡镇利用自身在文化风韵、自然风光方面的资源优势，打造出特色小镇，带动了本地旅游、餐饮、娱乐等服务业的发展。例如，拥有中世纪哥德式和文艺复兴式古建筑的南罗腾堡，每年都有全世界几百万的游客慕名而来；有着“世界最长酒吧”之称的杜塞尔多夫老城区，也是热门的游览目的地。此外，还有一些依托工业产业兴起的特色小镇，以汽车产业为例，沃尔夫斯堡、因戈尔施塔特、吕塞尔斯海姆分别依靠大众、奥迪、欧宝总部的驻扎而得到快速发展。

四、日本促进乡村振兴与新型城镇化协调发展政策

日本经济在战后迅速恢复，工业化和城市化高速发展。1945—1955年是日本经济的战后恢复期，在这个阶段，日本政府为了尽快实现经济的复苏，将工业化和城市化的发展置于优先地位。10年间，日本新增城市数量达到290座，城市地域面积扩大了3.2倍。如其所愿，日本的城市化率在短短的10年里从27.8%跃升到了56%，一举跨越了五成的门槛，年均上升高达2.83个百分点，城市化率的提高速度极快。但与此同时，由于牺牲

了较多农业、农村、农民的利益，城乡差距不断拉大。鉴于此，日本政府开始重视农村建设，1955 年，日本内阁推出“工业反哺农业、城市反哺乡村”的计划，力图通过大力发展农业实现城乡一体化发展。20 世纪 60 年代，日本工业化和城市化进入高潮，其后近 20 年的城市化发展不仅是城市化率数值的提升，更重要的是城市化质量的提高和城市经济结构的高度化。20 世纪 60 年代末，日本一举晋升为世界第二大经济体和资本主义经济强国。聚焦乡村发展的议题，日本政府于 1961 年推出了《农业基础法》，自此，日本的城乡关系正式进入统筹阶段。1975 年，日本城市化率达到 75.9%，制造业则基本实现了从重化工业向高加工度工业的转换。1975—2000 年，日本已经进入了高度城镇化阶段，城市化水平的增长速度放缓，呈现为稳步上升态势。2000 年，日本城市化率为 78.7%。进入 21 世纪以后，日本城市化率增长速度稍许加快。到 2010 年，日本的城市化率已经攀升到了 90.5%，城镇化发展程度位居世界前列。一方面，相比欧美等国，日本的城市化质量更优、效率更高、遗留问题也较少。另一方面，得益于较高的经济发展水平，日本面向农村地区的投资标准更高，当前日本已经基本消除了城乡差距。

在推进城镇化方面，中国同日本都是政府主导下进行的城市化，形成了几个具有广泛影响力的特大都市圈，同时两国在人均土地资源条件上具有较高的相似性，即户均土地经营规模小，因此，日本的城市化模式对于中国来说，具有较高的启示意义。在推进农村发展方面，中日两国同处亚洲，传统农耕文化一脉相承，在推进农业、农民、农村现代化的过程中，面临着相似的发展问题。日本早在 20 世纪 70 年代就基本实现了农业农村现代化，地域振兴取得了瞩目绩效，现已成为世界上城乡融合发展程度最高的国家之一，其一系列的做法值得借鉴。

（一）城乡人口要素流动自由化

在工业化和城市化高速发达的背景下，强大的城市引力使得大量劳动力在都市积聚，并形成了三大都市圈，即东京都市圈、大阪都市圈、名古屋都市圈，统称为日本三都。人才和劳动力是极其重要的生产要素，随着城市过密化和乡村过疏化的治理问题日益严峻，若任其发展则乡村凋敝将成为必然，同时城市也难逃“城市病”的困局。对此，日本政府尤为鼓励城乡交流和居民流动。依据《户籍法》的规定，日本的户籍制度实行登记制，即户籍完全随着住址移动，公民享有住址地的一切福利和义务，日本《宪法》也规定了公民迁移的自由。因此，日本是一个人口流动完全自由的国家，这助力了城市化的实现，也为日本政府实行一系列分散城市劳动力的政策举措创造了制度便利。20 世纪 70—80 年代，日本国内出现了“逆城市化”现象。其一，农村出身的城市退休人员回到自己的故乡；其二，大城市居民就近迁往中小城市；其三，城市人口前往陌生的农村地区。此后，日本政府进一步加强政策引导，通过各项举措提高乡村引力。在 21 世纪以前，日本政府的鼓励政策有设立定居金、提供低息融资服务、协调耕地流转、介绍租房、建造新住宅等。进入 21 世纪以后，相关政策重点向培养乡村内生吸引力转变，一方面，在全国范围内兴建交通网和信息网，并改善乡村基础设施，另一方面，允许并鼓励返乡人口从事非农行业。在此过程中，日本最为成功的是让国民改变了对农村的传统认知和态度。根据《“回归田园”调查研究报告》，从城市向农村迁居的人口总数占全国迁移人口总数的比重始终保持在 4% 左右，证明日本的人口要素在城乡之间保持着较为稳定的双向自由流动。

（二）城乡公共资源配置均衡化

财政是公共资源的核心部分，加大财政投入是提高乡村地区就业、教育、医疗、社会保障等各领域公共服务水平的必然要求。“故乡纳税”制度是日本乡村振兴的别样手段，有效援助了市町村的发展和建设。“故乡纳税”制度设立于 2008 年，在该制度下，纳税人可以按照自己的意愿选择纳税地点，即不必强制在消费地缴纳税款。虽然称作“故乡纳税”，纳税人也并非只能向自己的故乡捐款，只要是自己愿意，任何地方都可以是捐款的对象。一方面，纳税人自愿向非居住地地方行政体进行捐赠后，原捐赠金额扣除 2000 日元（个人负担）后的金额会以税收减免返还地形式还给纳税人。另一方面，接受捐款地地方自治体会给与纳税人一些当地特产作为回赠礼品，抑或是当地的旅游服务，具体由各地的相关负责部门自由决定。如此而来，国家财政巧妙地实现了向乡村的转移支付，满足乡村建设的资金需求，从而平衡了地区间的、城乡间的地方税金和政府财力水平。此外，受捐赠的地方借助回礼，达到宣传地方特产和旅游资源的效果，从而带动地区产业升级和经济发展，放大社会效应。国民层面的“故乡纳税”制度大获成功后，2016 年日本政府又推出了企业版“故乡纳税”

制度，名为“地方创生援助税制”，捐款可抵扣法人事业税、法人居民税和企业所得税。2021 年，“故乡纳税”制度下的社会捐赠总额已达 8302.4 亿日元，广大乡村地区纷纷受益于此。

（三）城乡居民社会处境平等化

在“工业带动”的城市化模式下，乡村往往落后于城市，前往城市的乡村谋职者通常处于弱势地位。日本为了实现城乡协调，在平等化城乡居民社会处境方面做出了一系列举措。一方面，基本公共服务均等化。日本的农协体系相当庞大，影响广泛，90% 以上的日本农民都参加了农协。农协不仅是全日本农业生产的总指导，还包揽了农民生活的各方面业务，如储蓄、保险、医疗、卫生等。农协的存在极大地增强了农民自立能力，并为农民享有应有的公共服务提供了保障。官方层面，日本政府很早就开始着手打造城乡一体化的社会保障体系，多措并举保障农民、贫困户等弱势群体的基本生活。一是设立农民年金保险制度，作为基础养老金的补充。二是鼓励农村合作经济组织建立合作医疗保险制度，作为基础医疗保险制度的补充。三是加紧在欠发达地区和落后地区落实社会救助制度，提高财政援助的效率。另一方面，帮助乡村谋职者打破就业弱势困局。全日本实行的是终身雇佣制，这样的用人制度能够保护已被雇佣的乡村求职者不被随意辞退。在保障薪资方面，日本政府有垫款制度，即在必要或紧急情况下，政府会代替雇主向因公负伤的劳动者支付工伤保险，但雇主有义务向政府偿还，从而最大限度地保证劳动者的权益。此外，政府在各地设立职业训练机构，为乡村求职者提供岗前培训，提高日本农民的素质，帮助消除非正规的就业启示，使其更快地非农化、市民化，并生存下来。

（四）“一村一品”推进农业产业化

“一村一品”运动最早是由日本提出并实践的，旨在基于地方特色的基础上，开发本地精品或拳头产品，将带动地方经济视作首要目的，将打入国际市场视作终极目标。1979 年，大分县打响了“一村一品”运动的第一枪，经过 20 年的努力，该县成功培育了 336 种特色产品，其中 126 项产品的产值超过 100 万美元，15 项产品的产值超过 1000 万美元，大分县借此一举跃升，经济发达，人民富足。“一村一品”运动大获成功，即使其作为一项地方性政策已经与2003年正式结束，但对这一运动的研究和实践仍旧在日本国内和国际上活跃着，甚至一度成为日本援助发展中国家的重要政策之一。“一村一品”运动中暗含的农业产业化推动机制是值得学习的。第一，释放农村社会自主性，立足实际，锐意创新。产业发展方案由各地自行根据实际来制定，因此更能够激发地区的内生发展活力，并具有更高的可行性。第二，具备国际视域下的大格局发展观。日本的国内市场并不庞大，因此在实施“一村一品”运动的过程中，国际市场的攻略被给予了高度重视。对于他国来说，国内大市场固然是红利，但国际市场的开发不应轻视，要“内外兼修”才好。第三，注重人才育成。“一村一品”运动的推进依靠的是本地人民，而非政府包办。因此，参与者不仅要认同这项运动，更要提高知识储备，拓宽视野，这样才能团结起来一起想、一起干。

五、发达市场经济国家促进乡村振兴与新型城镇化协调发展政策实践经验及启示

发达国家率先开启了工业化和城镇化的进程，也更早面临协调城乡关系的问题。在统筹城乡发展的道路上，发达国家已经走过漫漫长路，基本达到了高水平的一体化。发达市场经济国家的历史实践经验对于我国有着非常高的借鉴价值，通过对比和思考，能够转化为中国协调推进乡村振兴和新型城镇化发展的后发优势。

（一）聚焦矛盾：协调处理工农关系

过去的城镇化基本是城镇的孤立发展，甚至是与乡村相抑制的对立发展，乡村地区和农业部门被迫长期为城市发展和工业部门提供资本积累。例如，在城市扩张过程中，农用耕地被不合理地侵占；农业与非农部门从业人员的社会地位差异悬殊等。协调新型城镇化和乡村振兴战略的首要任务，就是要协调工农关系，扭转过去强此弱彼的不可持续的发展观念，树立城乡等值化、均衡化的价值取向。在协调处理工农关系方面，主要是解决工业和农业、工人和农民两个矛盾。由于农民和农业往往处于弱势地位，各发达国家大多出于维护和提升农民和农业地位的角度，在本国农业法中作出规定，例如，法国的《农业指导法》和《农业指导法补充》、德国的《农业法》、日本的《农业基础法》等。一方面，鼓励农村剩余劳动力向非农部门转移，提高这部分农村居民的收入；另一方面，通过

集中农用耕地来推动农业生产向集约化生产靠近，在规模化经营的基础上，也能更好地落实农业现代化升级，通过推行农业机械化、电气化等举措，有效提高农业的生产效率和存量农民的收入。除了实现就业、收入、生产效率等客观层面的工农平等化，社会观念层面也要尽可能地纠正大众对农业、农村、农民的偏见，使得工农关系在观念上达成更深层次的平等关系。

（二）创新引领：产业带动发展模式

乡村特色优势产业是集地区环境、资源、文化等特色和优势于一体的产业，往往具有发展基础好、潜力高、辨识度高、竞争力强等特性。长期以来，农村地区的资源和资本持有情况相对落后，在这种情况下，乡村特色优势产业无疑是培育乡村经济内生增长活力，推动乡村振兴的突破口，肩负着重大使命。只有补足了农业、农村在城乡融合关系中的相对短板，平衡城乡发展格局，才能持续推动城市与乡村的互动和交流，从而颠覆乡村的落后偏见。鉴于此，乡村应基于地方特色，“宜农则农，宜工则工，宜旅则旅”，释放乡村价值。其中，最为典型和成功的实践案例就是由日本首创的“一村一品”战略，依靠特色优势产业带动地区振兴的发展模式在日本国内得到了实践验证以后，被众多国家引入作为乡村产业发展的路径。特色小镇是另一项实践方案，例如德国通过挖掘乡村的特色价值，培育了村镇特色产业，推动了乡村产业融合和乡村经济多元化发展，带动了乡村产业结构升级，促进了农民增收。

（三）共享资源：城乡要素自由流动

站在城乡融合的理想图景上，城乡要素的自由流动是实现城乡发展互促的基本要求。城乡要素的自由流动是指技术、信息、资金、土地、人口等要素的双向互通、互补，坚持平等交换。其一，推动城乡交通等基础设施互联互通，是一些发达国家推动城乡融合发展的最直接措施。实物要素和资源在城乡之间的转移始终是非常重要的部分，特别是劳动力的自由化流动，不管是哪个区域的发展都离不开人口要素的支撑。其二，积极推进基础设施建设和公共服务均等化，打破城乡间要素流动的壁垒。先从历史和发展的角度推动基础建设要素向着乡村倾斜，先把乡村扶起来，积极推进城乡基础设施和公共服务均等化、一体化，强化乡村发展内力，降低社会各类主体对其固有的主观歧视，进而培育农村对要素的吸引力，助力实现城乡间要素循环的畅通。其三，为降低要素流动的成本，减少要素在流动过程中的费用，不管是城市和乡村都要在需要的范围内留住流动资源并合理使用。一方面，帮助农村要素在城市站住脚跟并融入发展格局；另一方面，引导和服务城市要素在乡村充分发挥促进作用，达成“留得住人、兴得起业”的目标。

（四）强化内里：提高农民教育水平

一味强调“人才引进”的乡村发展战略是不可持续的，从对接人才需求和公共服务的思路出发，加强农民教育的工作刻不容缓。一方面，农业的现代化转型作为乡村振兴的必然方向，发展绿色农业、推进产业融合、农业机械化等目标都离不开高素质人才的支撑，否则很难实现。另一方面，农村出身的劳动力由于就业竞争力较弱，往往在城市受到不公平待遇，甚至难以在城市立足。而农村出身的流动劳动力之所以就业竞争力低，根本原因在于平均素质偏低，由此更加凸显了加强农民教育工作的急迫性。对此，发达国家的主要举措体现在农民素质和公共服务水平的提升。其一，要求农民接受技能教育，有的放矢地推进农业机械化发展；其二，从公共服务角度出发，加强乡村教育投入，推动城乡间基础教育供给方面的一体化。

（五）协调格局：平衡城市发展布局

在主要大城市占据资源中心地位的情况下，区域发展不均衡的问题或多或少存在，必须给予高度重视。平衡城市发展布局的工作，是同时牵扯到乡村振兴和新型城镇化的重要议题。一方面，促进大中小城市和小城镇协调发展是中国特色城镇化道路上的必然，是预防、改善、解决“城市病”的底层逻辑。另一方面，乡村振兴以推进农业、农村、农民现代化为核心，而其中最重要的环节——技术进步是依托城市实现的，资本积累也主要来自城市，只有平衡好城市发展的格局，才能充分发挥城市对周边地区的辐射带动作用。发达国家较早认识到了这个问题，并做出了相关举措：美国积极推行郊区化，郊区逐渐向边缘城市的方向发展，起到了平衡城市与城市、城市和乡村的作用；法国充分挖掘乡村价值，精心运筹小城镇的发展，将市、镇、区打造成由城市主导的或由乡村主导的新型空间；

德国遵循去中心化理念，有意识地将承担各大职能的中心城市均衡分散到全国各地；日本基于登记式的户籍制度，通过出台鼓励政策和完善农村就业条件来为三大都市圈分流人口，从而治理城市过密化和乡村过疏化。

（六）扶持引导：完善财政支农手段

财政手段是传统的也是必不可少的支农手段，发达国家在运用财政手段支农的方面作出了丰富的制度安排：其一，为不断提高财政投入对支持农业发展的有效性，采取动态化策略制定方案。美国的农民补贴政策就经历了从直接补贴向市场选择的转变，维护农民利益的同时，不至于让农民丧失生产积极性。其二，采用财政补贴来鼓励和吸引年轻人下乡的同时，设立获取门槛并提出要求，刺激青年务农主体积极、充分发挥作用。法国通过补贴实现务农主体年轻化的过程中，将获取技能证书、参加专项培训、通过实力等标准作为获取优惠政策的门槛，真正将流入的优质人才内化为乡村经济发展的软实力。其三，创新财政支农手段。日本提出的“故乡纳税”策略，直接作用于纳税人，将大城市的一部分财政收入引流到相对落后的地区，加强了小地方的政府财力，同时礼品回馈的手段也间接起到了宣传本地产业的作用。但财政支农不可过重，法国的重补贴政策不仅使得本国政府背负高额的财政压力，更培养了本国农业经营者的惰性，使他们高度依赖政府的农业财政支持，而丧失了加入市场竞争的积极性。

第二节 新兴市场经济国家促进乡村振兴与新型城镇化协调发展政策

一、韩国促进乡村振兴与新型城镇化协调发展政策

韩国被称作是新兴市场的同时，也是一个发达国家，其城镇化也是由工业化带动起来的。在20世纪40年代，韩国刚刚摆脱日本殖民统治的时候，其（包括现在的朝鲜）城市人口占总人口的比重约为11.6%。随后大

量迁居国外的韩国人回到故乡，同时1950—1953年的朝鲜战争驱使大批难民从朝鲜半岛中部迁往南部，定居在城市从事生产，双重驱动下，1960年韩国的城镇化率快速上升到了27.71%。20世纪60年代，为了提高国民经济，韩国政府实施了以大城市为重点的工业化，人口在城市迅速集聚，韩国城镇化率在短短28年的时间里实现了大幅度跃升，提高了42.69个百分点，在1988年达到了70.4%，意味着韩国城镇化就此进入成熟阶段。相比美、日、德、法等老牌发达国家，虽然韩国城镇化达到成熟阶段的时间相对晚一些，但其城镇化速度是史无前例的。根据有关学者的测算，韩国的城镇化率从1950年的21.4%提高到1988年的70.4%成熟水平，仅花费了28年的时间，而美国用了101年，日本用了43年，德国用了123年，法国用了168年。

在快速工业化和城镇化的过程中，20世纪60年代末，韩国出现了较为严峻的城乡发展不平衡和工农差距悬殊的现象。对此，韩国政府相继出台了《农村振兴法》和《农地法》，配以土地利用规划、经济发展五年规划等，在促进乡村发展方面取得了良好成效。进入21世纪以后，韩国的农业、农村又萌生了新的问题，例如农村空心化、少子老龄化等。为应对不断更新的农村发展问题和城乡不协调状况，韩国政府多次调整乡村发展策略，取得了较为有效的治理效果，例如，韩国农业振兴厅在2013年和2018年分别颁布了《第一个农村振兴基本基本计划（2013—2017年）》和《第二个农村振兴基本计划（2018—2022年》，着重引导青年人下乡。此外，韩国人多地少、耕地不足的国情与我国相似，其农村发展策略可以为中国统筹推进乡村振兴和新型城镇化发展战略提供有价值的借鉴。

（一）持续推进新村运动，有效促进农村现代化

“新村运动”是韩国在1970年开始实施的乡村振兴策略，其诞生的主要动因是20世纪60年代韩国国内日益严峻的城乡经济发展不均衡问题。新村运动的作用面非常广，涵盖农村基础设施建设、农民精神面貌改善、农民生活水准提高等各方面农村开发项目，是国际社会公认的最为成功的农村振兴案例之一。新村运动的成功经验突出表现为以下几点：其一，农民的意识变革。高喊“勤勉、自助、协同”的发展主义口号，农村居民共同倾力打造家园的精神意识得到觉醒，建起了乡村振兴的“意识魂”，发

挥农民主体作用，推进民间自治。其二，农村的设施改善。改善农村基础设施是韩国政府实施新村运动的第一个落脚点，也是当时韩国农村的痛点所在，农民的需求所在。1970—1980 年，韩国将其国民生产总值的近一半投入到改善农村基础设施的工程当中，累计约 2.8 万亿韩元，具体举措包括改善农村公路、改善住房条件、电气化普及等，明显改善了农村落后的境况。其三，实用型新村指导者的培育。开展乡村教育是韩国新村运动的一项重点内容，其中“新村研修院”的打造标志着新村指导者研究教育的开始。新村研究院的实务教育课程体系包括案例教育、实地教学、交流观摩等，为韩国农村发展培养了一批极具领导力的优质人才。新村运动到目前仍在延续，只是随着建设重点的不同而不断调整。

（二）规范工业园区建设，统筹农村剩余劳动力

韩国在实行土地改革以后，不可避免地有大量农村剩余劳动力从土地中释放出来，并被工业化进程中的城市所吸引，意图在城市谋求工作和生活。鉴于此，为了统筹安排农村剩余劳动力，在 20 世纪 60 年代，韩国开始在全国范围内兴建了大量工业园区，将这部分劳动力集中起来从事工业生产。到 70 年代末，这样的工业园区已经建设了 50 多个。此外，为了产生更高的经济效益和生产效率，韩国政府注重工业园区的进一步规范化建设，对分散的、小规模的工业园区进行合并和重组，一方面利用规模效应产生更大的经济效益；另一方面减少重复生产，提高生产效率。韩国通过合理建设和发展工业园区来统筹农村剩余劳动力的做法，帮助其有效解决了工业化和城镇化过程中，城乡劳动力的转移和配置问题。

（三）谋求农业的现代化，平衡城乡居民收入比

韩国政府于 2014 年颁布了《农村复合产业培育与发展支援法》，从法律层面提出“六次产业化”的发展思想。所谓“六次产业化”，就是让农业走上三大产业融合之路，延伸农业产业链，提高农业附加值，因为无论是“1 +2 +3”还是“1 ×2 ×3”都得 6，所以为“六次产业化”。在坚持以农业为中心的基础上，韩国政府在乡村大力推行发展食品加工业、户外饮食业、乡村旅游、农业观光等第二产业和第三产业。为此，韩国不仅加大政策支持，创设“第六产业相生资金”100 亿韩元（国家出资 70%），

而且高度重视农业技术研究和应用，在关键领域重点投资了 50 个核心技术。根据韩国农村振兴厅统计，2015 年韩国向第六产业转化的农户有 3800 余个，年平均所得较此前增幅达到 23%。2019 年韩国城乡居民相对收入比约为 1.34，小于美国。

（四）统一社会制度保障，打造均质化生活空间

韩国国内不存在城乡分割的二元户籍制度，由此也不存在绝对的城市居民和农村居民概念，人口可以在城乡间自由流动。基于这一户籍制度，韩国提供全民统一的社会制度保障，但并不追随部分高收入国家所提倡的高福利制度，而是将重心放在效率上，注重全民的基本保障，并将相关制度适度向弱势群体倾斜。韩国的乡村居民在基本养老、健康医疗、社会保险、公共救济、社会福利分红等基本社会保障制度方面能够与城市居民享受同等的权益，二者之间并无差异，不存在社会保障制度的区域阻隔。韩国政府全面保障农民基本利益的做法，在促进社会公平的同时，更从根本上弱化了城乡二元结构，有利于将乡村打造成为与城市同质化的生存空间。在 21 世纪的现在，韩国政府为解决农村空心化等新“三农”问题，鼓励青年人下乡，主张劳动力归农、归村的过程中，得益于城乡一体化社会保障制度的建设成果，其实施过程能够更加顺利。

二、印度促进乡村振兴与新型城镇化协调发展政策

印度的城乡发展差距较大，农民贫困和农业落后问题较为突出，其乡村振兴和新型城镇化发展还存在较多问题，对此，印度政府正在逐步加大其乡村建设力度，促进城乡协调发展。印度和中国的国情有很高的共性，两国均是亚洲大陆上的发展中国家，都是人口大国、农业大国，因此印度对于统筹城乡的相关做法、取得的成绩、存在的问题等对于中国建设乡村和推进新型城镇化具有较高的借鉴价值和启示意义。

印度的城镇化大约始于 20 世纪初，当时印度的城市人口占总人口比重约为 10.8%。起初，由于国内频发瘟疫、饥荒等公共事件，印度城市的发展受到了较大影响，出现城市人口向农村迁移的情况，导致印度城市人口占总人口的比重出现了轻微下滑，1911 年降至 10.29%。第二次世界大战期间，印度的民族工业进入加速发展期，吸引了一大批农村剩余劳动力向城市的转移，带动了城镇化的进程。同时，大中小城市发展的不均衡问题

开始显现，这主要是因为独立后的印度仍旧坚持殖民地时期的“集中发展模式”，沿海港口城市依托其自身的原料、资源中心地位优势，城市工业发展速度更快，对劳动力的吸引力更强，而其他中小城市则明显处于弱势。这种不均衡的城镇化状况一直延续到了21世纪的现在。此外，1947年，印度和巴基斯坦之间爆发了分治战争，大量定居在巴基斯坦的印度教徒回到印度，并定居在城市。工业的发展和战争的倒逼促使印度的城市人口在10年里迅速增长。1941—1951年，印度城市人口的增长速度达到了41.4%，其城镇化率也上升到了17.29%。随后，由于印度工业化水平不断提升，以及城乡行政区划的调整，1991年，印度城镇化率上升到了25.72%，并且拥有了23个人口数量超过百万的大城市。2021年，印度的城镇化率约为35.4%，虽然仍旧是较低的水平，但城镇化率在逐年上升中。

在城镇化发展的过程中，印度农业、农村几乎没有发挥推力作用，反而城市的发展帮助解决了小部分无地农民的就业问题。即使在21世纪，印度的农业仍旧高度依赖季风，也就是靠天吃饭，农业发展水平较为落后。印度农村的贫困问题也较严重，农民收入主要依靠农业，低微且不稳定，2005年印度还有28%的人生活在贫困线以下。进入21世纪以后，印度政府愈加重视农业改革和农村发展。基于以上现实，为配合国内城镇化的发展，印度政府的主要作为和政策重点就是扶持农业、农村、农民的发展，降低城乡差别，其突出做法总结为以下几点。

（一）注重城乡规划的循环性和参与度

依据印度宪法，各邦政府以宪法为核心，在遵循联邦政府基本法的基础上，拥有规划和实施本邦区域内城乡发展方案的自主权。因此，印度联邦政府实际上赋予了基层机构很高的自治权力，从而帮助政府制定的城乡规划能够更准确地对接需求。印度城乡规划的流程是“定位需求—编制—审批—实施—督察—定位需求”的闭环，这样的程序设置，使得城乡规划能够紧跟现实困境，从而更具有效性和持续性。邦政府在编制城乡规划的过程中格外注重参与度，一方面，采用“自上而下”和“自下而上”相结合的方式，前者有利于制定规划目标，后者有利于发现问题并有针对性地安排项目，二者协调互补，不断完善规划内容。另一方面，适时公开规划方案，不仅向民众代表征求意见，而且包容全体公民的想法，保证适度的规划透明度，让公众广泛参与进来，有利于深化落实城乡规划的各项内容。

（二）将乡村纳入医疗旅游业发展体系

医疗旅游是印度政府鼓励发展的一项创新型产业，依托价廉质高的医疗旅游产品，印度如今是最受欢迎的国际医疗旅游市场之一。所谓医疗旅游业，就是一种依靠医疗资源和有利于医疗的旅游资源发展起来的，以诊治、康复、理疗、护理、保健、养生为主题的高端新型服务业。虽然印度的医疗旅游企业主要集中在孟买、新德里、班加罗尔等大中城市，但随着其全球影响力不断扩大，以及服务项目的多元化，印度医疗旅游产业的发展成果逐渐向面积广大、环境优美的乡村辐射，推动了农村城镇化的进程。一方面，为了打造良好的国际形象，印度各级政府加强了在改善农村基础设施方面的投资。另一方面，基于配合医疗旅游发展的角度，乡村（特别是那些靠近医疗旅游业发达的城市的乡村）大力发展第三产业，包括开设宾馆、餐馆等，不仅带动了乡村的产业结构升级，还促进了农村剩余劳动力的就业。

（三）实行城乡无差别的社会保障制度

印度在社会保障方面最为突出的做法就是实行全民免费的医疗，并且这项政策早在 1949 年就开始实施了，无论是城市居民还是乡村居民，无论是正式部门、非正式部门的职工，还是无业人员，都能够在公立医院享受免费医疗。2005 年，印度政府颁布了新的“国家农村健康计划”，其主要举措包括提高公共医疗支出、提高农村医生待遇、报销患者医疗费等。2008 年，印度还实行了医保制度，相关条例规定，如果家庭中有一人患重病，则能收到来自政府的近 100 万卢比。印度医保制度的受惠人数高达 5 亿人，特别是对于贫困家庭来说无疑是福音。但力度如此之大的全民医疗保障制度，也让印度的财政部背负了巨大的压力，其实施效果也备受争议。此外，从制度或政策的角度看，印度农民能够享受到的社会保障服务几乎与城市居民无异，包括医疗、教育、就业等各方面。但其中存在的突出问题是，人口众多等原因使得即使政府在该方面的投入已经很多，但仍显不足，即使实行了几乎无差别的统一社会保障制度，公民实际依旧享受不到足够的服务。

（四）重点解决农村无地农民就业问题

目前印度农村无地人口占农业总人口的比重将近40%，这意味着，有一大批的劳动力处于失业或者半失业的状态，不仅造成了严重的劳动力浪费，而且已经发展成非常严峻的民生问题。既然印度没有固化的二元户籍制度，人们在区域间的流动是完全自由的，那么这部分无地农民为什么没有像发达国家一样被城市吸收呢？主要的原因是印度的农民教育水平不够。虽然印度的高等教育水平很高，培养了大量的高级人才，但是印度的中等职业教育很落后，农村居民的受教育水平很低，使其并不能胜任城市中正式部门的工作，往往只能够加入非正式部门，并且很大一部分农民在城市找不到工作，或者因为无法负担在城市的日常生活费用而放弃在城市就业，这也是为什么印度的很多大城市附近存在很多贫民窟的原因。20世纪70年代以来，印度政府先后实施了以工代赈计划（后改名全国农村就业计划）、贾瓦哈尔就业计划、普遍农村就业计划、乡村自我就业计划等，取得了不错的效果。2005年，《国家就业保障法》出台，为农民就业提供了法律保障。2006年，印度政府再次颁布了一项农民就业支持法案，即《全国农村就业保障法案》，提出每年将拨款4000亿卢比（约合889亿美元）来新增7.2亿农民就业机会。而其中主要的就业机会来源于农村基础设施建设项目，例如农田灌溉、农村道路、农村住宅、农村通信等。该项政策创新性地将促进农民就业和改善农村基础设施两大工程有机结合了起来，促成了农民自己建设农村的景象，同时也抑制了城市贫困人口的产生，为城市发展减轻了压力。

三、巴西促进乡村振兴与新型城镇化协调发展政策

巴西是一个殖民烙印非常深的国家，其在19世纪初摆脱葡萄牙殖民统治后，又相继受到了西班牙、英国、美国资本的控制。19世纪80年代末，巴西相继废除了奴隶制和君主制，农业农村开始走向现代化，例如，以咖啡业兴起为标志的农村工业的初步发展。在此之前，巴西的农村社会高度封闭并且严重依赖出口。1930年，民众领袖瓦加斯政变上台，巴西工业化进程正式开启。最初巴西实行的是进口替代型工业发展模式，这对工业发展的扶持效果非常好，刺激了农村人口向城市的加速流动。1940年，巴西的城市化水平约为31%。1947年二战结束以后，出于经济发展的需要，巴

西政府加大了对工业化的支持力度，增设了多个工业区，吸引了越来越多的农村人口从事工业生产。1940—1950 年，从农村转移到城市的人口从 300 万增加到了 700 多万。在此期间，巴西农业生产总值保持稳定增长，农业生产结构也在向着多元化方向发展，能够更好地为工业品生产提供生产资料。20 世纪 50—80 年代是巴西城市化水平迅猛提升的阶段，平均每 10 年增长约 10%，1980 年其城市化率达到 67.6%，究其原因，其一，进口替代工业化发展模式在 20 世纪 60 年代到达顶峰，内陆、边缘地区的城镇工业兴起，推动了农村劳动力就业向二、三产业转移；其二，为推动经济发展，巴西政府大力引进外资，一方面带动了工业发展，1968—1974 年巴西工业增长率达到 11.9%，另一方面涉农外资企业大范围以机械化替代农民耕种，进一步解放了农村劳动力；其三，来源于殖民地社会的大地产制度根深蒂固，农村绝大部分土地归属于大庄园主和地主，因此大量无地农民为谋生存，选择向城市转移。20 世纪 80—90 年代，进口替代工业化发展模式的弊端显露，巴西同整个拉美地区一样陷入了经济危机，被称为“失去的十年”，巴西政府重拾农业，重视农村经济的振兴，确定了“优先发展农业和粮食”的经济发展战略，国内的城市化速度开始有所放缓。90 年代，巴西政府着手调整发展战略，由内向发展模式向外向发展模式转变，这进一步缓和了人口从农村向城市迁移的速度，甚至有向农村回流的趋势。2000 年巴西的城市化率为 81.4%，可以比肩大多数发达国家，同期世界平均水平仅为 46%。

巴西的城镇化水平非常之高，这与其经济发展水平和工业化水平并不匹配。巴西的城市规划以及对协调城乡关系的处理，远远滞后于快速发展的城市化，从而使城市问题日益严重。

（一）发展民间组织成为农村发展的中坚力量

巴西农村民间组织的起源最早可以追溯到 19 世纪末，在 20 世纪 60 年代，巴西农村合作社在全国范围内迅猛发展，其在农村社会的影响力不断扩大。合作社组织获得了巴西政府的有力支持，不仅通过立法来为其提供法律保障，而且安排了政府部门进行扶持和指导。目前，巴西国内农业合作社数量已经超过了 1600 个。在推动农村经济发展的层面，一方面，农业合作社将散户集结起来，协助推进农业产业化、供销一体化等，在促进农业生产发展方面发挥了重要的作用。另一方面，一些经营比较好的合作社建设成为了农工联合民营企业，推动了巴西农村的工业化发展，助力农村产业结构和劳动力就业结构的升级。2009 年，巴西农业合作社创造的农业产值占全国农业贸易总产值的比重高达 37.2%。在弥补农村组织力量不足的层面，由于巴西宪法规定居民数量不足两万人的地区没有资格设立市政府，因此这些地区的社会发展只能依靠自发的农村社会组织。目前巴西的农村社会组织有农场工人联合会、小农场主协会、地区消费者组织、信贷联盟等，虽然不具备政策决策和执行能力，但在加强村社管理方面起了很大的作用。

（二）通过调整社会福利政策来缓解贫富差距

巴西是世界上贫富差距最大的国家之一，两极分化非常严重。为推动城乡基本公共服务均等化，巴西政府实行了高福利社会政策，力图通过加大资源向农村的倾斜力度来缓解贫富差距。在公共医疗卫生服务方面，1996 年巴西实施了健康医疗改革，广泛提供免费的医疗服务，约 70% 的巴西人受益于此。2003 年，得益于“零饥饿健康促成计划”，巴西婴幼儿的死亡率持续下降。在保障农村养老方面，巴西的农村养老金制度非常慷慨，只要农民按规定缴纳了社会保障金，退休以后不仅可以领取退休金，根据现实情况还可以领取到各类补助，保证可以安享晚年。在普及义务教育方面，巴西在 1985 年推出了“国民教育计划”，致力于改善农村教育落后的情况，具体举措包括：为贫困家庭提供助学补助；创建实用型课程体系等。农村实行的是义务教育，公立学校的日常费用和教师工资也都由政府承担。令人沮丧的是，由于规划与财力的不匹配，这些计划并没有得到真正的实施，城乡基础教育均等化的理想图景无法实现。虽然巴西制定并尝试推行了多样化的社会福利政策，但根据巴西国家地理研究所的调查结果，2018 年巴西的基尼系数已经超过 0.5，收入最高的 1% 富人每月平均收入是收入最低 50% 的巴西人的 34 倍，巴西社会的不平等现象仍旧严峻。

（三）以多项政策举措来支持农业现代化发展

巴西一直是全球粮食出口额最高的国家之一，其现代化农业的发展成效瞩目，对于同为世界农业大国的中国来说有着非常高的借鉴价值。一方面，巴西政府对农业技术研究给予了高度的重视和支持。1973 年巴西农业科学院建立以后，政府一直给予其非常慷慨的经费预算，同时予以农业科技投资法制化，保证研发的持续性。依托先进的农业科学技术，巴西不仅成功开发了中西部贫瘠的热带稀树草原，还将其变成了巴西大豆的主要产区，同时显著提高了耕地产出率。此外，巴西政府还鼓励全球性的农业技术交流和合作，例如，巴西农业研究院与私人基金会、种子企业合作共同实施了的“72 育种计划”，成功培育了性能更高的新品种。另一方面，巴西重视农业发展的可持续性，通过设立资源保护区、资源集约化利用、减少碳排放等举措，贯彻生态、绿色、可持续性理念。

四、新兴市场经济国家促进乡村振兴与新型城镇化协调发展政策实践经验及启示

新兴市场国家是极具发展潜力和前景的一部分国家，其经济增长呈现令人瞩目的态势，甚至超过了许多发达国家，成为了全球经济增长的新引擎。在推进新农村建设、推行城镇化的道路上，新兴市场经济国家的相关举措及其实践经验值得总结与思考。

（一）适度扶持：财政不能大包大揽

财政支持虽然是最重要的政府调控手段之一，但在实施的过程中必须坚持适度原则，否则难以落到实处。在协同推进乡村振兴和新兴城镇化战略的过程中，理应实行与经济发展水平相一致的财政支持举措。韩国不追随高收入国家的高福利政策，在实行“新村运动”时，注重动员多方建设资本，并未全盘承包乡村建设工程，而是提供建材后，号召本地农民进行建设，取得良好的成效。反观印度大刀阔斧的支出，不仅没有让贫困农村真正享受到社会福利，而且让农村成了吸钱池，国家财政因此背负着越来越重的担子。巴西同样力图通过高福利来缓解高度的贫富差距，但实践证明，依靠直接付出无法真正实现理想图景。因此，农业补贴要适度，不可形成“大包大揽”的风气。

（二）紧扣主体：坚持以人为本原则

城镇化的核心是人，将城镇化理解成土地城镇化的错误认知将延伸出一系列的问题和矛盾。巴西和印度都是土地改革失败的农业大国，虽然两国的耕地面积都排名前列，但都存在严重的饥饿问题和城市贫困现象，贫富差距巨大。乡村问题或者说三农问题的核心也绝不是农业科技化、农业

现代化，而是农民现代化。因此，促进乡村振兴和新型城镇化协调发展的过程中必须坚持以人为本。新型市场经济体国家作出如下举措。其一，在建设乡村方面，积极推动农民意识变革。激发农民的积极性和能动性，发挥农民主体作用，推进民间自治，支持民间组织发挥作用。其二，弱化二元户籍制度，减少户籍与公共服务获取之间的挂钩。新兴市场经济国家中，韩国和印度均致力于推行城乡一体化社会制度，巴西则通过调整公共服务制度，向乡村提供更多优惠和社会福利。各国的政策出发点是一致的，即保障全体人民的社会权益。

（三）统筹劳务：多方向转移劳动力

人口是区域发展的基本要素，是最重要的发展资源。工业化和城市化影响下，劳动力主要向大城市集中和转移，但大城市不可能无限度地吸收人口，小城市、小城镇和乡村地区的发展也需要劳动力，同时，并非所有的农村剩余劳动力都能够顺利市民化，若城市发展不成熟，城市贫困现象将会非常棘手。以上种种都指向一个方向，那就是劳动力的多元化转移。韩国在全国范围内兴建工业园区，将从农业生产中析出的剩余劳动力集中起来引向工业部门，缓解了大量人口在大城市聚集的问题。印度方面，提出农民就业支持计划方案来解决无地农民就业问题，开启一批农村基础设施建设项目来增加就业机会。

（四）把握方向：促农业现代化发展

毋庸置疑的是，发展现代化农业是农业转型的主攻方向，是平衡城乡发展差距的重要举措，也是从农业部门析出劳动力的主要途径，新兴市场经济国家不约而同地踏上了农业现代化的道路。韩国方面，大力推进以农业为基础的产业融合，依托“六次产业化”的发展思想，加强政策引导，增加财政支持，强调技术研发，最终在平衡城乡居民收入方面取得了良好成效。巴西方面，技术研发和绿色环保两方面是该国推进农业现代化的重点，政府一方面给予了充足的预算，另一方面通过农业技术投资法制化来规范和保证研发资金链的坚挺，还积极推进农业技术的国际合作与交流，共同促成了巴西农业的成功现代化。反观印度，虽然与巴西同为农业资源非常丰富的国家，但两国的农业发展成效相距甚远，2019 年巴西的农产品占全球总产量的比重能够到达 35%，但印度农业在现代化大趋势下，“看天吃饭”仍是常态，甚至国内还存在着较为严峻的“吃饭问题”。

第三节 典型发展中国家促进乡村振兴与新型城镇化协调发展政策

一、越南促进乡村振兴与新型城镇化协调发展政策

1986 年，越南召开了越共六大，自此踏上了革新开放的征途。越南实施“革新开放”政策以来，城市发展在国民经济中的作用受到了重视，其城市化水平不断提高。越南政府将“拥有 4000 名定居者和部门就业大于 65%”的地区视作城市。1990 年，越南的城市人口比例仅为 19.5%，2010 年上升为 28.8%。2018 年，越南城市化率达到了 34.2%。总体而言，越南的城市化水平增长较为稳定，但与东南亚其他国家相比，越南的城市化水平较低，并且长期落后于亚洲平均水平。目前，越南正处于城市化加速阶段。

越南在加速发展城市化的过程中，伴生了很多问题。其一，地区间城市发展不均衡。虽然越南政府在布局城市方面已经尽力做到了均衡，但由于对北方的河内市和南方的胡志明市寄予厚望，且其国土分布呈狭长的 S 形，导致越南形成了以河内市和胡志明市两大城市为中心的两级结构，人口严重聚集于南北两大中心城市，全国超过 50% 的工业产值产自于此。其二，“城市病”突出。面对大量涌入城市的人口，由于自身发展并不成熟，城市无法很好地接收，从而引致了严重的“城市病”，如交通拥挤、住房短缺、环境污染、基础设施不完善、社会服务供给不足等。城市贫困人口问题极为突出，1993 年，城市中富人和穷人的收入差距高达 40 倍。其三，“乡村病”突出。越南农村、农业、农民的发展困境受到忽视，且具有较强的社会弱势性。越南 93.4% 的贫困人口来自农村，90% 的贫困人口从事农业。农业、农村被默许为城市发展和国民经济增长让路，突出表现为农用土地的严重流失。为了满足城市扩张的需求，大量肥沃的耕地被城市挤占，用作高尔夫、房地产等商业项目。据统计，城市中心人口每年增加

115 万人，就会有 100 平方千米的农用地转为城市用途。越南是传统农业大国，是世界稻米第二大出口国，耕地流失的影响不止于农业产量，更加严重的是，农民的生活将受到冲击，失业率的提高将不可避免地导致严峻的社会问题。据统计，2003—2008 年，耕地流失问题影响了约 250 万越南农民的生活，包含 62.8 万个家庭，其中 53% 属于较低收入家庭。在推进城市化和乡村振兴的过程中，大中小城市发展差异大以及“城市病”和“乡村病”并发的问题非常普遍，是亟须解决的紧迫问题，越南为此采取的一系列举措对于中国来说是可借鉴的。

（一）优化产业结构，推动农村经济现代化

从推进农业城镇化的角度出发，越南政府引导投资优先流向农村地区的工业、服务业和旅游业，加快推动农村经济现代化。事实证明，流动农村人口迫于能力很难在城市立足，即使去了城市也很难获取到理想的高水平社会服务和就业机会，反而加重了城市贫困现象。为了将人口留在乡村，越南着力优化农村地区的产业结构，建设农村小工业区和高科技农业区，就地带动就业结构的升级，从而实现农民离农不离乡。此外，越南也涉足了“一村一业”运动，通过重点发展特色产业，壮大了农村地区的工业和服务业，提高了非农就业率，也增加了非农收入。同时，越南还重视第二和第三产业对农业的反哺，特别鼓励加强工业对农业生产的支持作用，即通过机械化、电气化来提高农业劳动效率。但越南的农业机械化率还较低，农机化发展任务还很艰巨。新技术和新工艺在农业生产的应用也受到了鼓励，包括重视种子企业的生存与发展，运用现代化组织管理模式，试点建设一些高新工业区等，力图沿着知识经济的方向为农业生产创造出新的突破点。

（二）发展庄园经济，解决农村剩余劳动力

面对突出的城乡土地矛盾，以及由此引致的农村劳动力失业增多问题，越南从农业生产经营制度的角度出发，大力推广庄园经济这一新型生产组织形式，这种经营方式还兼顾了吸收从城市回流来的流动农村人口的功能。庄园经济是指庄园主通过购买农民土地使用权、与土地承包者合营或承包荒地秃顶岭等方式，实现土地的连片规模化经营。庄园的经营主体可以是一庄一主，也可以是合伙经营或股份经营。庄园经济不仅有效解决了由失地引致的部分农民失业问题，而且创造了可观的农业产值，实现了

经济收益和民生福祉的双赢。截至2019年，越南国内约有13万个庄园，每年创造出上亿美元的农业产值。根据越南农业和农村发展部的统计，全国庄园共吸纳了60万农村劳动力，其中大部分是自由移民者、失业者、家庭困难者等。越南在发展庄园经济的过程中，不可避免地伴生了一些问题，如庄园主恶意集聚土地导致农民失地，或是不合理地毁林开荒导致生态被破坏等。

（三）淡化两级格局，平衡大中小城市发展

越南的城市人口大量集中于南北两个特大城市，即河内市和胡志明市，存在严重的大中小城市发展不均衡问题，不利于全国城市化的可持续发展。为了淡化两极格局，越南政府努力发展不同层次的城市，力图建成以大城市为中心、辐射带动中小城市群快速发展的合理格局。越南在全国范围内划定了10个城市系统，每个系统指定了一个中心城市以发挥核心带动作用。在指导发展方面，越南政府强调以产业为引领，特别是沿海地区，要抓住海洋经济中心的红利，发展多种形式的服务业，例如，旅游、进出口、运输业等产业。经过实践，由于河内市和胡志明市两个特大城市的特殊地位难以在短时间内改变，越南的经济发展也暂时离不开两市的支持，因此，其两极格局的淡化还须进一步努力。不可否认的是，越南的城市规划取得了良好的效应，除河内市和胡志明市以外的其余大中小城市的经济有了一定起色。

二、泰国促进乡村振兴与新型城镇化协调发展政策

泰国是亚洲重要的经济体，在近半个世纪里，其城市化迅速发展。泰国的工业化起步较晚，大约始于20世纪50年代。此时，泰国农业在国内生产总值中的占比高达1/3，制造业产值不及农业的1/2。1954年，泰国制定并颁布了《工业投资鼓励条例》，标志着国内工业化的起步，其发展成果也在20世纪60年代中后期得以显现，突出表现为经济结构的明显转变。60年代，泰国为了扶持刚刚兴起的工业部门，生产满足国内需求的商品，实行了进口替代型工业化模式。70年代，泰国转向了出口导向工业化，政府大力兴建出口加工区，并在城市投入了大量工业基础设施。同时得益于发达国家将附加值较低的产业转移到泰国，该国的工业化在这个阶段得到了快速发展，吸引了大量农村劳动力向城市转移，城市化进入快速

发展阶段，1970—1980 年，泰国城市化水平年均增长率高达 2.5%，是上一个 10 年的 4 倍。1960—1980 年，泰国的城市化率从 12.5% 增长到了 17%。20 世纪 80 年代，泰国政府着手进一步调整产业结构，大力扶持技术密集型和附加值高的中轻型工业，同时来自新加坡、韩国、中国香港等国外投资大量涌入，进一步推动了工业产业结构的多样化。在这个时期，工业产值首次超过了农业产值，成为国民经济贡献量最高的产业部门。同时，泰国成为了亚洲“四小虎”之一，足以应证其经济增长之快。进入 21 世纪以后，泰国的城市化进入稳步提升阶段，2019 年其城市化率突破 50%，达到 50.69%。泰国的城市化速度相对于东南亚其他国家来说是较慢的，与此同时，其城市首位度极高，仅曼谷一个城市就聚集了全国近半数的城市人口，引致了严峻的“城市病”问题。

泰国实行工业化以来，长期的“重城市、轻乡村”的城市主导型城乡关系使得泰国国内的城乡差距越来越悬殊，导致了城乡格局极不均衡的局面。20 世纪后半叶，泰国在快速发展工业化和城市化的过程中，农村处于相对被动位置。在“以农扶工”策略的指导下，农产品以低廉的价格单方向流向城市，超过一半的 20 岁以上青年劳动力脱农走向城市，同时迫使农村承担了城市发展的外部性成本，包括环境污染、自然资源破坏等。农村的经济得益非常不公平，20 世纪 80 年代，泰国农村与城市的人均收入比为 1∶5，此后其基尼系数一直保持在 0.4 以上，直到 2017 年才回落到 0.36。作为世界五大农产品出口国之一，泰国享有“东南亚粮仓”的美誉，农业对于该国来说仍旧是非常重要的存在。泰国政府已经关注到国内城乡关系的失衡问题，相应调整了经济发展规划，以期改善城乡二元结构，泰国目前正处于城乡关系迅速变革的阶段。

（一）通过“一乡一品”推广农村特色文化产品

“一乡一品”计划是由泰国政府于 2001 年推出的，致力于扶持国内村镇发展富有文化内涵的传统手工业和特色农业产品。“一乡一品”农村扶助计划自开启以来，一直被视作是一项重要的国家政策，即使泰国政府更迭频繁，“一乡一品”计划也没有终止过运行，反而一直在不断完善措施。泰国政府不仅给全国 4.5 万个自然村每村拨款 100 万泰铢作为启动资金，而且创造了多样化的产品推优机会，如示范村、冠军产品等评选，从而有效提高了农村建设积极性，充分挖掘潜力产品。此外，泰国工业部、科技部、商务部等政府部门通力合作，为农村特色产品的开发、生产、质量认证、市场营销等工作提供支持，有效弥补了农民个体的发展弱势和能力不足。根据泰国社区发展部的调查报告，截至2019年，“一乡一品”项目已经覆盖了全国76个省（府）、3273个村。“一乡一品”计划成功推动了泰国农业农村的蓬勃发展，各地纷纷立足于本地优势，打响特色农产品区域品牌，如黎逸府香米、清迈博桑油纸伞等，实现了产业兴旺，带动了农民就业，提高了农村家庭收入，带来了客观的经济收益。2019年相关销售收入达到了2370亿泰铢，相比2003年翻了7倍；2000—2018年，泰国贫困人口比例下降了32.48个百分点。此外，在政府的帮助下，借助国际展会、互联网营销等，泰国特色农产品已经走向了国际市场，为该国的农业、农村创造更高的收益。

（二）通过“30铢计划”整合城乡医疗保险制度

“30铢计划”是由泰国政府于2001年提出的全民医疗保险制度，该计划侧重保障农民和流动人口的医疗福利。在实行“30铢计划”之前，泰国的医疗保障制度主要由公务员医疗福利制度、企业职工强制性社会保障制度、低收入人群救助制度、健康卡制度（现已废止）组成，制度分散，医疗福利覆盖范围有限，特别是贫困人口的权益难以保障。而按照“30铢计划”，参保者到定点医疗服务点只需要支付30铢挂号费就可以接受大部分治疗，包括住院，给予大小病平等的报销保障。此外，政府按人头数量来分配预算的方式，可以避免过度治疗，但有可能引致医疗服务不足的问题，对此，泰国提供多种民主监督和申诉的渠道，保证医疗福利落到实处。目前，“30铢计划”已经惠及了超过75%的泰国公民，其中76%为农村人口。鉴于此，“30铢计划”的实行的确减轻了公民的医疗负担，排除了低收入群体的就医经济障碍，真正实现了基本医疗服务的全民可得，增强了医疗资源分配和医疗保障的城乡公平性和均衡性。

（三）利用地方文化资源发展乡村旅游产业

旅游业是泰国经济的重要支柱，悠久的历史和多元的民族文化吸引了大量外国游客，这为乡村发展特色旅游提供了思路。得益于“一乡一品”计划，泰国有许多乡镇的传统手工艺品成功复兴并发展壮大了起来。但工艺品天生具有市场需求小且成本高的属性，传统销售途径难以支撑产业的持续发展。由此，在市场营销方面，泰国政府将村庄内的传统特色手工艺品与周围的旅游景点结合，将其作为旅游商品来推广，则有效扩展了市场需求。以清迈博桑村的油纸伞为例，清迈作为泰国知名旅游胜地，拥有许多历史建筑和文化遗产，博桑村位于清迈以东约 9 千米处，该村善做油纸伞，依托清迈高度的游客吸引力，如今博桑村的手工伞已经收获了国内外游客的喜爱，成为了较有影响力的旅游商品，手工伞产业和旅游业的跨界融合，造就了博桑村的繁荣景象。随着基于文化的旅游业逐渐发展壮大，不仅壮大了乡村经济，而且推动了一批旅游城市的兴起，从而分担了首位城市的人口压力，均衡中小城市的发展，也进一步拉动了泰国城市化率的增长。

三、印度尼西亚促进乡村振兴与新型城镇化协调发展政策

印度尼西亚在 1945 年摆脱殖民统治并取得政治独立以后，为了快速发展经济，刺激了工业化和城市化的快速增长。1945—1965 年，印度尼西亚优先对国内的政权进行了巩固，并重点建设了一批省会城市，力图为国民经济的崛起提供支持。1965 年，印度尼西亚的城市总数达到 20 个，并建成了几个大型城市，吸引了大批国民集聚于此，城市人口占总人口的比重约为 15%。但总体来说，这 20 年里，印度尼西亚的城市化进程处于起步阶段，主要为城市数量的增多和大型化，但不可持续。1965 年到 20 世纪 80 年代末，受到经济增长的推力作用，印度尼西亚的城市化进程进入了快速增长期。国内大都市的数量和城市人口数量进一步增多，但分布并不平衡，主要集中在爪哇岛。据统计，当时印度尼西亚 70% 的新增城市人口被爪哇所吸引，聚集于该岛上的几个大都市，即雅加达、班东、苏拉巴亚等。1990 年，印度尼西亚的城市人口占总人数的比重上升到 31%，而爪哇岛的城市化水平则明显高出全国平均水平，达到 36%。20 世纪 90 年代，印度尼西亚的城市化不得不进入调整阶段，进程放缓。一方面，挤压的问题不得不解决，主要是爪哇岛与其他地区的发展不平衡困境。另一方面，由于人口的流动管制不够，城市的建设规划也有所欠缺，印度尼西亚的城市化面临一系列的新问题，突出表现为大都市区的“城市病”，如城市拥挤、就业困难、环境污染等。2000 年，印度尼西亚的城市化水平为 42%。进入 21 世纪以后，印度尼西亚的新经济政策逐渐从优先追求国民经济高速增长转向国民经济高质量增长，更加着眼于调整城乡二元结构。2010 年，印度尼西亚的城市化水平为 53.7%，超过亚洲平均水平 17.1 个百分点，

超过发展中国家平均水平 13 个百分点，超过世界平均水平 2.8 个百分点。

印度尼西亚的城镇化存在一个非常明显特征，那就是人口在城市的高度集中，其中，约半数的城市人口集中于少数几个大都市的状况更是极具社会紊乱的隐患。人口在少数几个大城市的过度膨胀不仅产生了巨大的就业压力，而且大量从农村来到城市的劳工限于能力无法受雇于企业，这不仅会阻碍城市的进一步发展，拖累国民经济，更加严重的是会对社会稳定造成极大影响，出现城市犯罪率上升、城市贫困等现象。

印度尼西亚在“三农”方面仍旧比较传统和落后。随着城市人口比重的上升，相对应的农村人口比重缓慢下降，但仍旧很高，2019 年占到全国总人口的 44%。而农村人口基本集中于农业生产部门，非农就业比重很低。限于农村人口普遍较低的技能水平和知识储备，农村劳动力向第二、第三产业的转移也较为缓慢，限制了经济结构升级，特别是农村地区的经济转型。与劳动力投入量不对应的是，印度尼西亚的农业生产对国民经济的贡献率不到 15%，由此反应其农业生产的低效。落后的乡村基础迫使印度尼西亚给予乡村振兴工程更高的重视，否则城乡发展差距将会快速扩大，工农差距将会越来越悬殊。

基于以上背景，印度尼西亚政府在谋求区域平衡发展、流动人口管制、兼顾乡村发展等方面提出了以下举措，虽然其实施效果有待考证，但相关思想值得中国学界和业界借鉴。

（一）放宽国外投资限制，创造更多就业岗位

为解决劳动力就业问题，印度尼西亚政府着眼于供给层面，通过放宽投资限制和提供优惠，吸引外资在国内投资建厂。2020 年 10 月，印度尼西亚政府批准了《综合就业法案》，力图通过法律的形式提供更多的激励措施，使得印度尼西亚的税收制度在吸引外国投资时更具国际吸引力。《综合就业法案》的目标是通过精简法规和简化许可程序，放松外国投资限制，放宽劳动法，简化公司税收法规来提高企业在印度尼西亚经商与投资的便利性，从而促进投资，刺激外企在国内建厂，为国内劳动者创造更多的就业机会。

（二）保障低收入者福利，维护社会秩序稳定

印度尼西亚属于中等偏低收入国家，其国内的低收入群体生活艰难。

在此背景下，社会扶贫必不可少，特别是面向这两类群体：其一是平均可支配收入更低的农村居民，其二是生活窘迫且不稳定的农村出身的在城市务工人员。面向低收入者的一系列保障措施，如为工人提供廉价住房，给予非正式劳工减免税收和租金的优惠待遇，落实基础医疗保险计划等，在保障国民基本生活水平的同时，将极大地有助于刺激消费，维持购买力，并保障社会稳定。

（三）加强国际区域合作，加强基础设施建设

基建落后是印度尼西亚的“老大难”问题，严重限制国家的经济发展，并且其困点和难点在乡村。过去，印度尼西亚在顺利推进城市化建设的过程中，没有兼顾到乡村的发展利益，导致资源都流向了城市，再加上如今投资者都碍于落后的基础设施水平，不敢、不愿、不想将投资计划落到除都市以外的区域，区域间发展的不均衡局面逐渐恶化。对此，印度尼西亚利用自身作为东盟成员国的优势，加入东盟互联互通项目，对接国内不发达地区的基础设施开发项目，从而促进这些地区的经济发展，赋予其共享城镇化红利的权力。

四、典型发展中国家促进乡村振兴与新型城镇化协调发展政策实践经验及启示

广大发展中国家正处在乡村振兴和新型城镇化快速发展的阶段，针对由工业化和城镇化优先发展导致的城乡不平衡、不充分问题，作为后发国家，广大发展中国家制定的政策融入了前国经验，并兼具时代特性，值得深入探讨和借鉴。

（一）基础保障：保障基本医疗服务

大部分医疗资源集中在城市，需要通过一些举措来引导医疗资源流向小城镇和乡村地区，从而提高全社会的医疗福利公平性。泰国实行的“30 铢计划”值得借鉴之处在于，其一，颁布《全民健康保障法》，从法律上支撑“30 铢计划”的实施，相比通过文件来传达制度的形式，更具权威性和规范性。其二，实行统一的参保、补助标准，医疗服务保障范围全面，不仅兼顾大病和小病，而且涵盖预防保健和健康促进服务，基本不会出现由于地区经济发展差异而导致的医保福利高低差别过大问题。

（二）扩大开放：加强国际合作互动

扩大开放是发展的重要法宝，在促进乡村振兴和新型城镇化协调发展的议题中，加强国际合作与交流亦是新机遇。以印度尼西亚为例，一方面，通过引入国际投资，随着国内外资工厂的增多，带动经济的同时，就业岗位的增加能够很好地解决剩余劳动力的问题，创造良好的社会效应。另一方面，依托区域合作组织的平台，发挥成员国之间互联互通合作方面的便利，在基础设施建设这一细分领域积极达成合作，利用他国的基建优势和力量为本国区域发展补足短板。此外，“一村一品”战略在东南亚发展中国家得到了广泛推广和应用，该战略的其中一项图景就是，将地域特色农业品牌推向海外市场，从而做活、做大乡村产业大篇章。

（三）讲求实效：杜绝重政绩务虚功

所有领域的战略实施都应当是慎重的、可持续的，讲求“高瞻远瞩”“统筹长远”，而急功近利的“政绩工程”是没有前景的。以泰国为例，在实行“一村一品”战略的过程中，随着战略实施的主要领导人由于政治变动、年事渐高等种种原因，逐渐退出运动的中心舞台时，这项运动的高潮和热度也逐渐过去，虽然名头还在，但几乎没有实际进展和效果。“一村一品”战略的确给泰国的农业、农村创造了良好收益，若能持续推进下去，必然是有益的。但随着领导人的更迭，项目的持续性不在，“一村一品”战略的初衷就变味了，成为了其主要领导人和领导部门当政时的办事成绩。一项好的战略应当充分发挥作用，由于错误的政绩观而使其夭折在半途是很可惜的，是对资源的极大浪费。

第四节
本章小结

无论是发达市场经济国家还是新兴市场经济国家，抑或是发展中国家，都经历过或者正在经历着“城乡分离—城乡统筹—城乡互惠”的演进规律，但由于各经济体自身的城乡结构、发展条件有所不同，在推进乡村发展和城镇化的过程中相对应地实施了多样化的举措。“他山之石，可以攻玉”，目前中国尚未实现城乡一体化，乡村振兴与新型城镇化协调发展的国际经验对于中国来说意义重大。发达市场经济国家层面，通过具体分析美国、法国、德国、日本在促进乡村振兴与新型城镇化协调发展的政策，总结出其实践经验及启示包括：聚焦矛盾，协调处理工农关系；创新引领，产业带动发展模式；共享资源，城乡要素自由流动；强化内力，提高农民教育水平；协调格局，平衡城市发展布局；扶持引导，完善财政支农手段。新兴市场经济国家层面，通过具体分析韩国、印度、巴西在促进乡村振兴与新型城镇化协调发展的政策，总结出其实践经验及启示，具体包括：适度扶持，财政不能大包大揽；紧扣主体，坚持以人为本原则；统筹劳务，多方向转移劳动力；把握方向，促农业现代化发展。典型发展中国家层面，通过具体分析越南、泰国、印度尼西亚在促进乡村振兴与新型城镇化协调发展的政策，总结出其实践经验及启示，包括：基础保障，保障基本医疗服务；扩大开放，加强国际合作互动；讲求实效，杜绝重政绩务虚功。在协同推进城镇化和乡村发展的过程中，各国都将政策重点偏向在扶持乡村上，同时兼顾城市化的高质量发展需求，其底层逻辑是想扭转城乡地位的不平等，推动城乡关系向着双向互惠的可持续状态演进。

第十一章

面向需求的乡村振兴与新型城镇化协调发展政策优化研究

随着我国经济的迅速发展和城市化进程的不断推进，乡村振兴与新型城镇化的协调发展已经成为我国经济社会发展的重要议题之一。乡村振兴战略与新型城镇化战略是推进现代化建设的必由之路，也是新时代破解城乡发展矛盾的战略选择。政府是乡村振兴与新型城镇化的主导者，通过制定和执行相关公共政策使乡村振兴与新型城镇化战略落地。其中，乡村振兴，作为全面建设社会主义现代化国家的重要战略，强调的是农村全面发展和农民全面发展，以系统推进“产业振兴、人才振兴、文化振兴、生态振兴、组织振兴”为抓手，以提高农民收入为最终目标，深刻落实“产业兴旺、生态宜居、乡风文明、治理有效、生活富裕”的总要求。而新型城镇化，旨在构建人口有序流动、产业有序转移、城乡融合发展的城市化模式，具体是指按照产业城镇化、绿色城镇化、社会城镇化、空间城镇化、经济城镇化的要求，为实现以人为核心的城镇化目标而制定的一系列政策。这两者之间的协调发展，既关乎农村地区的可持续发展，又关涉城市的宜居环境和社会和谐。

在我国经济实现持续增长的过程中，农业、农村经济取得了显著成就，城镇化发展也进入了提质增效的高质量发展阶段。然而我国乡村振兴与新型城镇化发展过程中面临着一系列矛盾和冲突。一方面，新型城镇化的推进吸引了大量农村青壮年劳动力加快向城市转移，导致农村人口老龄化严重、农村劳动力短缺，农业生产和农村发展面临压力。与此同时，随着农民群体流入城镇，城镇人口增加，给城市的交通、资源带来了挑战，且这部分农民无法享受与户籍人口同等的公共服务和社会福利。另一方面，乡村振兴强调保持乡村独特的文化、传统和生态环境，但城市化过程中过度强调经济发展导致一些地区环境恶化，生态平衡受到破坏。这些矛盾和问题的解决需要政策制定者在推进新型城镇化和乡村振兴过程中找到平衡，促进城乡协调发展，保障农村地区可持续发展。

就乡村振兴而言，2021 年以来，我国实现了巩固拓展脱贫攻坚成果同乡村振兴有效衔接的平稳过渡，脱贫群众收入持续增长，发展能力持续提高，守住了不发生规模性返贫的底线，全面推进乡村振兴实现了良好开局；就新型城镇化而言，党的十八大提出以人为核心的新型城镇化以来，我国城市发展格局逐步优化、城镇化水平稳步提高，但发展不平衡问题突出。因此，在健全城乡融合发展体制机制下，基于公众需求调查基础上加强乡村振兴和新型城镇化相关政策的供给力度，以此实现乡村振兴和新型城镇化的有机衔接。

第一节
乡村振兴与新型城镇化协调发展政策需求调查的理论分析

公共政策作为现代政府治理的重要手段，在市场经济体制下，不仅是资源调节和分配的工具，还反映了多元利益相关者之间的复杂协商和博弈过程。因此，公共政策在协调乡村振兴与新型城镇化发展中起着指导和平衡作用。从政策过程角度分析，政策的提出、政策的制定、政策工具选择、政策的执行、政策的评估等环节，涉及的各种社会经济主体围绕政策资源的分配与调整进行持续的权益博弈和利益表达。从政策作用机制分析，公共政策确实是通过政治过程，由公共权力机关选择制定的方案，旨在解决公共问题、实现公共目标，以达到公共利益。政策的制定主体包括国家权力机关、行政机关以及智库、专家学者等，他们在政策制定过程中提供咨询和决策支持。政策的客体涵盖了社会公众、企业、社会组织等各种影响政策实施和效果的利益相关者。而政策的载体包括法律法规、行政规定、国家领导人的指示，以及政府规划等文件，这些载体具体规定了政策的内容和执行方式。从政策供给和需求角度分析，政策主体负责公共政策的供给，通过制定和实施政策来解决社会问题和实现目标；政策客体是受政策影响的各种利益相关者，需要遵循公共政策所制定的规范和约束，以确保社会运行的有序性和公平性，同时政策需求主体也接受政策资源的分配。从政策评估角度分析，政策评估是在政策实施后，通过分析和判断政策的实施效果帮助政府了解该政策是否达到了预期的目标，是否产生了预期的效果，从而为政策的调整和改进提供依据。

在上述公共政策理论的分析中，政策客体在政策制定和实施的过程中扮演着重要的角色，他们的需求和意见直接影响着政策的科学性、有效性和可持续性。政策客体通过合法途径表达他们的需求、偏好和意见，有利于政策制定者更好地了解社会的真实需求，从而确保制定的政策更具有实用性和可操作性。但在实际生活中，往往存在社会公众参与不足、缺少政策需求调查等问题，使得政策供给和政策需求相脱节，没有将有限的资源用于最需要的政策领域，不仅导致政策实施效果差，也使社会公众的政策满意度较低。

一、乡村振兴与新型城镇化协调发展政策需求的内涵与要素

在心理学中，需要是指个体或生物体内部的一种生理或心理的状态，该状态在某种刺激或外部条件下产生，促使个体寻求满足或调整。与需要相关的另一个概念是需求，经济学上，需求是指市场上消费者愿意购买一种商品或服务的数量，以不同价格为基础形成的关系。需求反映了消费者对商品或服务的欲望和能力，即愿意以特定价格购买的数量。需求不仅是愿望，还需要消费者有购买的经济能力，并且愿意以特定的价格付款来满足自己的需求。具体到公共政策需求，政策需求涵盖了个体和社会对于某种状态、资源、服务或问题的需求和不满。这种需求可以在心理层面上产生一种缺乏感，即个体或群体感受到了某些方面的不足。同时，政策需求也体现在实际社会现状或问题上，当公众、企业、社会组织感到不满或受到某种制约时，会通过不同途径向政府或公共权力机关表达他们的诉求。政策需求调查是指在制定、实施和评估公共政策时，对政策需求类型、政策需求偏好、政策需求强度等方面进行系统性的调查和研究。

公共政策需求的出发点是社会公共利益，即满足社会公共需求。自改革开放以来，中国在四十多年的发展实践中实现了经济的快速增长，并成

为了世界第二大经济实体，社会财富也不断增加，但城乡间的平衡发展相对滞后，乡村科技教育、医疗卫生、社会保障和福利等基本公共服务总量不足，城乡发展差距大。因此促进乡村振兴与新型城镇化协调发展政策需求构成要素，重点在政策制定者应准确把握城市和农村的不同需求，注重因地制宜，推动城乡协调发展的目标不断落实和实现。政策需求结构要素包括户籍制度类政策、社会保障政策类政策、行政管理制度类政策、土地管理类政策、城乡规划类政策、财税政策类政策、收入分配类政策、教育公平类政策、劳动就业类政策、生态环境类政策等。

二、乡村振兴与新型城镇化协调发展政策需求量表的理论构建

在对业内专家深度访谈基础上，以公共政策评价理论和方法为依据，编制《乡村振兴与新型城镇化协调发展对乡村振兴与新型城镇化政策实际需求的调查量表》，对50位业内专家进行实证调查，调查内容涉及户籍制度、社会保障政策、行政管理制度、土地政策、城乡规划、财税政策、收入分配、科技教育、劳动就业、生态环境等城乡发展政策。在此基础上，统计分析推进我国乡村振兴与新型城镇化协调发展对乡村振兴与新型城镇化政策的需求内容、需求强度、需求类型和需求时间等。

（一）户籍制度政策需求

户籍制度是我国一项基本的行政制度和社会制度，承担着登记出生、死亡、亲属关系等人口管理的职能。1958年，我国颁布《中华人民共和国户口登记条例》，规定个体出生后需进行户籍登记，国家依照农村和城镇两种常住地，将居民划分为农业户口与非农业户口两种类别。此后基于户籍身份构建了劳动用工、社会保障等几十项制度，非农业户口人群的上述待遇高于农业户口人群，使得户籍逐渐成为了居民生产和生活资源分配的依据。此外，该条例颁布后，我国相继出台配套文件，其中对城乡间的人口流动进行了严格限制。客观而言，城乡户籍制度在特定时期内促进了我国发展，但城乡分离的户籍制度也在一定程度上造成了我国城乡二元结构的形成，并成为当今制约“经济城镇化”和“人口城镇化”的重要因素（锁凌燕，2023）。1978年以来，我国对户籍制度进行了调整，针对农村居民的迁移与落户限制不断放松，但城乡居民享受的社会福利待遇及基本公共服务水平仍存在差异，户籍制度改革在城乡居民平等性上的目标仍未实

现。直到2014年7月，国务院发布《关于进一步推进户籍制度改革的意见》，逐步实行户籍身份转变的登记制度，将户口类型由农业户口和非农业户口转变为统一居民户口，这才使得存在于我国半个世纪之久的“城里人”和“乡下人”身份逐步取消，城乡居民在社会经济地位方面的差距逐步缩小。此外，户籍制度最初目的只是限制农村居民自由流动，但政府部门逐渐将医疗、教育、养老等公共服务与之挂钩，导致城乡居民福利也不断扩大。因此设置“逐步减少城市和农村户口之间的差异，允许农村居民更容易地在城市落户”“完善内生于户籍登记的相关制度，逐步消除城乡制度差异”的政策条目，以此调查社会公众的政策需求。

（二）社会保障政策需求

社会保障是维护社会公正、改善民生的重要制度，发挥着社会财富再分配的作用。我国自20世纪八九十年代开始推行社会保障制度建设，逐步建立了由医疗保险、养老保险、失业保险、工伤保险、生育保险组成的社会保险，同时辅之以社会福利和社会救助。其中，医疗保险和养老保险已实现城镇职工和城乡居民群体全覆盖。尽管城乡社会保障制度逐步融合，但城乡居民之间的社会保障差距仍然存在，主要表现为农村地区的社会保障水平相对较低，农村居民享受到的社会保障福利有限。因此，设置“建立城乡一体化的社会保障体系，消除城乡居民之间的福利差异”“推动城乡公共服务均等化，让城乡居民享受同等的公共服务”的政策条目，以此调查社会公众的政策需求。

（三）行政管理制度政策需求

我国的城乡发展格局与新经济地理学中的“中心—外围”结构相接近，城市与农村在政治地位上并不平等。在新中国成立初期，为了促进城市重工业和经济发展，我国政府通过设立农村集体经济、农产品统购统销和工农产品价格“剪刀差”三大基本经营制度来集中农业剩余支持工业，同时实施了以户籍制度为基础的城乡二元分割制度（王垚，2022）。1984年，改革的重心由农村转向城市，城市偏向政策吸引了农村优质劳动力、资本和土地。长期实施的“城市偏向”政策，导致了城乡发展各方面的不均衡，这不仅不符合当前新型城镇化的发展内涵和要求，还会造成城乡社会分裂，甚至可能会引发一系列政治社会问题。从长远来看，无法形成城乡统一的要素和商品市场，对城市自身发展也会有负面影响。因此设置“加快推进城乡融合发展，构建和谐统一的城乡关系”“促进城乡人口流动，实现优质资源的均衡配置”政策条目，以此调查社会公众的政策需求。

（四）土地政策需求

土地作为农业生产资料，是农村居民赖以生存和发展的基础。新中国成立后我国城乡二元土地制度就已逐步形成。在二元土地制度背景下，城乡同地不同权、同地不同价，农村土地使用权转让后，只是获得过低的征地补偿费用，农民财富以地价“剪刀差”的方式流向城市，使得城乡居民收入差距拉大（张雅光，2021）。同时，城镇的高地价、高房价使农村居民进城门槛进一步提高，限制了人口城镇化的步伐。此外，根据《土地管理法》等法律规定，城市建设用地可作价入股、抵押贷款，而现实中对农地作价入股、抵押贷款存在不同程度的限制，且农村集体建设用地难以直接进入市场，土地资源无法达到最优配置。在现行土地制度安排下，农民在宅基地上拥有的权能范围也远远小于城市居民在住宅商品房上拥有的权能范围。因此，设置“制定明确的土地流转政策，确保土地流转程序和条件的公平性”“建立明确的土地产权制度，保护农民的土地权益，促进土地资源的高效利用”政策条目，以此调查社会公众的政策需求。

（五）城乡规划政策需求

城乡规划是政府对一定时期内城市、镇、乡、村庄的建设布局、土地利用以及经济和社会发展有关事项的总体安排和措施，是政府指导和调控城乡建设和发展的基本手段之一。随着我国城市化进程的不断推进，城乡差距越来越明显。城市的快速发展带来了经济社会发展，但同时也给乡村发展带来了许多冲击，而城乡规划的制定和实施是实现城乡一体化、城乡差距缩小的关键环节。然而实践中，由于城乡管理体制和政策倾向不同，城乡规划在制定和实施过程中往往存在矛盾和冲突，导致产生资源分配不均、监管不严等问题。因此，设置“突破传统城乡二元结构，推进城乡融合发展”“制定适宜的城乡规划，平衡城市和乡村的发展”政策条目，以此调查社会公众的政策需求。

（六）财税政策需求

财税政策是调节收入和财富分配的重要工具，承担着优化资源配置和促进社会公平的重要责任。受我国城乡二元结构的影响，地方政府往往具有行为偏向，即地方财政支出的重点聚焦在城市，尤其是在财政分权和“晋升锦标赛”的激励下，地方政府偏向于发展城市的经济。近些年随着脱贫攻坚的实现和乡村振兴战略的实施，地方政府的偏向行为有所缓解，但多年来形成的城乡差距难以在短时间内改变。因此，设置“提高政府财政支出在农村教育、医疗等方面的公共服务支出”“提高农村地区的基础设施建设投入，改善农村交通等基础设施条件”政策条目，以此调查社会公众的政策需求。

（七）收入分配政策需求

收入分配政策是一个国家或地区所创造的价值财富在不同部门、地区及群体之间分配的制度安排，可以由初次分配、再分配和三次分配构成。改革开放以来，我国城乡之间收入分配大致经历了三个阶段，1978—1985年，由于农村实施土地承包责任制使农民收入增加，城乡间收入差距缩小；1986—2009年，我国城镇化进程加速，产业集中在城市，使得城镇居民劳动报酬及财产性收入水平均高于农村居民；2009—2020年，实施了新型农村合作医疗制度、精准扶贫等有利于缩小收入差距的政策，使得城乡收入比有所下降。因此，设置“建立农产品最低收购价、提供农业补贴和奖励措施，提高农村居民的收入水平”“调整最低工资标准，实现多档化、具体化，保障农村居民收入公平”政策条目，以此调查社会公众的政策需求。

（八）教育公平政策需求

教育是提升国民素质、促进社会进步的重要因素。其中，义务教育是具有正外部性的公共产品。自1986年《中华人民共和国义务教育法》颁布以来，我国公民享有免费接受义务教育的权利，政府和家长有义务让适龄儿童接受义务教育的责任。然而，乡村教育在办学条件、教师队伍、经费保证、教育水平等方面与城市教育相比存有一定差距，在过去更加偏向城市的城乡义务教育体制下，使农村教育与城市教育公平性呈现失衡状态，城乡教育不公平问题尤为凸显。为缓解教育不公现象，2007年10月，党的十七大提出“优化教育结构，促进义务教育均衡发展”及“保障经济困难家庭、进城务工人员子女平等接受义务教育”。2012年10月，党的十八大提出“大力促进教育公平，合理配置教育资源，重点向农村、边远、贫困、民族地区倾斜，支持特殊教育，提高家庭经济困难学生资助水平，积极推动农民工子女平等接受教育”。然而，以上思想的提出并没有改变我国城乡教育不公平的现状，因此设置“加大对农村学校教育经费投入力度，推进义务城乡教育优质均衡发展”“破解制约农民工随迁子女教育公平的体制机制障碍，促进教育公平”政策条目，以此调查社会公众的政策需求。

（九）劳动就业政策需求

就业是民生之本，是增加居民收入、改善居民生活的重要途径。就业政策是指政府或有关组织为劳动者提供就业机会、解决失业问题、并在劳动者权利受到侵犯时采取保护行为。在中国，由于城乡之间的分割，农业户口和城镇户口的劳动力在就业方面存在较大的差异，表现在职业、行业以及收入等各方面。与城镇劳动力相比，农民工集中就业于工作条件差、工资收入低的行业，普遍处于低质量就业状态，而这归根结底是户籍制度的属性导致了城镇劳动力与乡村劳动力在就业上出现了群体差距（杨胜利，2023）。因此，设置“进一步完善劳动力市场政策，消除非正规就业歧视现象”“推动农村劳动力技能培训，增加就业机会，鼓励农村劳动力在城市就业”政策条目，以此调查劳动者的政策需求。

（十）生态环境政策需求

生态环境是人类和地球其他生物生存和发展的基础，维系着生态平衡和人类福祉。改革开放以来，我国城镇化进程令人瞩目，但随着城市人口的快速扩张，城市用地需要通过不断侵占周边的生态用地与农业用地来维系城市所能承载人口的数量阈值，而农业用地的减少会导致农村经济困难、生态平衡破坏甚至粮食安全等一系列问题。为推进城乡生态融合发展，2021 年 10 月，中共中央、国务院印发了《关于推动城乡建设绿色发展的意见》，并指出要使城乡生态环境质量整体改善，城乡发展质量和资源环境承载能力明显提升。但由于乡村地区经济发展落后，实现城乡生态融合发展还有很长的路要走。因此，设置“加强乡村环境保护和生态修复，实现可持续发展”“进一步促进城市绿色生态宜居和经济协同发展”政策条目，以此调查劳动者的政策需求。

基于以上政策需求的分析，形成了表 11 - 1 所示的政策需求调查量表。

表 11－1 我国乡村振兴与新型城镇化协调发展政策需求内容

政策类别	序号	政策条目
户籍制度	P1	逐步减少城市和农村户口差异，允许农村居民更容易地在城市落户
	P2	完善内生于户籍制度的相关制度，逐步消除城乡制度差异
社会保障	P3	建立城乡一体化的社会保障体系，消除城乡居民之间的社会福利差异
	P4	推动城乡公共服务均等化，让城乡居民享受同等的公共服务
行政管理制度	P5	加快推进城乡融合发展，构建和谐统一的城乡关系
	P6	促进城乡人口流动，实现优质资源的均衡配置
土地政策	P7	制定明确的土地流转政策，确保土地流转的程序和条件的公平性
	P8	建立明确的土地产权制度，保护农民的土地权益，促进土地资源的高效利用
城乡规划	P9	制定适宜的城乡规划，平衡城市和乡村的发展
	P10	突破传统城乡二元结构，推进城乡融合发展
财税政策	P11	提高政府财政支出在农村教育、医疗等方面的公共服务支出
	P12	提高农村地区的基础设施建设投入，改善农村交通等基础设施条件
收入分配政策	P13	建立农产品最低收购价、提供农业补贴和奖励措施，提高农村居民的收入水平
	P14	调整最低工资标准，实现多档化、具体化，保障农村居民收入公平
教育公平	P15	加大对农村学校教育经费投入力度，推进义务城乡教育优质均衡发展
	P16	破解制约农民工随迁子女教育公平的体制机制障碍，促进教育公平
劳动就业	P17	进一步完善劳动力市场政策，消除非正规就业歧视现象
	P18	推动农村劳动力技能培训，增加就业机会，鼓励农村劳动力在城市就业
生态环境	P19	加强乡村环境保护和生态修复，实现可持续发展
	P20	进一步促进城市绿色生态宜居和经济协同发展

第二节 乡村振兴与新型城镇化协调发展政策需求的实证调查与统计分析

一、乡村振兴与新型城镇化协调发展政策需求的实证调查

乡村振兴与新型城镇化协调发展需求调查量表是根据我国乡村振兴与新型

城镇化协调发展政策需求的内涵和要素，并听取了相关领域专家的建议后编制的，该需求调查量表集中体现了课题组对乡村振兴与新型城镇化协调发展的理论认识和主观判断。为了准确把握社会公众对乡村振兴与新型城镇化协调发展的政策需求，根据需求调查表制作问卷，发放问卷并对结果进行整理分析。政策需求调查量表采用李克特7级量表的形式对政策的需求程度进行计分，具体地，1表示“非常不需要”，2表示“不需要”，3表示“不太需要”，4表示“可有可无”，5表示“有些需要”，6表示“需要”，7表示“非常需要”。

课题组主要采取以下三种途径发放问卷：一是在宁波大学MBA教育中心发放纸质问卷，这里的学员是来自全国各地的企业职工、事业单位职员等，他们不仅具备一定的理论知识，也具有丰富的社会工作经验；二是采取线上问卷的形式，线上问卷针对的是公务员、事业单位以及具备一定知识水平的在校大学生；三是在宁波火车站、学校周边村庄等发放纸质问卷，这些地方分布着来自全国各地的进城务工人员和生活在城市边缘的劳动者。此次累计发放问卷1730份，共收回问卷1506份，有效问卷1497份。在调查样本的构成方面，既有在城市具有稳定工作和收入来源的公务员、事业单位职员，也有工作和收入相对不稳定的进城务工和普通企业劳动者，还有没有工作和稳定收入但具备一定知识水平的大学生群体，涵盖了社会公众的主要群体，具有一定的代表性。具体见表11-2。

表11-2 乡村振兴与新型城镇化协调发展政策需求基本情况

属性	类别	数量（人）	占比（%）
性别	男	629	42.02
	女	868	57.98
职业	公务员	405	27.05
	事业单位	374	24.98
	企业	224	14.96
	农村居民	242	16.17
	学生	194	12.96
	其他	58	3.88
年龄	25岁以下	390	26.05
	26-35岁	283	18.90
	36-45岁	309	20.64
	46-55岁	291	19.45
	56岁以上	224	14.96

续表

属性	类别	数量（人）	占比（%）
学历	高中以下	232	15.50
	专科	145	9.68
	大学本科	778	51.97
	研究生及以上	342	22.85

二、乡村振兴与新型城镇化协调发展政策需求统计分析

为深入了解社会公众对乡村振兴与新型城镇化协调发展的政策需求，本课题组将问卷数据手动录入电脑，统计每一条条目的得分，同时对应加总求得每一项政策的得分，并利用 SPSS 软件分别计算其均值和标准差，最后根据政策得分高低进行排序，分值越高，表明社会公众对该政策的需求强度越高。5 分以上即表明该政策已经达到了“有些需要”的强度，而标准差则是反应不同群体对同一项政策需求的离散性。我国乡村振兴与新型城镇化协调发展政策需求排序见表 11－3。

表 11－3　　我国乡村振兴与新型城镇化协调发展政策需求排序

政策条目	均值	标准差	排序
P11：提高政府财政支出在农村教育、医疗等方面的公共服务支出	6.41	0.96851	1
P12：提高农村地区的基础设施建设投入，改善农村交通等基础设施条件	6.40	0.99554	2
P15：加大对农村学校教育经费投入力度，推进义务城乡教育优质均衡发展	6.38	1.02376	3
P17：进一步完善劳动力市场政策，消除非正规就业歧视现象	6.37	1.00489	4
P19：加强乡村环境保护和生态修复，实现可持续发展	6.34	1.03733	5
P20：进一步促进城市绿色生态宜居和经济协同发展	6.32	1.06018	6
P13：建立农产品最低收购价、提供农业补贴和奖励措施，提高农村居民的收入水平	6.31	1.04309	7
P14：调整最低工资标准，实现多档化、具体化，保障农村居民收入公平	6.30	1.06411	8
P4：推动城乡公共服务均等化，让城乡居民享受同等的公共服务	6.29	1.07816	9
P3：建立城乡一体化的社会保障体系，消除城乡居民之间的社会福利差异	6.28	1.08317	10
P5：加快推进城乡融合发展，构建和谐统一的城乡关系	6.25	1.09264	11
P16：破解制约农民工随迁子女教育公平的体制机制障碍，促进教育公平	6.24	1.07023	12

续表

政策条目	均值	标准差	排序
P7：制定明确的土地流转政策，确保土地流转的程序和条件的公平性	6.21	1.13974	13
P9：制定适宜的城乡规划，平衡城市和乡村的发展	6.19	1.14899	14
P18：推动农村劳动力技能培训，增加就业机会，鼓励农村劳动力在城市就业	6.19	1.15193	15
P6：促进城乡人口流动，实现优质资源的均衡配置	6.18	1.14153	16
P10：突破传统城乡二元结构，推进城乡融合发展	6.13	1.10346	17
P8：建立明确的土地产权制度，保护农民的土地权益，促进土地资源的高效利用	5.99	1.32001	18
P2：完善内生于户籍制度的相关制度，逐步消除城乡制度差异	5.89	1.27476	19
P1：逐步减少城市和农村户口差异，允许农村居民更容易地在城市落户	5.69	1.37786	20

（一）乡村振兴与新型城镇化协调发展政策需求描述性分析

表11－3反映了我国乡村振兴与新型城镇化协调发展政策需求偏好状况，调查结果显示，依据理论构建的促进我国乡村振兴与新型城镇化协调发展的20项政策需求的均值都达到了5分以上，即达到了“有些需要”此政策强度以上，其中，17项政策达到了6分以上，即达到了“需要”此政策强度。总的来说，社会公众对促进乡村振兴与新型城镇化协调发展政策需求体系中的政策需求强度是较高的。具体分析如下：

所有政策排序中排在前两位的分别是“P11：提高政府财政支出在农村教育、医疗等方面的公共服务支出”和“P12：提高农村地区的基础设施建设投入，改善农村交通等基础设施条件”，这两个政策领域直接关系到人们的日常生活和未来发展，因此社会公众对它们的需求和关注度较高。

排在第三、第四位的政策需求是“P15：加大对农村学校教育经费投入力度，推进义务城乡教育优质均衡发展”“P17：进一步完善劳动力市场政策，消除非正规就业歧视现象”。这两个政策需求也与社会公众的日常生活和未来发展密切相关。教育问题关系到人们的知识水平和未来就业机会，而劳动力市场问题则关系到工作条件和收入水平。因此，社会公众对这些政策的需求和关注度也很高，希望政府能够改善这些领域，以提高居民的生活质量和发展机会。

“P19：加强乡村环境保护和生态修复，实现可持续发展”“P20：进一步促进城市绿色生态宜居和经济协同发展”“P13：建立农产品最低收购价、提供农业补贴和奖励措施，提高农村居民的收入水平”“P14：调整最低工资标准，实现多档化、具体化，保障农村居民收入公平”“P4：推动城乡公共服务均等化，让城乡居民享受同等的公共服务”“P3：建立城乡一体化的社会保障体系，消除城乡居民之间的社会福利差异”等政策条目的需求强度依次排第五至第十位，集中反映了社会公众对生态环境保护、劳动就业保障、城乡公共服务保障等。

排在第十一位的“P5：加快推进城乡融合发展，构建和谐统一的城乡关系”、第十二位的“P16：破解制约农民工随迁子女教育公平的体制机制障碍，促进教育公平”、第十三位的“P7：制定明确的土地流转政策，确保土地流转的程序和条件的公平性”、第十四位的“P9：制定适宜的城乡规划，平衡城市和乡村的发展”、第十五位的“P18：推动农村劳动力技能培训，增加就业机会，鼓励农村劳动力在城市就业”、第十六位的“P6：促进城乡人口流动，实现优质资源的均衡配置”、第十七位的“P10：突破传统城乡二元结构，推进城乡融合发展”、第十八位的“P8：建立明确的土地产权制度，保护农民的土地权益，促进土地资源的高效利用”，这些政策反映了在中国乡村振兴和城乡协调发展的背景下，社会公众对于城乡关系、农村教育、土地管理、人口流动等问题的共同关切，希望政府通过政策来解决这些重要问题，促进全面、协调、可持续的城乡发展。

政策需求排在最后两位的是“P2：完善内生于户籍制度的相关制度，逐步消除城乡制度差异”和“P1：逐步减少城市和农村户口差异，允许农村居民更容易地在城市落户”。总的来说，这两项政策需求可能受到了改革的复杂性、不同利益诉求和政策制定难度的制约，导致社会公众对它们的需求并没有想象的那么大。然而，尽管需求相对较小，这些政策仍然是重要的社会议题，因为它们关系到城乡发展的公平和协调，以及人口迁移和城市化的问题。

根据表 11 – 1 所划分的户籍制度、社会保障、行政管理制度、土地政策、城乡规划、财税政策、收入分配政策、教育公平、劳动就业、生态环境十个政策类别，将 20 项政策需求按照每一政策维度划分，通过处理形成

10个新的政策类别变量，并以此分析社会工作在不同政策类别上的需求强度。我国乡村振兴与新型城镇化协调发展政策需求类型的均值比较见图11－1。

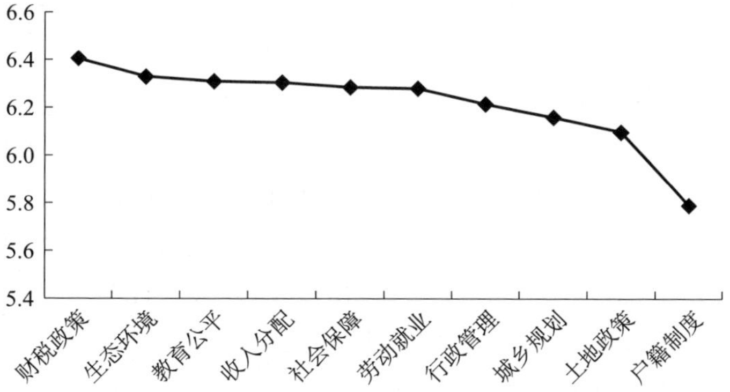

图11－1　乡村振兴与新型城镇化协调发展政策需求类型的均值比较

如图11－1所示，促进乡村振兴与新型城镇化协调发展的十类政策需求强度较高，除户籍制度政策低于6分（有些需要此政策）外，其他九类政策的需求强度均在6分以上，即此类政策需求呼声较高。财税政策的需求强度最高，政策中提及要加强对农村地区教育、医疗和基础设施的财政支出，表明当前农村地区在这些方面较城市地区落后，且引起了社会公众的广泛关注；生态环境保护政策居第二位，随着居民生活水平的提高，公众的环境保护意识也逐渐增强，不仅城市地区要实现绿色发展，农村地区的环境保护和生态修复也不断被重视；教育公平、收入分配、社会保障、就业等公共服务类的政策需求居中间位置，表明当前我国公共服务供给的力度还不够。要实现乡村振兴与新型城镇化协调发展，加大公共财政投入是关键，由政策需求强度可知，公众希望政府能够提高财政支持力度，推进城乡基本公共服务均等化。

（二）乡村振兴与新型城镇化协调发展政策需求单因素方差分析

从政策需求的角度看，乡村振兴和新型城镇化的发展过程中，公众对某项政策需求强度的高低反映了该领域的发展水平。当公众对政策需求强度较高时，这意味着当前政策供给不足，社会问题较严重，需要政府采取相应政策措施和资源投入，以便有针对性地解决这些问题。通过对乡村振兴与新型城镇化政策需求的描述性分析发现，社会公众对于上述十类政策都有较高的需求强度，这表明当前这些领域存在不同程度的欠缺，而加强这些领域的政策供给力度将有力促进乡村振兴与新型城镇化协调发展。考虑到性别、职业、年龄、所在地区和受教育程度都可能会影响到社会公众对乡村振兴与新型城镇化协调发展政策需求的判断，因此，需要对不同特征变量分别进行检验。根据问卷调查样本，提出如下假设：

假设1：不同性别的社会公众在十类政策需求上具有显著性差异

假设2：不同职业的社会公众在十类政策需求上具有显著性差异

假设3：不同年龄的社会公众在十类政策需求上具有显著性差异

假设4：不同学历的社会公众在十类政策需求上具有显著性差异

统计数据主要是对经过加权处理后的户籍制度、社会保障政策、行政管理制度、土地政策、城乡规划、财税政策、收入分配、科技教育、劳动就业、生态环境十类政策变量进行单因素方差分析。

1. 不同性别的被调查者需求方差分析

为了解不同性别的社会公众在促进乡村振兴与新型城镇化协调发展政策需求上是否具有显著差异性，对不同性别的被调查者进行单因素方差分析，结果如表11－4所示。

表11－4　　不同性别被调查者的政策需求方差分析

政策类别	性别（平均值±标准差）		F	P
	女（n＝868）	男（n＝629）		
户籍制度	10.84±2.62	10.29±3.32	0.851	0.359
社会保障政策	12.20±2.25	12.22±2.14	0.003	0.960
行政管理制度	12.16±1.95	11.78±2.44	0.773	0.382
土地政策	12.35±2.28	12.13±1.95	0.244	0.623
城乡规划	11.98±2.34	12.07±2.08	0.036	0.850
财税政策	12.67±2.40	12.73±1.60	0.021	0.885
收入分配	11.69±2.42	12.16±2.13	1.016	0.316
科技教育	12.69±1.79	12.33±1.95	0.907	0.343
劳动就业	14.27±14.92	12.07±1.76	0.971	0.327
生态环境	12.71±1.87	12.64±2.08	0.027	0.871

结果显示，政策的P值均大于0.05，表明不同性别的被调查者在十类政策需求上均不具有显著性差异，意味着社会中的不同性别群体对这些政策需求存在广泛的共识。

2. 不同职业的被调查者需求方差分析

本研究将社会公众的职业划分为公务员、事业单位员工、企业、农村居民、学生和其他群体共6个类别，不同职业的被调查者需求方差分析结果如表11-5所示。

表11-5 不同职业的被调者需求方差分析

政策类别	职业（平均值±标准差）						F	P
	事业单位（n=374）	企业（n=224）	公务员（n=405）	农村居民（n=242）	学生（n=194）	其他（n=58）		
户籍制度	10.73±2.69	9.00±3.12	11.75±2.17	14.00±0.00	10.55±3.25	11.00±2.55	6.284	0.000**
社会保障政策	12.20±2.11	12.20±2.62	12.25±2.02	12.60±1.45	9.91±4.32	10.92±2.63	2.616	0.029*
行政管理制度	11.80±2.11	11.53±2.42	11.60±2.70	13.00±1.31	10.18±3.72	9.31±3.38	3.279	0.009**
土地政策	12.20±2.31	12.47±2.07	12.15±2.76	12.87±1.30	9.05±2.94	11.62±1.71	6.897	0.000**
城乡规划	11.13±2.56	10.73±3.24	11.95±2.76	13.00±1.31	9.55±3.67	11.46±2.26	3.106	0.012*
财税政策	12.40±1.92	12.53±2.17	12.60±2.68	12.60±1.45	9.73±4.36	12.23±2.31	3.329	0.008**
收入分配	12.60±1.59	10.93±3.10	12.40±1.67	13.00±1.31	10.95±2.28	11.62±2.40	2.881	0.018*
科技教育	12.53±1.92	12.27±3.31	12.75±1.94	13.00±1.31	8.73±4.03	11.23±2.62	6.732	0.000**
劳动就业	12.33±2.02	11.53±2.53	12.35±2.16	12.40±1.35	9.82±2.99	10.69±2.63	3.807	0.003**
生态环境	12.73±1.83	12.53±2.20	11.85±2.56	12.13±0.92	11.27±2.69	10.15±2.79	2.427	0.041*

注：* $P<0.05$、** $P<0.01$

3. 不同年龄的社会公众在十类政策需求上具有显著性差异

本研究将被调查者的年龄划分为5个阶段，分别是25岁以下、26—35岁、36—45岁、46—55岁和56岁以上，不同年龄的被调查者需求方差分析结果如表11-6所示。

表11-6 不同年龄被调查者的政策需求方差分析

政策类别	年龄（平均值±标准差）					F	P
	25岁以下（n=390）	26—35岁（n=283）	36—45岁（n=309）	46—55岁（n=291）	56岁以上（n=224）		
户籍制度	12.00±0.73	10.00±2.77	10.85±2.48	12.60±1.73	14.00±0.00	13.877	0.000**
社会保障政策	12.75±1.68	11.60±2.91	12.50±1.79	13.50±0.89	14.00±0.00	5.621	0.000**
行政管理制度	13.25±1.33	11.50±2.44	10.60±3.14	13.00±0.86	14.00±0.00	10.480	0.000**
土地政策	13.00±1.03	11.85±2.25	10.95±2.86	13.20±1.01	14.00±0.00	9.420	0.000**
城乡规划	11.25±1.52	11.10±2.59	11.80±2.12	12.70±1.75	14.00±0.00	8.684	0.000**
财税政策	13.50±0.51	12.15±3.13	11.75±1.71	12.75±1.68	13.00±0.00	3.018	0.022*
收入分配	11.75±1.12	11.60±3.02	11.60±2.28	12.50±1.61	14.00±0.00	5.810	0.000**

续表

政策类别	年龄（平均值±标准差）					F	P
	25 岁以下（n=390）	26—35 岁（n=283）	36—45 岁（n=309）	46—55 岁（n=291）	56 岁以上（n=224）		
科技教育	11.25±1.52	12.15±2.68	11.80±2.73	13.20±1.01	14.00±0.00	6.850	0.000**
劳动就业	10.35±1.63	11.90±1.97	10.80±2.59	11.95±1.96	12.00±0.00	3.477	0.011*
生态环境	12.20±1.44	12.20±2.24	10.75±2.51	12.15±2.08	9.60±1.67	6.711	0.000**

注：* P<0.05、** P<0.01

结果显示，不同年龄段的被调查者在促进乡村振兴与新型城镇化协调发展政策需求上具有显著差异性，P 值均小于 0.05。表明处于不同年龄段的社会公众在乡村振兴与新型城镇化协调发展方面有着不同的政策需求。这可能是同年龄段的人可能有不同的社会经验和历史背景，这些经验会影响他们对政策的看法。

4. 不同学历的社会公众在十类政策需求上具有显著性差异

本研究将被调查者的学历划分为 4 个层次，分别为高中以下、专科、大学本科和研究生及以上。不同学历的被调查者需求方差分析结果如表 11－7 所示。

表 11－7　　不同学历被调查者的政策需求方差分析

政策类别	学历（平均值±标准差）				F	P
	高中以下（n=232）	专科（n=145）	大学本科（n=778）	研究生及以上（n=342）		
户籍制度	13.28±1.06	12.76±1.30	10.56±3.20	11.12±2.98	7.666	0.000**
社会保障政策	13.40±1.15	13.04±0.68	12.16±2.27	12.64±1.78	2.817	0.043*
行政管理制度	12.56±2.04	11.00±1.08	12.40±1.87	11.96±2.26	3.518	0.018*
土地政策	12.80±1.44	10.48±1.90	12.52±1.87	12.32±1.65	9.288	0.000**
城乡规划	12.36±1.87	10.20±2.61	12.28±2.23	12.16±1.68	5.940	0.001**
财税政策	13.40±1.00	11.20±1.71	12.56±2.31	12.88±1.83	6.995	0.000**
收入分配	11.52±1.61	10.12±1.81	11.76±2.98	11.44±1.69	3.111	0.030*
科技教育	13.32±1.14	12.60±1.35	12.84±1.70	11.52±1.90	6.021	0.001**
劳动就业	12.64±1.68	9.92±1.85	12.42±1.47	12.16±1.80	13.536	0.000**
生态环境	11.12±2.07	11.04±1.65	12.88±1.88	12.44±1.87	6.175	0.001**

注：* P<0.05、** P<0.01

结果显示，所有政策的 P 值均小于 0.05，表明不同学历的被调查者在促进乡村振兴与新型城镇化协调发展政策需求上具有显著差异性。不同学历的人接受的教育和知识水平不同，这可能影响他们对政策问题的理解和看法，高学历的人可能更有能力分析政策的复杂性，而低学历的人可能更容易受到政策实施的直接影响。

第三节
本章小结

通过对促进我国乡村振兴与新型城镇化协调发展的公共政策需求统计分析，问卷所设计的十类共二十项政策需求次序体现了当前我国城乡发展过程中需要解决问题的轻重缓急程度；在对二十项政策归结为十类政策需求的分析比较中，除户籍制度政策低于6分（需要此政策）外，其他九类政策的需求强度均在6分以上，表明社会公众对这些政策的需求强烈。通过对不同性别、职业、年龄和学历的被调查者政策需求方差分析，发现性别因素对政策需求不具有显著性差异，而不同职业、年龄和学历的社会公众在十类政策需求上产生了显著性差异。因此，拒绝假设1，接受假设2、假设3和假设4。总体而言，以上实证调查和统计分析结果反映了乡村振兴与新型城镇化协调发展政策制定与执行过程中需要考虑的重点，政策制定者需要综合考虑社会公众对政策需求的差异性，以制定更全面和符合乡村振兴与新型城镇化协调发展的政策。

第十二章

确保我国乡村振兴与新型城镇化协调发展的制度与政策创新

第一节 户籍保障与社会保障制度与政策创新

乡村振兴战略和新型城镇化战略都是致力于城乡均衡发展的课题，城乡均衡发展的核心在于破除城乡二元结构。城乡二元结构体制是中国经济和社会发展过程中的一个重要障碍，突出表现为城乡之间的户籍壁垒，以及由传统二元分割的户籍制度引致的要素流动不流畅、资源配置不均衡等问题。基于此，我们将户籍管理制度作为第一突破口，力图从制度层面打响要素自由流动的第一枪。

一、户籍保障制度与政策创新

（一）加强顶层设计，深化户籍制度改革

户籍制度是一项基础性制度，不仅用于明确居民户籍身份，而且与一系列社会、经济制度挂钩，深刻影响着国民的生活。因此，户籍制度的安

排对于维持社会稳定来说意义重大。过去实行的差异化户籍制度造成了城乡分离，引致了一定程度上的社会不平等，不符合当代社会发展的底层逻辑和现实需求，因此，深化户籍制度改革已成共识，为此呼吁奔走的人不知凡几。国家层面，2014 年由国务院发文开启了我国新一轮户籍制度改革的浪潮，但我国城乡二元经济结构的影响根深蒂固。尽管国家和地方层面都在持续推进户籍制度改革，但实质性的成功尚不显著。户籍制度的改革进程中，政府的顶层设计居于核心位置，应当承担起作为主持人的责任，着手宏观制度改革，确保户籍制度改在实处、落在实处。

1. 中央政府不仅要就改革意见做出重要指示，还要尽量提高改革举措的系统性传达，以确保地方政府的落实质量

2014 年由国务院发布的《关于进一步推进户籍制度改革的意见》是我国在户籍制度改革方面最为核心的指导意见，该意见提出了三个改革方向，共十一条具体措施。此后，国务院常务会议、公安部、国家发展和改革委等部门又陆续颁布了范围不同、领域不同、对象不同的意见、规划、通知，相关举措非常详细。对此，相关政府应及时对目前已向外发布、实施的改革举措进行整理，为下级部门的落地实施工作提供便利。

2. 户籍制度改革重在落实，各级政府要切实把握实际进展

尽管国家已经就落户问题发布了制度文件，但各地在落实文件精神方面进展不一。其一，关注度低的城市户籍制度改革积极性低、进程也相对落后；其二，个别地区出现了套用上级城市落户标准的情况，忽略了地区的实际条件，导致改革效果不佳；其三，公共服务产品质量处于第一梯队的大规模城市迫于资源压力放慢了户籍制度改革进程，设置了更高的落户门槛。因此，一套规范、全面的阶段性体制考察及必要的实地调研活动是必不可少的，一方面可以起到监督执行的作用，另一方面中央可根据下级政府实施情况定位需求和目标，从而及时作出动态性调整。

3. 加紧从制度层面矫正农业户口与非农户口之间割裂的局面以及不平等关系，助力打破城乡二元分割的制度障碍

其一，完善户籍迁移政策。落实城乡统一的户口登记制度以后，农业和非农户口的的区别被取消，从而达成了身份转变。为了消除原有的城乡群体对立，还需要进一步完善城市落户制度。目前，相当一部分地区的落户制度表现为对高水平人才的偏好，这对普通农民工或职业工人并不友好。其二，完善居住证制度。居住证制度能够在一定程度上弥补落户制度

的缺陷，但持有居住证并不能完全享有本地居民福利，如何定位居住证的地位，避免乱象，还需要政府再做定夺。其三，要对与户籍相关的一系列社会、经济制度进行更周密的谋划和布局。一方面为城市（特别是大规模城市、高关注度城市）的公共资源供给缓解压力，另一方面防止由人口过度集中导致的各项“城市病”。

（二）打破户籍壁垒，破除人口流动障碍

户籍壁垒是指在现行的户籍制度下，人口在城乡之间、地区之间流动时遇到的障碍。城乡之间的户籍壁垒起源于二元分割的户籍制度，而户籍身份通常具有世袭性，通过代际继承与传递，使得农业户口和非农户口之间的户籍壁垒不断高筑。理论与实践充分证明，人力资本是乡村振兴和新型城镇化发展的共同要素，是连接二者的纽带，更是两项战略成功的关键。因此，为了稳步实现我国乡村振兴与新型城镇化协调发展，必须充分重视户籍壁垒的打破，破除人口要素在城乡之间、地区之间流动的障碍，从而提高劳动要素市场化的水平，发挥人力资本的关键性作用。

显性壁垒层面，聚焦“能不能落户”的问题，要着重调整落户限制，规范并优化落户制度。统一的户籍制度在各省广泛推行以后，农业户口与非农户口统一成为居民户口，名义上的户籍壁垒得以取消，但原农业户口的居民在城市中的落户工作成了新问题。国务院在颁发的《关于进一步推进户籍制度改革的意见》中指出，户籍制度改革的具体措施要在全面放开落户条件的基础上实行。目前，我国中小城市的落户已基本全面放开，但各地制定的落户积分政策尚且存在一些问题亟待修正。其一，明显偏向高素质人才，落户的积分指标中，学历、职称等指标的权重过高，落户变“人才引进”。其二，很多地区仍旧将购买房屋、持有房产面积、投资纳税等作为落户门槛或优先条件。农民工在积分落户政策下，天然处于不利地位，因为大多数农民工学历低、技能低、资产少。既然要统筹好农村剩余劳动力的问题，就应当在落户制度上更多地惠及广大农民工，设立农业转移人口市民化优先机制，从而解决“能落落不下”的困境。

隐形壁垒层面，聚焦“愿不愿落户”的问题，要统筹好户籍利益分割的问题。除了要解决农业户口居民在落户城市方面的难题，更要考虑到其原本作为农民时的利益应当如何分割的问题。农业户口的居民权益主要为农村三权、即农民土地承包权、宅基地使用权和集体收益分配权。在农业

户口到非农户口转变的过程中，农民的利益被剥离了，同时考虑到自身在城市务工的生活本身就存在不确定性，导致很大一部分农民工的落户意愿并不高，户籍制度改革进展困难。据统计，保留农村三权将会提升超七成农民工的落户意愿。因此，从农民工的顾虑出发，转户政策不应以放弃“三权”作为要件，参考农民自身意愿的基础上，可采取有偿的方式转让“三权”，从而解决“能落不愿落”的困境。

（三）消除户籍差异，实现资源配置均衡

城乡之间、地区之间公共服务水平的不均衡问题是户籍制度改革的核心出发点，而户籍差异之所以引致了资源在不同群体中的不均衡配置，是因为我国的户籍是资源配置的重要依据。城市中的非农户口往往能够获取比农业户口更多的公共服务资源，同样的，不同规模的城市中的居民所获得的资源也是不同的，因此人们往往会选择流向城市，甚至是大城市。在此基础上，二元分割的户籍则赋予了商品、服务、工作待遇、工作机会等的排他性，导致待遇鸿沟，户籍的世袭性则进一步扩大了这一鸿沟。随着统一户籍的工作不断落实到位，我国城乡之间、地区之间的户籍福利差距逐渐缩小，但仍旧存在。为了持续推进社会资源的均衡配置，应当以破除户籍差异为导向。

聚焦“乡下人”和“城里人”之间的差异，对与户籍制度配套的一系列社会、经济制度进行一致性安排，加快剥离“户籍福利”。从 20 世纪 80 年代至今，户籍制度改革持续进行着剥离“户籍福利”的工作，制度改革的方向是整体的，但落实工作是极具地方特性的，因而出现了流动人口在不同地区的社会保障衔接不到位的情况。此外，拥有居住证虽然能够与城镇户籍享有同等的公共服务内容，但在优先次序上，往往户籍人口比非户籍人口优先，同时居住证并不受法律保护，依据居住证来获取公共服务的稳定性较差。户籍差异的影响仍旧根深蒂固，要持续探索与户籍制度相关的配套方案。其一，加强社会保障在不同地区之间的衔接，国家层面要做好统筹工作；其二，加强财政供给，在教育、就业、住房等重点问题上保障好农民工的利益；其三，妥善处理好居住证和户籍之间的关系，赋予居住证更高的保护。

聚焦“外地人”和“本地人”之间的差异，重视非本地农民工的社会利益，加快外来人口的市民化。随着户籍壁垒在制度层面的逐渐打破，人口在更广泛的范围内开始了转移，本地农民不一定流向本地城市，还可能流向其他大城市，也并非只有农民会做出迁移的选择，城镇居民也会出于各种原因外迁到其他地区，从而诞生了新矛盾，即基于地方属性的“本地人”与“外地人”之间的福利差距。首先，财政预算和拨款时，要考虑到外来人口这一群体的需求，增加财力支持。其次，消除社会上对外来人口的身份歧视，平衡本地人与外地人之间的招工待遇、失业保险待遇、养老保险待遇等，依法保护所有劳动者的权益。最后，聚焦子女就学、异地就医、社会保险三大重点问题，妥善统筹好公共服务的跨地转接工作。

二、社会保障制度与政策创新

现实验证，按照人群结构设计的社会保障制度是造成社会不公的重要原因之一。我国社会保障制度在建立之初走的是城乡分割的道路，乡村处于弱势地位，城乡社会保障制度的藩篱高筑，待遇鸿沟逐渐扩大。对比区域之间的社会保障制度可以发现，经济社会发展状况不同的省份之间，规模大小不同的城市之间也存在着较大的社会保障水平差距，欠发达省份不及发达省份，中小城市不及大城市和特大城市。因此，为了在制度上消弭不同群体之间的利益隔阂，提高社会保障制度的公平性和可持续性，构建一体化的社会保障制度势在必行。

（一）提升农村社会保障水平，提供更多保障

大多数农村地区的经济发展水平长期落后于城市，这直接导致了城乡之间社会公共服务投入力度的差距。农业户口是社会保障体系中的弱势方，其所得的养老保险、医疗保险、最低生活保障水平都不及城镇居民，因此，基本公共服务均等化的工作重点在于提升农民的社会保障水平，帮助农民加快市民化的进程，最终促成城乡一体化的发展目标。

1. 充分发挥政府宏观调控职能，引导资源流向农村地区

政府应充分发挥宏观调控的功能，合理引导公共服务资源流向农村地区，并增加财政支持力度，从而弥补一部分由农村经济发展落后而导致的分配不公。农村地区政府财力不足是导致区域社会保障不足的重要原因，对此，为提高公民享有社会保障的整体水平和稳定性，一方面，从财政的角度，可以适当提高社会保障专项财政经费中省级或国家级政府的拨款比重，适当降低地方政府的拨款比重，从而缓解地方财政压力；另一方面，

鼓励多元主体参与构建农村社会保障供给体系，在政府的主导下，带动各领域社会组织、商业组织作为补充力量参与到社会事业当中。此外，面向农村贫困户、低收入家庭、残障人士、老人小孩等弱势群体，政府应重点帮扶，不仅要加大对该部分群体的政策倾斜，更重要的是要落实到位，因为地方性的政策较为分散，上述弱势群体的政策领悟力通常较低，很可能因为不知情、不了解，或是操作不当而错失福利。

2. 政府应及时进行制度更新

着眼于新农村建设，政府应当更多地考虑到多元化农民的复杂现实需求，及时更新制度。我们将拥有农业户口的居民粗略的统称为农民，这里说的“农民”其实是一个多元化的概念，除了真正从农的一批人，离农的进城农民工、失地农民、个体工商户、私营企业者也都包括在内。农民群体的多元化构成，使其对社会保障的需求也更加复杂化。农村中非农就业人群比例的提高，要求政府对就业保障给予更高的重视，特别是在经济增长缓慢的当下。其一，出于对农民工的劳动者权益保障，妥善处理其在外受到就业待遇不公的问题；其二，持续重视对失业率的监控，扩大失业保障金的供给，做好基本生存的兜底工作；其三，面向农民提供技能培训和职业教育服务，帮助其成长为更符合社会需求的劳动者，助力其顺利就业。

（二）改进城市社会保障体系，促进社会公平

城镇的社会保障体系虽然相对于农村来说是标准更高的，制度更完善的，但大多数城市仍旧存在着较为严峻的老四难问题，即看病难、养老难、购房难、就业难。究其原因，主要是城市内部出现了新的二元分割结构，即本地人口和外来流动人口之间社会保障水平的不均衡。此外，对比不同规模的城市，经济发展水平越高的大城市筹资能力越强，面向本区域内居民提供的社会保障水平就越高，吸引了大量人口流入。在加快落实统一户籍制度，推进人口流动更加便利化、自由化的当下，为了防止人口过度集中于大城市，超过其资源环境承载能力和治理能力，不得不从社会保障角度做出制度调整。完善城市社会保障体系对于推动外来流动人口的市民化来说意义重大，这方面的改进思路如下。

聚焦城市内部的社会保障二元结构，应遵照统一的原则，切实保障外来流动人口的权益，公平享有社会保障和公共服务。城镇的高社会保障水

平需要资金来支撑，因此参保居民的社保缴纳标准也高。而外来流动人口工作的不确定性高，薪资在满足基本生活以外已所剩不多，因此，外来流动人口在考虑到未来工作地点可能变动，加上本身储蓄不多，往往选择不缴纳社保。而通常失业保障、医疗保险、养老保险是捆绑缴纳的，不参保的那部分外来流动人口的社会福利缺口极大，使其与本地居民的生活差距进一步扩大。从落户层面看，多数地区将缴纳社保及缴纳年限作为落户的要求之一，这也不利于外来人口融入本地。对此，针对城市社会保障二元结构的破除，须给予外来流动人口这一群体更高的关注度，加大政策倾斜幅度，提高这部分人群的参保率。从制度层面看，紧扣提高社会保障覆盖率的目标，一方面，可将社会保障体系中最为核心的、使用率最高的几项分离出来，供生活拮据的居民选择性参保；另一方面，可出台针对性的优惠政策，降低社保缴纳成本。

聚焦城市之间的社会保障差距，应遵照平衡的原则，充分发挥中心城市和城市群的资源优势，辐射、引领周边地区提高社会保障水平。中心城市和城市群正成为承载发展要素的主要空间形式，国家在推行乡村振兴和新型城镇化战略的过程中也多次强调，鼓励区域间的协同互进。为了达成全域发展的目标，德国实行“去中心化”战略，通过均等化居民的生活品质，实现人口在全国范围内的均衡布局。实事求是地讲，我国国情复杂，落实全国统一的社会保障制度还需要更长的时间来探索。我国现代区域发展格局中，中心城市和城市群占据着“资源中心”地位。因此参照德国的发展经验，可以尝试以大城市和城市群为引领，统一小范围区域内的社会保障制度，有了来自大城市的资源支撑，周边区域的社会保障制度可以得到升级。

（三）加强各类社保制度衔接，减少转移阻碍

由于历史原因，我国社保主要分为职工社保以及城乡居民社保两种，社保内容则包括基本养老保险、基本医疗保险、工伤保险、失业保险、生育保险等多个险种。按照人群结构设计的社保制度下，流动人口这一特殊群体身上所附着的社保情况逐渐复杂化，出现待遇差异、重复缴费、社保不可携性等问题。随着户籍制度的放开，人口流动更加频繁，我国异地社保方面的缺陷逐渐扩大化。随着乡村振兴和新型城镇化战略的持续推进，城乡一体化的程度不断加深，其中必然伴随着社会流动的增强，鉴于此，

统筹解决社保关系转移接续不畅的问题刻不容缓。

1. 建立统一的社会保障制度体系

就制度本身来说，要加紧优化社保制度的顶层升级，在解决现存问题的基础上，加快统一社会保障制度的标准体系。社会保障制度是社会保险、社会救助、社会补贴等一系列制度的总称，涵盖范围很广。经过多年发展，目前我国社会保障制度有了很大发展和完善，但依然还存在不足：其一，多项制度的内容存在交叉重叠，界限不清，容易出现重复缴费或福利重叠的情况；其二，城乡之间、地区之间、人群之间，社会保障制度的缴费标准、支付结构、待遇计发的方式等存在较大差距，使社保关系的可携性低。因此，针对上述现实问题，各级政府需对社会保障制度再次进行统筹规划和宏观设计，中央则要加快促成大范围的公共服务标准统一化，从而缩小城乡之间、地区之间、人群之间的待遇差别。

2. 构建有效的管理体系，优化制度环境

就管理层面来说，要构建一个有秩序、有效率的管理体系，优化制度环境。我国社会保障体系庞大，其中的管理主体非常多元，多头管理极易造成分工混乱、责任不清等乱象，很多地区也存在缺乏人力、物力、财力的困境。对此，要加紧促成社会保障经办机构的标准化建设，从而提高管理能力。一方面，以培养一批专业的管理人才为目标，增加财政预算，扩增公开招聘人数；另一方面，优化信息管理系统，加快建成跨区域、跨人群、城乡统一的大数据库，促进数据共享流动和供需对接，让社保项目随着人头走，提高社保的可携性，同时在更大程度上避免了重复参保的问题。

第二节
行政管理与土地管理制度与政策创新

一、行政管理制度与政策创新

行政管理制度是指国家或政府管理的体制、程序和行为的规范，是政府处理公共事务，提供公共产品和服务的规则。促成城乡发展一体化的关键不仅在于城乡建设的一体化，也在于城乡管理的一体化。乡村振兴和新型城镇化建设都对我国的社会管理水平提出了更高的要求，需要对行政管理制度进行革新，为职责优化工作提速，以满足日益增长的业务需求，应对日益复杂的社会矛盾，弥补日益严峻的管理缺陷，推动治理体系和治理能力的现代化。

（一）统一城乡行政管理制度，构建一体化格局

历史的发展经验指出，经济基础决定上层建筑，经济基础的变化发展决定上层建筑的变化发展及其方向。行政管理制度属于社会上层建筑，为了迎合乡村振兴和新型城镇化协调发展的需要，行政管理制度需要按照时代性、规律性和人民性的要求进行一定的调整，通过完善社会工作机构的职能体系，更好地服务于城乡一体化建设工作。

坚持“简政放权、放管结合、优化服务”的行政管理制度改革总基调，紧扣城乡一体化建设中的主要矛盾，推动政府职能转变走深走实。“放管服”改革是党中央为处理好政府和市场关系的重要战略部署，旨在减少微观经济活动的干预，释放市场主体的活力，并提高政务服务能力。党的十八大以来，各地稳步推进“放管服”改革，向着国家治理现代化的发展方向迈进。在“放管服”改革中，政府职能的价值取向从注重社会经济效率转向注重社会公平。在协同推进乡村振兴和新型城镇化的过程中，为建成城乡统一的整体性治理框架，要始终坚持“以人民为中心的”的理念导向，切实关切和回应民生需求，特别关注那些在城乡二元结构中处于社会利益分割弱势方的人群，如农民、农民工和流动人口，满足其多样化、个性化的需求。此外，随着二元户籍制度的壁垒逐渐被打破，不管是流动人口的增加、新农村建设进度的加快、后乡村时代特殊类型社区的诞生，还是户籍制度、社会保障制度、土地管理制度等的革新，都将引致社会工作的增量，并产生新的治理需求、服务需求。对此，行政部门应当面向现实需求进行部分重构，退出不需要的部门、保留必要的部门、增设需要的部门，将更多的行政力量整合投入到城乡融合的事业中去，以避免更多服务“重叠”和“真空”现象的出现。

（二）落实政府权责清单制度，增强政府执行力

不管是乡村振兴还是新型城镇化，都是致力于城乡融合发展的事业，

其重点在于“融合”二字。相对应的，行政部门面对城乡融合方面的工作部署容易出现工作归属方面的争议，所以，推进政府权责清晰化的工作刻不容缓。因此，要加快行政体制体系的改革，才能跟上城乡融合的步伐，创建“有为政府”。

全面落实“十四五”规划《纲要》中的政府权责清单制度，有针对性地解决行政权力与责任不对称的问题，赋予权责运行尺标的制度刚性。政府权责清单制度本质上是行政部门角色定位、边界认知、职能设置、结构划分、人员安排、流程构设等的制度体现，本质上是政府行政人员用权、履职、尽责的一套规则。第一，随着乡村振兴和新型城镇化协调发展的实践不断提升，以及外部环境的随时变化，城乡协调关系的打破是不可避免的，经济社会协调发展具有较强的动态性。相对应的，公共治理环境的动态性愈加显现。第二，乡村振兴和新型城镇化都是“融合”议题下的战略，随着城市和乡村两个区域之间的社会交流愈加深入，将伴生越来越多的跨部门公共服务需求，公共事务复合型不断加强。第三，人口流动是社会流动的关键一部分，随着城乡之间、地区之间的流动人口数量不断增加，人群结构愈加复杂化，由此诞生了多元化的公共诉求。因此，立足于社会的现实需要，行政制度运行要向着可调适性、完整性、有效性、可视化方向调整。为了落实政府权责清单制度，一方面，要明确该项制度的权威性；另一方面，中上层政府要积极统筹、指导地方政府的权责清单制定工作，统一权责划分的依据。通过理顺各部门的职能定位及部门间的职责关系，减少内部之间的协调成本，让决策和施政更加顺畅。

（三）增强跨部门治理融合力，统筹城乡间管理

随着农村要素和城市要素之间的交织愈加深厚，传统城乡二元社会结构开始向着三元演变，产生了脱胎于城市和乡村的特殊类型社区。这类社区表现为高度的城乡叠合性和成员多元性，因此并不适用传统城乡的“二分二治”方法。既然选择以“融合”破城乡发展之困，那么相配套的城乡治理也要走向融合共生，提升跨区域、跨层级、跨部门的统筹融合力，处理好城乡“衔接处”的治理问题。

构建“一核多元”式治理结构，联动党政社企，优化基层治理。近年来，全国多地积极探索构建“一核多元”式基层治理机制，即以坚持党的领导为核心，通过联动多元主体共治来提升治理功效的新思路。现实反

应，随着二元户籍制度被打破，当前社区治理的边界不再以户籍身份为依托，在籍在地居民、在籍不在地居民、不在籍在地居民作为利益相关者，都应广泛参与到社区治理当中，并接受服务。推动居民市民化方面的服务，如出租房和外来租客的管理服务、居民就业服务、居民城市文明素养培育等，既不属于传统农村社区治理性质的工作，也不属于传统城市社区治理性质的工作。鉴于此，需要有机结合在籍和在地两套治理体系，对在地人、事、物进行高效的综合管理。为此，不仅基层政府要在治理层面充分发挥本职功能，还要在党建引领的前提下激发社会组织、各类企业的参与积极性，并创新基层群众自治的有效机制，构成“一核多元”的治理工作格局，准确对接供需。

二、土地管理制度与政策创新

土地是民生之本、发展之基、生态之依。在辨析城乡融合发展内涵的过程中，土地作为不可或缺且紧俏的基础性发展要素，其配置和利用的议题一如既往地受到高度重视。城乡二元土地制度是城乡二元体制的重要组成部分，是从根本上转变城乡二元结构的重要内生动力，是重点攻略的对象。新中国成立至今，不同的经济社会发展阶段催生了不同的城乡土地关系，经过多次动态性调整后，当前正处于融合发展深化期。土地制度变革的内在逻辑，或者说土地制度管理的根本目的是控制城乡土地互动的程度以及实现城乡土地利用效益最大化。在新时代下，依托新国情，社会各界更应重新审视城乡土地关系，这是城乡融合发展的重要内容。

（一）建立土地产权制度，保障土地权益

我国城乡土地制度变迁的核心就在于土地产权制度，土地产权不仅包括所有权，还包括由所有权衍生出来的占有权、使用权、收益权、转让权等各项权能。土地产权制度的安排不仅关乎国民经济发展，更与人民福祉息息相关。根据《中华人民共和国宪法》，所有的城市土地归国家所有，农村和城市郊区的土地，除由法律规定属于国家所有的以外，归集体所有。20 世纪 90 年代，出于保护耕地的目的，我国全面禁止了非农用农地市场的交易，要求农村集体土地只有被征收为国有土地后，才可以参与到城市土地市场中，用作建设用地。该项举措有效遏制了乱占耕地建房、建厂等用地不规范、效率低的问题，但严重阻碍了城乡土地互动，土地公有

化程度的不断加深也衍生了严重的土地财政问题，政府财政脆弱性愈加凸显，总之该举措已不再适用于21世纪以后中国的经济社会国情。源于城乡二元土地结构，鉴于乡村振兴和新型城镇化的战略要求，基于共同富裕逻辑，我国土地产权制度的调整方向可以有以下考虑。

城乡土地产权的不均等问题是城乡土地二元结构的根源所在，其中农村土地产权权能的缺失导致农民处于城乡土地二元结构中的弱势方。党的十八大以来，解决好"三农"问题成为全党工作的重中之重，鉴于农业农村优先发展的要求，以"三农"工作的行动纲领为根本遵循，应当把农村土地产权制度变革放在城乡土地融合发展任务清单的首位。一是深入推进农村宅基地的"三权分置"改革，加大力度放开宅基地使用权入市，并将受让主体向本集体组织外扩展，满足农民房产资本化的需求，平衡城乡居民的财产收入，助力社会公平。二是持续探索和制定农村宅基地和农地退出机制，在遵循农民自主意愿的基础上，采用经济补偿、权利保留、福利补偿等多样化的有偿方式，盘活闲置土地，促进土地流转，提高土地资源的利用效率。三是持续探索和制定城乡统一的建设用地市场发展模式，取消过去对农村集体所有土地流转的程序性限制，将农民自愿退出的宅基地和农村集体公益性建设用地，连同农村集体经营性建设用地一起，就地或就近入市，构建全国统一的土地大市场，扭转城乡土地关系的失衡。

（二）促进土地保护利用，贯彻绿色理念

党的十八大以来，中国将"绿色发展"作为五大发展理念之一，纳入了国家整体发展战略，以此推动经济的高质量发展。党的二十大报告强调，要建成人与自然和谐共生的现代化。其中，强化土地资源的保护和利用是推动经济建设与生态文明共同发展的重要抓手。保护生态、保护耕地、保护国家粮食安全是全国各地的共同责任，应当形成"责任共担""人与自然和谐共生"的土地制度，打造绿色发展新高地。

1. 坚持绿色发展的新发展理念

坚守生态保护红线，科学配置土地要素以满足快速发展的要求，同时坚持节约利用和保护，贯彻绿色发展的新发展理念。有限的资源要求人类在进行生产活动的过程中，必须始终将保护生态作为刚性约束条件，协调处理好发展与保护的关系，从而实现对经济发展和生态保护的兼顾。为落实最严格的生态环境保护制度，一是要控制化学农药的使用，使用生物农

药或有机农药进行替代；二是要着重解决工矿业废弃地土壤污染问题，防控治理两手抓；三是要严厉打击毁林开荒行为，严控增量用地的产生，尤其要加大力度保护具有生态功能的土地；四是要树立节约利用的资源观，全面提高土地资源利用的效率。

2. 坚持更低的集约化开发利用

坚守耕地保护红线，坚决遏制建设用地的无序扩张以保障农耕土地的充足，同时坚持集约利用，防控土地粗放，减少存量耕地的闲置低效。过去，优先发展城市的理念使得城市建设用地需求不断扩大，侵占了一部分农用地，并由于规划欠佳，出现了闲置低效的情况。对此，第一，针对扩张问题，依照自然资源部国土空间规划局的相关文件，划定并严守耕地和永久基本农田、城镇开发边界两条控制线。第二，针对粗放问题，加大力度盘活存量土地，提高土地利用的集约化程度，将闲置低效的农用地和建设用地进行合并整合，进行集约化利用，降低地耗。第三，加强对用地总量和质量的监控，严格控制农用地转为建设用地，严格控制耕地转为林地、草地、园地等其他农用地。

（三）加强土地用途管制，优化资源配置

土地用途是人类活动在土地上的映射，我国土地管理的根本就是土地用途管理制度。土地资源具有自然属性、经济属性和公共属性，同时具有总量有限、不可再生、位置固定、可多用途使用等特殊性。为了维护社会稳定，实现土地资源的最优配置，以配合城市更新和新农村建设，土地开发和使用必须接受政府的监管。但根据国内外的实践经验，仅倚靠政府的调控难以达成理想目标。因此，面向土地用途管理的议题，必须同时发挥好政府和市场的作用，并处理好二者的关系，尤其要调整清政府角色，从制度层面为优化土地配置提供依据和规则。

政府拥有唯一的开发许可权，具有垄断地位。第一，土地社会属性的复杂性与区域格局的地方特殊性决定了土地用途管理的制度绝对不能是单一的，也不能是通用的，必须在充分考虑地方实际的基础上，发挥政府在土地用途配置方面的作用，出台符合地方实际情况土地用途制度安排。第二，征地的过程本质上就是将土地从私人用途转向公共用途，而地方政府对土地财政的高度依赖暗示这一行为的初衷发生了变质，为土地市场泡沫埋下了隐患，同时导致了所征土地的粗放和低效使用，造成了极大的资源浪费。按照2019年新修正的《土地管理法》，在新划定的公益性征地范围之外任何需要占用农村集体土地的，都只能通过集体土地入市而取得。征地制度市场化的加深，将减少地方政府的土地出让金收入，从而迫使地方政府更深入地思考居于土地之上的建设问题。第三，优化顶层设计，地方政府要依据现有的原则性与方向性条例，加紧出台与宏观制度配套的实施细则，提高实践可能性。第四，优化土地用途转变制度，不管是城市更新还是新农村建设，空间价值向着多元化转变的趋势已定，因此要求区域内的土地用途也随之转变，进行土地的再开发和再配置，盘活存量土地资源。

第三节
城乡规划制度与政策创新

在2018年的《乡村振兴战略规划（2018—2022年）》中，首次出现了城镇化与乡村振兴“双轮驱动”的提法，为新时期我国经济发展的空间结构变革指明了方向，被认为是破局城乡二元结构的重要途径。然而，城乡二元结构的影响深刻，城乡融合发展的新征程尚处在探索阶段，落实的工作仍旧任重道远。事关经济社会发展大局和人民群众切身利益，研究制定建设规划是推进城乡融合的第一步，是首位的问题，必须做好这一顶层设计。

一、建立综合城乡规划体系，促进城乡协同发展

纵观现有的国家总体规划，促进城乡融合互动的工作逻辑早已厚植于各项社会工作中了。“十四五”规划纲要中，正式提出了“城乡融合发展”的名词，但其实早在2003年的中共十六届三中全会中，中央就提出了“统筹城乡发展”的要求，党的十八大则进一步明确了“推动城乡发展一体化”的要求，党的十九大则上升到了“城乡融合发展”。由此可知，城乡融合的大趋势已定。而城乡规划在由乡村振兴战略和新型城镇化战略共同推动的城乡融合发展过程中，为城市和乡村两个空间的统筹协调发展提

供依据和规范，是调节城乡两大板块互动关系的重要指南。鉴于此，加快建成系统性、综合性的城乡规划体系是应有之义。

（一）综合城乡规划应当具备较高的前瞻性和动态性

我国习惯采用“自上而下”的规划制度，需要经过国家、省、市、县、乡镇五个层级的传导。鉴于此，一方面，发挥“自上而下”模式的既有优势，上层政府继续基于全局性、长期性问题的认识，就远景目标作出准确指示，保障规划建设的前瞻性。另一方面，“自上而下”的规划制度中，越是下游越能深度洞察实际情况，规划的空间反而越小，极易造成规划空、虚、歪，导致规划内容难以落地等问题。因此，应赋予地方政府在贯彻总方针的基础上，根据地方特色制定详规的自由度，从而保证规划的有效性和实用性。综上所述，应当深化“自上而下”和“自下而上”两条路经的结合，坚持顶层设计和摸着石头过河相协调，以前者确定实践原则和基调，以后者积累实践经验，从而在准确把握社会发展基础条件和外部发展环境变化的基础上，精确抓住人民最关心最直接最现实的利益问题推进重点领域改革，使全社会形成改革创新活力竞相迸发、充分涌流的生动局面。

（二）城乡规划应当鼓励多元主体的广泛参与

综合城乡规划应当集中基层智慧，以案例为导向探索多样化的城乡融合建设方案，并鼓励多元主体以各种形式广泛参与到城乡综合规划制定和实施的过程中。规划的制定权基本掌握在政府手中，但“人民当家做主”的初心要求规划的制定必须将人民作为重要的参与者之一，在建立城乡空间建设发展秩序、优化人居环境、提高居民生活质量等方面积极响应民生所求。此外，各地在城乡建设中展现出极高的热情和极大的创造力，在推动农民市民化、集体建设用地入市、城乡融合发展平台等方面创新了不少新经验。由此，鼓励地区间的相互交流和经验学习，以案例为依托，寻找不同条件下的多样化解决方案，具有重要意义。

二、优化城乡空间功能布局，提高资源利用效率

城市与乡村作为两种不同类型的地域综合体，二者在功能定位、人口分布、产业活动、聚落形态、文化特色等方面均具有明显的差异。经过历

史的沉淀，城市通常是经济活动中心和非农产业集聚地，而乡村则承担着保障粮食安全和农产品供给、提供生态产品、传承农耕文明等功能。但区域内空间功能的布局是面向未来的，在聚力促成城乡融合的背景下，传统城市定位和乡村定位的打破是必然的，同时不得不面对资源要素约束和环境容量趋紧的双重压力。因此，城市和乡村需要在功能定位和产业发展上实现互补，谋划国土开发有序的空间发展格局，从而实现可持续发展。

（一）把握城乡发展不同定位

优化城乡空间功能布局，第一步也是最核心的一步就是把握好城市、乡村及非建设空间发展的定性、定位、定向。就国土空间规划行政管理部门来说，2018 年国务院新组建的自然资源部，集中行使原住建部的城乡规划管理、发改部门的主体功能区规划、国土资源、农业、林业、海洋、测绘等部门的所有国土空间用途管制和生态维护的职责。因此，为建成全域、全要素的国土空间规划，自然资源部门应当充分发挥领导作用，探索编写宏观层面的国土空间总体规划，尤其是在乡村振兴战略和新型城镇化战略并行，甚至是协同推进二者的当下，基于“以城带乡、以乡促城”的“城乡双轮驱动”新思路，重点把握好城市和乡村的定位，同等重视建设具备多功能价值的新型乡村空间，培育协调的现代化都市圈或城市群，构建县域城乡融合发展的单元，补充非建设空间的规划等重要任务，绘制空间规划的城乡一张图，为基层政府制定详规奠定基调、指明大方向。

（二）加快推进农村地区产业布局

产业协同是推动城乡融合的活力来源，在农村地区加快布局产业空间是推进农业现代化发展的应有之义。长期以来，农村区域内的土地以农耕为主要用途，要想布局二三产业，农业部门与村级管理干部需要联合进行因地制宜的系统性空间资源整合，再进行产业匹配，进而构筑产业空间基本框架，最后做出具体谋划并落地实施。这一过程极其考验跨部门协调，以及对地方实际的深度认识，同时更离不开地方财力的支持。一旦建成，区域产业的成功协作将带来极大地效益，不仅能够带动乡村经济的发展，优化城乡间的产业布局，更深层次的效能是借助产业链互通实现资源在城乡间的有序流动和循环，为破除城乡二元结构提速。

三、加强城乡规划数智创新，打造新型发展模式

数字化是当前的时代特征，数字革命正席卷着全社会，数字技术已悄然融入了各行各业，整个经济社会正向着“更智慧”的方向前进。数字化将深刻改变城乡融合发展的面貌，成为城乡区域协调发展的重要驱动力。

（一）深化数字技术在城乡治理中的应用

随着数字技术日益融入经济社会发展各领域全过程，数字治理越来越成为创新社会治理模式、提升城乡治理水平的重要手段。数字政府建设则是适应新一轮科技革命趋势、引领数字社会建设、加快数字化发展的必由之路。鉴于此，自党的十八大以来，数字政府建设步入快车道，国务院提出并多次强调要加强数字政府建设的重大决策部署。乡村振兴战略和新型城镇化战略均是关乎国计民生全局的大事业，其二者的协调发展更是牵扯到众多领域、众多空间、众多主体的复杂课题，而通过借助数字化的力量，加强数据汇聚融合、共享开放和开发利用，能够极大地破除信息壁垒，明晰各部门职责界限，降低跨部门协调成本，从而提高政府决策的科学化水平和管理服务效率。目前，住房城乡建设部办公厅等部门，以及部分先行城市已率先开启数字化管理改革试点工作，未来要做好试点经验的总结和推广，助力构建全域统一的城乡共建管理平台。

（二）有效开展城乡间数字产业布局

加快促成产业数字化和数字产业化的“双轮驱动”，融合数字经济与实体经济，规划并实践贯通于城乡间的数字产业。在编制城乡规划的过程中，要给予数字经济以高度的重视，重点推动数字产业介入实体产业，特别是要推动传统实体产业吸收数字要素，从而为传统产业的发展注入新活力，为城乡融合发展拓宽了新路径。一是数字技术引领城乡生产力发生了变革，尤其加快了农业的数字化转型，赋能了现代农业、智慧农业的发展。二是数字技术贯通了城乡消费市场，借线上平台，打破了消费的地域界限，帮助农产品走出去，带动了优质消费平下乡。三是数字化手段推动了订单农业、乡村车间、制造农业、创意农业等新型业态的发展，帮助重塑了城乡产业链分工和价值链分配。

第四节 财税政策与收入分配制度与政策创新

一、财税政策制度与政策创新

乡村振兴与新型城镇化协调发展是以建立城乡要素平等交换为前提的，而财税政策作为政府资源配置的重要手段，对于破除城乡二元经济结构、缩小城乡收入差距具有重要的作用。具体地，可以通过完善地方财力保障机制、优化地方财政支出结构、健全地方税制度体系等途径促进我国乡村振兴与新型城镇化协调发展的财税政策体系。

（一）完善地方财力保障机制，增强政府提供公共服务的能力

地方政府作为基本公共服务的重要提供者，其财政能力是影响政府支出的主要因素，也是政府提供基本公共服务的财力保障。一般来说，政府财政能力越强，其提供公共服务水平越高。因此，要不断增强和完善地方政府提供基本公共服务的财力保障机制。一是促进地方经济增长，增强地方政府基本财力的自我保障能力。经济决定财政、财政反映经济，因此，保障地方经济转型升级是居于首要地位的。地方政府应充分发挥本地的比较优势，大力发展特色产业，培育地方品牌优势，增强政府的财力。二要实施地方政府工作激励机制，激发各级工作人员的积极性。根据地方政府工作的实际绩效建立奖励机制，对实现财政收入增收超过一定百分比的地方政府实施财政奖励激励政策。通常来说行政权力下方后，地方政府拥有更多自由裁量权和行政便利，因此还可以通过政府间竞争创造发展激励。三是要完善“省直管县”财政体制。“省直管县”改革使县级财政与省级财政直接对接，降低了县级政府财政收入上缴的比例，增加了县级政府的可用财力。“省直管县”分权改革能提高地方政府财政自主权，从而激发政府发展经济的热情（王立勇和高玉胭，2018）。因此，应继续推进“省直管县”改革，为统筹城乡发展、提供基本公共服务提供强有力的资金支持。

（二）优化地方财政支出结构，缩小城乡公共服务的非均等化

我国当前城乡发展不平衡，而城乡基本公共服务的非均等化是我国城乡发展不平衡的主要表现。为了实现全面建设社会主义现代化国家的宏伟目标，政府必须加大对农村的财政投入，以促进农村地区的可持续发展。一是政府要加大对农村公共产品和服务的投入比重。农村是中国数亿农民的居住地，农村的发展不仅关系到这一庞大人口的生计，也关系到农村社会的稳定。通过提高财政支持力度，进一步扩大农村基础设施、农业生产、义务教育、医疗卫生、社会保障和生态环境保护等领域的财政覆盖面，缩小城乡公共服务的非均等化。这种支持通常可以采取多种形式，包括农村财政转移支付、农村税费改革以及农村信贷支持等。这些政策的制定和执行有助于资源分配的公平性和效益最大化，有助于降低社会不平等，增进社会和谐。二是要提高中西部欠发达地区和贫困小城镇的基础设施建设和公共服务供给水平，以缩小贫困地区城乡间的基础设施和公共服务水平的差距。通过从公共预算、土地出让收益中设立专项资金作为贫困地区基础设施和公共服务的基础资金。此外，要扶助农村企业发展，使农村小企业也能享受到高新技术企业所享受到的税收优惠。

（三）健全地方税制度体系，为统筹城乡发展提供稳定的财源

统筹城乡发展是乡村振兴与新型城镇化协调发展的重要步骤，形成可持续的财政支持是统筹城乡发展的基础。一是要加快培育地方主体税种。为解决乡村振兴与新型城镇化协调发展进程中地方政府财政压力大以及进行基建和公共服务供给过程中面临的资金短缺问题，地方政府应在保证中央财力为主导地位的前提下培育地方主体税种体系。尤其加快培育能够为地方政府带来稳定财政收入的地方主体税种，为统筹城乡发展提供稳定的资金支持。包括房地产税在内的财产税具有稳定和税基大的特点，因此可以构建以财产税为主的地方税收体系，同时应拓宽地方税源，增加地方财政收入。二是各级地方政府之间合理划分税种，保障各级政府都有稳定税种。由于房地产税和城市维护建设税规模较大，又与城市经济建设有密切关系，因此将这两个税种的税收收入划归省级财政可以保证省级政府财政收入的稳定，有利于其对全省经济社会的调控。将一些税基稳固、税源普遍、课征较为复杂的税种，适宜划归市县政府，并将其作为市县政府的主

体税种。三是要赋予地方政府一定的税政管理权限。我国不同地区资源禀赋差异较大，导致各地经济发展水平也存在较大差距，赋予地方适度的税权，有利于增强各地税收法律的适应性，也有助于地方政府因地制宜地挖掘税收潜力。

二、收入分配制度与政策创新

乡村振兴与新型城镇化协调发展的收入分配制度与政策创新，是指在乡村振兴与新型城镇化发展的过程中，要优化分配制度安排，处理好分配制度中的效率和公平问题。具体地，通过提高劳动报酬在初次分配中的比例、完善再分配制度、积极发展慈善事业等措施，促进初次分配、再分配、三次分配配套协调，促进乡村振兴与新型城镇化协调发展。

（一）调整初次分配，提高劳动报酬比例

初次分配是我国国民收入的首要环节，在我国财富分配中处于最为基础的地位。从分配比例来看，初次分配占居民收入分配比重最大，是收入分配的主要形式。一是健全工资协商机制。当前大部分非公企业的收入分配是由企业经营者单独决定的，而非由企业和职工代表组成的工会集体协商或谈判确定。为了保障劳动要素所有者和资本要素所有者在市场竞争中处于平等地位，同时平衡劳动者和企业的利益关系，需要建立健全工资协商制度。国家层面，应协调推进机关、事业单位工资分配改革，协调好地区、行业、群体之间工资分配的关系。同时，可以通过劳动立法等相关制度强化工资集体协商的法律效力，从而加快集体协商法制化进程。二是健全工资支付保障机制。工资拖欠不仅会影响职工劳动投入的时间，还会影响其收入，因此，要健全工资支付保障机制，重点保障城市农民工可以按时且足额地获得工资收入。为此，属地政府要承担监管责任，督促企业严格遵守并执行相关法律法规，及时支付企业职工的劳动报酬。同时针对已经出现的拖欠工资行为，政府应与相关部门协同治理，依法惩处恶意拖欠行为，并最大限度地压缩拖欠时间。三是健全工资合理增长机制。具体地，要增加低收入者收入，扩大中等收入群体。政府应定期发布劳动力市场用人成本信息，并以此为依据制订并向社会公布工资指导线，同时还要指导企业完善按技术和创新要素参与分配。此外，应动态调整城市最低工资标准，充分发挥最低工资在初次分配中的作用，构建有利于实现乡村振

兴与新型城镇化协调发展的收入分配秩序。

（二）完善二次分配，维护社会公平公正

二次分配是在初次分配的基础上，政府运用政治权力通过对国民收入进行转移支付的过程，也是政府对要素进行再次调节的过程。居民收入差距控制在合理范围内能够促进生产财富效率的提高；而收入差距悬殊容易产生社会不公的情绪从而影响生产的积极性，因此二次分配的目的是政府运用再分配的政策手段调节不合理的收入差距，实现分配公平。一是完善税收调节机制。税收是政府财政收入的主要来源，也是调节居民收入分配的重要手段。一方面，要优化税制结构，所得税和财产税等直接税在调节收入分配方面具有优势，然而由于税收监管手段的落后，征税简便的间接税在我国税制结构中占比较高，而直接税占比偏低。为了更好地发挥税收政策对再分配的作用，需要进一步优化税制结构，促进以间接税为主向直接税为主的过渡。另一方面，要完善个人所得税制度，发挥个人所得税的“限高”作用。通过制定合理的税率，调节收入过高者的收入。二是要完善社会保障支出的再分配效应。社会保障是再分配的重要手段，也是保障和改善民生的制度保障。当前我国社会保障主要通过向低收入人口转移收入实现缩小城乡收入差距。因此，提高社会保障再分配能力要扩大社会保障的支出规模。虽然我国的经济规模较大，但我国社会保障占财政支出的比例较低，这会弱化社会保障调节收入差距的效果。只有不断提高社会保障支出规模，提高社会保障在政府财政支出中的比例，才能使社会保障体系惠及更多社会民众，让更多人享受到社会保障的再分配效应。同时为了更好地实现乡村振兴与新型城镇化协调发展，需要加大农村地区的社会保障财政支出，重点建设农村基础设施和公共服务体系。三是要加大转移支付力度。城乡发展不平衡不充分是乡村振兴与新型城镇化协调发展的重要制约因素，因此要加大对农村经济政策的倾斜力度，加大对农村农门的转移支付力度，利用转移支付资金改善农村教育、医疗、养老等各方面的基本公共服务水平，逐步缩小城乡之间居民可支配收入中的再分配收入差距。

（三）鼓励三次分配，改善财富分配格局

三次分配是收入分配制度的重要组成部分，三次分配主要是指企业、

社会组织、个人等社会群体在自愿的基础上通过捐赠、资助等公益活动的方式对其所属的资源和财富进行分配。其有利于弥补初次分配和再分配过程中可能出现的“市场失灵”和“政府失灵”问题（马文武和况成兰，2023）。一是要完善慈善捐赠激励机制。慈善捐赠本身是一种善良的举动，但这种行为也需要一定的奖励机制激发其行为的实现。一方面，可以通过给予发起慈善捐赠的社会组织或个人荣誉等精神激励，或者对参与慈善捐赠的单位、人员名单在一定范围内贴榜公示，从而达到精神激励的目的，并激发更多人参与慈善捐赠；另一方面，大力支持和引导社会组织等开展公益活动，通过税收优惠、财政补贴等方式完善公益组织的税收政策，降低其运营成本。二是弘扬慈善文化。文化作为一种无形力量，能够潜移默化的影响社会成员的意识，加强慈善文化引领，不仅有助于优化公益慈善环境，还能为第三次分配提供道德力量支撑。一方面，可以通过积极培育公民慈善意识，增强公民社会责任，使其积极主动地参与慈善活动；另一方面，加强企业慈善文化建设，通过税收激励等措施推动企业积极承担社会责任、树立企业良好形象。三是完善志愿服务制度。志愿者作为当今社会的一个重要群体，能够创造较大地社会财富，因此应该重点培育一批志愿者为农村发展服务。要加大对志愿服务的宣传力度，培育社会公众的志愿精神，形成社会对志愿服务的广泛认同，号召更多的人加入志愿服务活动。志愿服务的对象应以农村老年群体为重点，通过志愿服务减轻老年人的生活负担，为老年人提供精神慰藉。

第五节
教育公平与劳动就业制度与政策创新

一、教育公平制度与政策创新

随着经济社会的发展和人民生活水平的提高，人民群众对优质教育的需求日益增长。然而，当前我国教育资源城乡分布不均衡的问题比较突出，人民群众的教育需求与教育发展不平衡不充分的现实构成了矛盾，在一定程度上阻碍了乡村振兴与新型城镇化的协调发展。乡村振兴与新型城镇化协调发展的教育公平制度与政策创新要求解决这一矛盾，建设优质均衡的公共基础教育服务体系。

（一）均衡分布城乡教育资源，促进教育机会公平

教育公平是社会公平的重要组成部分，是阻断贫困代际传递的重要途径，而机会均等是实现教育公平的基础。人力资本理论认为，教育投资是生产性投资，受教育水平会影响个人的经济决策。然而我国城乡二元经济结构下，农村教育投入明显不足，仍有部分适龄儿童无法享受到平等的受义务教育的机会。因此，加强农村地区教育投入，确保每个适龄儿童都能享受到平等的教育机会，实现城乡教育资源均衡分布，是缩小城乡差距、促进乡村振兴与新型城镇化协调发展的重要手段。一是要加强农村地区的义务教育的基础设施建设。义务教育基础设施的差异会影响高等教育的资源竞争，因此要实现乡村振兴与新型城镇化的协调发展，政府应加大对农村义务教育的资金投入，完善农村义务教育的基础设施建设，通过投入先进的教育设备和现代化器材改善农村地区学校的硬件设施，为学生创造一个良好的学习环境。二是建立健全农村教育体系。优秀的教师资源是农村地区教育体系的重要软件设施，良好的教师资源对于处于义务教育阶段学生的重要性更是不言而喻。然而农村地区往往面临师资力量不足的问题，因此要鼓励优秀的师资去农村地区任教或鼓励年轻的大学生群体去教育资源匮乏的地区支教。对于乡村教师应建立一套完整的培养、选拔和流动机制，并提高良好的职业发展机会以吸引更多优秀的教师愿意前往农村地区任职。三是重点关注和支持特殊人群的上学率。对于流动人口子女、留守儿童以及其他困难群体，要依法保障他们享有受教育的权利，并对学习和生活有困难的学生提供给学费减免、生活补助、助学贷款等，确保所有适龄儿童都能享受到平等的受教育机会，防止学生因经济贫困而辍学的情况发生。

（二）构建优质教育服务体系，促进教育质量公平

在机会公平的情况下，教育质量公平是实现我国乡村振兴与新型城镇化协调发展的教育公平制度与政策创新的关键。将机会公平和教育质量相结合，不仅可以保证学生平等的享有受教育机会，还能为学生提供高质量

的教育资源和服务，促进农村地区学生的全面发展，缩小城乡教育差距。一是要提升农村地区教师的专业素养和能力。教师是教育事业中的关键力量，而教师的专业素养和能力对于促进教育质量优质公平起着重要的作用。教师专业素养和能力会直接影响学生的学习兴趣和成绩，进而影响地区教学质量的优劣。优秀的教师往往拥有丰富的专业知识和激发学生学习兴趣的授课方式，因此只有不断提高教师的专业素养和能力，才能提高农村地区教育的整体水平，促进城乡教育质量的公平。二是要当地政府实施人才引进政策，为农村学校引进优秀教师。实现城乡教育质量优质公平，最关键的因素是“人”。地方政府要大力实施人才引进工程，确保引进的乡村教师都能得到良好的物质待遇，满足乡村教师的基本生活需求。同时，政府可以设立专项基金，用于奖励愿意留在乡村长期任教的优秀教师，从而激发更多的乡村教师拥有甘心奉献乡村教育的情怀。此外，也要扩展乡村教师的交流学习平台，完善城乡教师定期交流的相关制度，畅通城乡教师之间的有效交流。三是利用数字赋能，推进优质教育资源城乡共享。数字化教育能够拓展乡村学校单一的教育资源供给渠道，通过互联网可以将名校名师的课程输送到偏远的乡村，扩大优质教育资源覆盖面，实现优质教育资源城乡共享，缩小城乡教育差距。同时，数字化教育还改变了单一的线下上课模式，增加了线上线下混合模式，学生不仅可以方便地获取教育资源，还可以实现随时、随地学习。

（三）聚焦优化教育治理体系，推动城乡教育公平

乡村振兴与新型城镇化协调发展的教育公平制度与政策创新不仅要求教育机会和教育资源平等，还要求优化教育治理体系。通过改革教育治理体系、完善经费投入和使用机制和加强城乡教育资源配置的督导与监测等途径，推动我国城乡教育公平。一是要加快推进教育管理体制改革。要实现城乡教育公平，需要优化教育治理体系。一方面政府应提供办学条件和制度保障，另一方面要激发学校、教师和家长的积极性和主动性。政府可以充分利用社会资源，以学校为主阵地，同时建立劳动基地、科普基地等校外活动中心，支撑学生的全面发展。二是要完善政府教育经费投入和使用机制。在经费投入方面，地方政府应坚持教育优先的发展战略，优化财政支出结构，向农村地区提供稳定的教育经费支出；同时，对于家庭经济困难的学生群体，应实现精准资助，努力消除辍学现象。在经费使用方

面，应落实教育财政支出权利和责任划分，建立“谁使用，谁负责”的教育经费管理机制，使教育经费落到实处，提高经费的使用效率和科学性。三是要完善城乡教育资源配置的督导与监测体制。加强教育资源配置的督导与监测有利于保证教育资源配置的公平，防止城乡义务教育经费投入被截断或挪用现象的发生。督导和监测的过程中要使用多种手段和工具广泛听取各方面的意见，提高督导和监测的工作效率；对于监管过程中发现的教育问题，应及时解决，提高督导和监测的工作质量。

二、劳动就业制度与政策创新

乡村振兴与新型城镇化协调发展的劳动就业制度与政策创新，是指政府通过相关制度和政策调整，为农村居民参与创业就业创造一个优良的发展环境，从而确保乡村振兴与新型城镇化协调发展的目标实现。

（一）健全城乡要素流动，构建统一的劳动力市场

我国长期以来形成的城乡二元结构阻碍了城乡之间土地、资本、人才等生产要素的自由流动，表现在人力资本上，则是造成了我国城乡劳动力市场分割的局面。这不仅不利于乡村经济的发展，还使得我国城乡收入差距日益扩大，同时城乡劳动力在市场上的不公平待遇不利于农村剩余劳动力的流出。而解决农村剩余劳动力就业问题关乎乡村振兴和新型城镇化两项战略目标。因此，为了有效保障农村居民的就业，必须构建统一的劳动力市场。

1. 加强交通基础设施建设，破除劳动力要素流动时空限制

劳动力要素流动主要表现为区域间人的流动，因此加强交通基础设施建设是畅通城乡劳动力市场的关键。一是要完善公共交通网络布局。要畅通城乡劳动力市场需要确保农村劳动力能够轻松进入城市或其他就业机会所在地。在农村层面，在了解农村地区的用工需求和出行模式的基础上，全面规划农村交通网络，并通过开通定制路线、加密上下班时间段客运服务频次、工业区增加共享单车等方式实现城乡地区良好的衔接。在城市层面，继续完善国家综合立体交通网，并形成以中心城市、都市圈为中心的辐射周边综合客运交通体系。二是要大力推动智慧交通建设。将大数据、人工智能、云计算等数字技术与交通运输系统深度融合，建成包括车辆和路网等各数据库的交通数据资源中心，实现车辆信息的实时查询、交通的

有效调度。

2. 深化户籍制度改革，破除人口自由流动障碍

在当前短期内无法完全取消户籍制度限制的情形下，各级政府应继续深化户籍制度改革，赋予农民在城镇地区的平等就业机会。一是要放宽城市落户条件。对于中小城市、中西部地区的城镇，应放宽甚至取消城市落户限制，让更多长期在本地就业或有意向留在城镇的农民工逐步在城镇落户，以引导他们融入城市。二是要逐步减少甚至消除与户籍制度相挂钩的各种社会制度的歧视。首先，要保障农民工在城市享有与城市职工无差别的就业机会、劳动报酬权、社会保险和福利权、劳动安全权、职业技能培训权、休息休假权、职业技能培训权等权利。其次，要保障农民工在城市与户籍人口享有同等的购房、社会保障、子女教育等方面的权利。最后，要打破地区间劳动力的流动壁垒。地区间应加强人才合作，淡化行政区划，同时减少地区间恶行的人才竞争，让市场成为人才要素配置的重要手段，打破区域间的人才流动壁垒。

（二）促进城乡产业融合，提供更多的就业机会

城乡产业融合是指城市的企业向农村地区转移输送技术、资金和人才等生产要素，并与农村的优势产业相结合，进而形成新产业的动态发展过程。促进城乡产业融合，既是解决农村劳动力就业难、实现乡村振兴与新型城镇化协调发展的关键支撑，也是提高农村居民收入、提升农民生活质量的重要途径，更是推动农业农村高质量发展、畅通城乡经济循环的动力源泉。

1. 促进城乡要素双向流动

由于我国曾在较长一段时间内实施“城市偏向型”政策，导致当前城乡发展不平衡的问题非常突出。但城市需要从农村输入劳动力、土地、农产品等要素，为城市发展提供支撑；农村需要从城市输入高素质人力资本、资本投入、技术装备、管理方式等要素，以引导乡村经济社会发展。因此，实现城乡要素平等交换、双向流动是促进城乡产业融合、全面推进乡村振兴的重要基础。要加快建设城乡统一的要素市场。促进城乡要素的双向流动，必须统一城乡要素市场，也就是要具备城乡要素流通的顺畅通道；同时还不能存在制度性的壁垒，要求市场必须是有效的，要素的价格能够真实的反应要素的稀缺程度和市场的供求关系，即要素的价格是由市场决定的。为此，必须加快建设城乡统一的要素市场，健全要素市场运行

机制，打通城乡要素自由流动的制度性通道。同时也要更好地发挥政府的作用，优化相关政策和制度，畅通城乡要素流动。

2. 建设城乡协同产业体系

由于长期以来我国城乡二元结构经济突出，城乡产业协同发展的水平一直处于较低水平，城镇主要发展第二产业和第三产业，而农村以第一产业为主，因此城乡产业在结构上也是失衡的。为此，需要建设城乡协同产业体系。一是要培育“合作社＋散户”“企业＋规模场”等模式的产业化联合体。产业化联合体的形成，对散户和企业双方都有好处。于散户而言，丰收成果直接被企业收购，能够解决资金周转问题，同时规模化生产也解决了散户种植成本高、生产力低下的问题，同时提升了农民的收入水平；于企业而言，与散户共担风险、利益均沾有助于减少企业的投入成本。二是要延长农业产业链。产业链的延伸，不仅可以使资本、技术、劳动力等生产要素流向农村，也有助于城乡之间的生活方式、价值观念、文化等互相渗透。鼓励并引领本地的龙头农业企业、合作社借助互联网延长农业产业链，并带动小农户参与。具体可以通过培育农产品加工区、创业电商园区、农业园观光体验区、商务物流园区等多种农业园区的形式，使得农村实现了从仅能提供农产品到可提供生态、文化、休闲、体验等多元化产品的全产业链发展。同时，产业链条的延伸助力了城乡现代产业体系逐步的建立。

（三）完善就业服务保障体系，提升农村劳动力质量

农村劳动力是农村发展的基础，提高农村劳动力的就业机会和职业发展前景是农村农业实现高质量发展、改善农村劳动力的生活质量的重要途径，也是乡村振兴和新型城镇化协调发展的重要途径。

1. 健全农村就业服务体系

推进公共就业服务体系建设，是政府实施社会管理的一项重要职责，也是促进农村劳动力就业、维护就业公平的有效措施。一是要提供及时的就业信息。通过建立农村就业服务机构，可以在提供农村就业信息方面发挥重要作用。这些机构可以收集、整理和发布就业市场信息，使农村劳动力能够了解市场需求，选择适合自己的职业和行业。这有助于降低信息不对称问题，提高农村劳动力的就业机会。二是要提供职业培训和技能提升机会。就业服务体系应该包括职业培训，通过向农民提供与市场需求相适应的职业培训，有助于提高他们的就业机会和职业发展前景。培训内容可

以包括农业现代化技术、农村旅游服务、手工艺品制作等方面。除了职业技能，政府还可以投资于提高农村居民的科学文化素质，这将有助于农村劳动力更好地适应不断变化的职业需求和社会发展。

2. 支持多渠道灵活就业

就业是最大的民生，而灵活就业是农村劳动者就业增收的重要途径。因此，要强化政策服务供给，激发劳动者创业活力和创新潜能，不断拓宽灵活就业渠道，加大对农民灵活就业的支持力度，鼓励农民就近务工，有助于农村劳动力在家门口实现就业增收。一是要支持农村企业和农村合作社。政府可以通过提供创业培训和资金支持，鼓励农村居民开办投资小、见效快、易转型、风险小的农村企业或合作社等小规模经济实体，吸纳农村剩余劳动力在家门口实现灵活就业。二是要促进农村电商和数字经济发展。数字经济、平台经济创新发展，为农村居民提供了创业机会，政府可以推动农村电商、互联网医疗、线上课堂等新产业、新业态快速发展，鼓励农村居民通过在线销售农产品、手工艺品等方式创业，提高农村居民的收入水平和创业机会。同时，针对新业态新模式就业的农民，可以开设电子商务、直播销售员、快递员等专业培训，有效提高其就业创业能力。

农村电商作为数字经济的重要组成部分，已成为推动乡村振兴的新动能。党的二十大报告特别指出，要“巩固和完善农村基本经营制度，发展新型农村集体经济”“发展乡村特色产业，拓宽农民增收致富渠道”。2014年7月，财政部、商务部联合印发《关于开展电子商务进农村综合示范的通知》（财办建〔2014〕41号），设立了第一批电子商务进农村示范县，并在此后8年连续开展试点建设。历年《中国电子商务报告》显示，2013—2022年中国农村网络零售额从0.11万亿元增长到2.17万亿元。其中，长三角地区2022年农村网络零售额占全国农村网络零售额的比例达50.61%，稳居农村电商“领头羊”地位。电子商务进农村示范县的设立能够显著增加农村居民消费支出、促进农村居民创业和贫困群体脱贫、提升农民的幸福感，同时也能促进农村劳动力实现本地就业，带动县域产业结构升级，缓解县域经济不平衡情况。

随着电子商务进农村的广泛开展，地方政府通过在农村试点地区建立电子商务服务网点或合作社，并配备电子商务专业服务人员帮助农户利用互联网信息技术接触外部市场，有效降低了传统农产品市场存在的信息不对称问题，避免了传统农产品贸易中因中间商低价收购引起的农产品生产过剩、低价抛售问题。电商平台的介入也弥补了传统农户社会网络中信息流通不畅的短板，使各类经营主体能持续获得商业、技术、服务等方面的动态信息。借助于电子商务技术保障下的交易信息无偏差流动及地方政府配套支持中涵盖县、乡、村三级的物流配送体系，农村经营主体可高效获取消费者反馈信息以进行质量改进与品牌声誉累积，最终放大当地农业及相关农产品的品牌价值。这将激励农村经营主体借助电商平台开展农业创业活动的积极性并降低由技能不足与信息障碍导致的创业风险。

同时，长期以来，以农村剩余劳动力、返乡和下岗农民工为代表的弱势社会群体受限于经济与社会资本的缺失，无法实现稳定就业与再就业。农村电商的兴起通过刺激三产融合促进了相关产业链的延伸，诸如农产品深加工、物流仓储网点搭建、电商供应链和公共服务体系完善提供了多样化的就业岗位并催生出短期轮班与零散工模式，极大地丰富了农民的职业选择与灵活就业方向。进一步地，农村电商发展也带动当地政府以教学培训方式提升农民群体数字素养水平，进而扩大农户就业。通过对农民群体开展智能手机应用、上网技能、农村电商平台使用等日常化的入门数字技术培训以及智慧农业生产、农村电商运营等实用性的数字化生产经营技巧培训，以克服低收入务农群体要素禀赋不足和对接市场的困难，从而加速农村劳动力的技能转型并助力就业增收。农村电商的发展还通过吸引农村青年返乡就业，应对农村地区“空心化”现象。青年群体往往具有更强的数字技术接受能力，其返乡就业有助于促进当地相关产业的发展，甚至加速形成电商导向的产业集聚并产生更大的供给侧规模效应。这有助于充分发挥农村电商的就业效应并带动农民增收。

第六节 生态环境制度与政策创新

保护生态环境和乡村振兴与新型城镇化协调发展，本质上是推动城市与乡村经济、人口、资源、环境协调发展。新型城镇化离不开绿色城镇化，要以循环经济和绿色产业为未来发展主要方向；乡村振兴要在改善乡村生态环境的同时把“绿水青山”转化为“金山银山”，通过现代科技手段实现农业增产的同时推动农业绿色发展。

一、改善农业生态资源环境，推动农业绿色发展

改善农村生态资源环境不仅是推动乡村振兴战略实施的内在需求，也是改善农村发展条件、满足农村居民对美好生活追求的必要环节。为了实现农村生态资源环境的改善和农村地区的绿色发展，政府必须采取一系列政策措施，如农业生态补偿制度、农业生态补贴制度等，同时也需要农业生产者、消费者等多元主体共同助力推动农业绿色发展。

（一）完善顶层设计和机制构建，强化农业绿色发展制度保障

一是要完善农业生态补贴制度。实行以绿色生态为导向的农业生态补贴制度，以激励农民采取生态友好的农业生产方法，改善农村生态资源环境，并推动农村地区的绿色发展。首先，必须明确农业补贴政策的目标定位，将其与农业生态环境保护相结合，以引导农业补贴政策的主要目标向绿色生产和环境保护的方向转变。这意味着政策需要更加关注生态可持续性，鼓励农民采用可持续的农业实践，从而降低对环境的不良影响。其次，要注重农业补贴方式，这包括减少对农产品价格进行补贴的“黄箱补贴”，而更多地将资金用于支持农作物病虫害防治研究和农业生态环境治理等“绿箱补贴”。这样的举措有助于激励农民采纳更加生态友好的农业实践，减少对农产品价格的扭曲作用，同时促进农业生产的质量和可持续性。最后，要拓宽补贴资金来源，这可以通过推进农村金融体系的“绿色化”改革来实现，探索各种绿色金融工具和机制，以提供更多资金支持农业绿色发展。这将有助于农民获得资金，从而实施生态友好的农业实践，并有助于推动农村地区的绿色发展。

二是要健全农业生态补偿制度。该制度作为一种政策和经济激励机制，旨在鼓励农民和农业生产者采取措施，保护和改善农村生态环境，同时为其提供合理的经济补偿以弥补由于采取生态友好农业实践而带来的潜在经济损失。首先，必须明确农业生态补偿制度的目标定位，将农业生态补偿与农业生态环境保护挂钩，以促进农业生态保护，实现农村可持续发展。其次，要制定差异化的补偿制度。考虑到不同地区生态环境的差异，不同地区可能面临不同的生态问题，因此应制定区域差异化的农业生态补

偿制度，以满足各地区农业生产者的需求。最后，要拓宽补贴资金来源，这可以通过设立生态补偿基金、绿色金融工具等来实现，以确保足够的资源用于支持农业生态补偿。

（二）加强农业技术创新，提高农业绿色发展内驱动力

一是推广农业绿色技术。推广农业绿色技术是实现农业绿色发展的重要步骤。首先，要明确农业绿色技术的范畴，并加大对其研发的资金支持，以提高创新主体的积极性。其次，建立产学研深度融合的资源整合机制，通过与高校、科研院所合作的方式共同开展农业绿色关键技术的研究，特别是协同攻关节水灌溉、有机肥、病虫害防治、可降解农膜等领域，发展环境友好型农业，降低环境污染。最后，通过建立开放性示范农场，以展示绿色农业技术的应用和实施效果，并鼓励农业经营主体、学生和其他利益相关者参观学习。

二是推动农业科技成果转化。加快科技成果的转化和应用是促进科技与经济融合的关键环节。首先，建立专门的技术转移机构或平台，以帮助农民和农业企业获取并应用最新的科技成果，充分发挥其在技术传递和成果转化中的重要作用。其次，通过培养一批兼具绿色环保意识和创新精神的复合型农业科技人才，为推进农业绿色发展提供人才支撑。最后，建立多维的农业技术推广网络，通过技术宣传、培训等方式提升农户对技术的接受度，以增强农业技术的应用潜力。

（三）加强主体建设，促进多元主体推动农业绿色发展

政府层面。政府必须巧妙地管理与各种市场利益相关者的关系，认识到绿色农业发展的系统性、整体性和复杂性。应完善生态和环境保护及绿色发展的最高立法框架，营造绿色农业发展的机构环境，以确保在推动绿色农业发展中维护生产者和消费者的合理权益，同时激发各种利益相关者的积极参与。

农业生产者层面。绿色农业的转变需要提高农村劳动力的素质，需要培养一代新型农民或农业企业家，他们受过良好教育，技术娴熟，具备有效管理能力，并致力于绿色生产实践。通过提高他们对环保生产方式的认识，降低杀虫剂、化肥和农膜使用的强度，使他们更好地为绿色农业发展提供服务。

消费者层面。市场需求在引导绿色农业发展中起着至关重要的作用，而消费者的绿色消费意识是影响市场需求的关键因素。通过多层次、多样化和全面的宣传教育，推广绿色消费理念和可持续生活方式，逐渐引导消费者更偏好安全食品。这反过来促使食品生产者加强质量和安全管理，提高绿色农产品的生产水平。

二、加强城市生态环境保护，实现生态文明建设

我国城市现代化进程的加速建设，一定程度上对城市生态环境造成了消极影响。如何扭转发展中的资源错配成为当务之急。一直以来的“增长主义”发展模式难以为继，资源瓶颈、生态瓶颈和劳动力瓶颈等发展阶段的标志性门槛开始促使城镇转型。绿色低碳发展模式构建、经济转型升级得到更多的关注和探索。加强城市生态环境保护不仅有益于提高城市居民生活质量，还是维护城市生态平衡和推动生态文明建设的必要举措。然而，城市美好的生态环境需要政府、企业和城市居民共同维护。

（一）完善顶层设计和机制构建，强化城市生态环境制度保障

一是加大政府生态文明建设支出。政府应高度重视城市生态文明设施建设，将其作为市政工程的重点工作开展并在地方财政中设置专门的发展基金，积极开展基于环境可再生、社会可持续等方面的环境设施绿色化改造，增加全方位覆盖的生态文明支出。二是制定合理的城市发展规划。要统筹考虑在落实生态环境保护的过程中各方面的影响因素，利用各种量化的测度工具，做好前期的论证工作，在充分评估的基础上落地实施，避免重复性投入。同时，要认识到不同城市对于生态环境保障制度的需求具有差异性，因此生态文明建设不能一味地统一标准，要根据实际情况，鼓励各种不同类型的绿色化实践。三是加强立法对生态保护行为的约束。企业在发展的过程中往往更多地关注经济利益而忽视生态效益，从而出现一些危害生态环境的行为。针对这类情况，政府应利用相关法律对企业行为进行有效约束。同时，对城市居民的行为习惯也应形成法律约束。

（二）加强企业主体责任，促进生态文明建设

对国有企业而言，其长期作为国家持续推进生态文明建设的“排头兵”，扮演着政府部门重要的绿色形象代言人角色，对城市生态文明建设

的响应态度和执行意愿应更为强烈。通过发挥与政府部门的“天然”政治关联所铸就的优质信贷资源获取能力及绿色技术研发优势，不断完善环境信息披露制度，稳步提升环境风险管理能力，努力实现更具可持续性的经营发展目标。对于民营企业，通过在基层党组织的党建工作中开展生态文明建设的主题教育活动并宣讲国家和地方的环保政策，对企业家进行先进思想文化教育，培养企业家和企业内部整体的环保意识和责任感，推动民营企业关注排污的负外部性，从而将排污的社会成本内部化，逐步形成企业环保责任与企业利益兼顾的动力机制。与此同时，民营企业党组织也可通过与政府有关部门之间的沟通协调渠道，在企业出现非法排污时及时主动向环保部门披露和举报，从而起到较好的监督作用。

三、统筹城乡生态环境治理，推进城乡现代化建设

促进乡村振兴与新型城镇化协调发展，需要加强生态环境共建共治。把统筹城乡发展与统筹城乡生态环境治理密切结合起来，通过加快城乡生态环境保护立法、完善城乡生态环境保障体系等措施，推动城市和乡村品质全面提升。

（一）加快统筹城乡生态环境保护的立法进程

随着生态文明体制改革的统筹协调性不断增强，生态文明法律体系内部的统筹协调性也在不断提高。政府相关部门应当落实相关生态环境保护专门法律法规的制定与修改，以现实的生态环境问题为导向，以促进绿色、循环、低碳协同发展为目标，进一步对生态环境保护法律体系开展统筹协调和集成创新，使体制、制度和机制既更具覆盖性、兼容性和灵活性，又更具针对性和有效性。具体地，在国家层面，需要统一规范城乡生态环境保护的方向、体制以及制度，以确保生态环境保护法律具备权威性和有效性，同时为地方或单项生态环境与资源保护法律的制定和有效实施提供基础支持。在地方层面，各省市应该以本省市的自然条件、经济发展水平等条件为依据，制定符合当地生态环境保护需要的法律以解决当前生态环境面临的各种问题。

（二）完善统筹城乡生态环境保障体系

完善统筹城乡生态环境保障体系需要综合考虑城市和农村地区的特

点，以实现生态环境保护、可持续发展和社会经济进步的协调发展。一是要完善资金投入保障机制，以确保资金有效、可持续地用于城乡生态建设和环境保护。比如政府可以通过设立专门的城乡生态建设和环境保护资金，用于支持相关项目和计划；通过统筹开展饮用水、垃圾回收等相关基础设施建设，提高政府资金的利用效益。二是要加大生态环境保护在财政支出中的比例。比如政府可以通过重新分配预算，将更多的资金用于生态环境保护项目，如空气和水质监测、生态恢复和野生动植物保护；同时可以将碳税、排污费用等额外收入重新投入到生态环境保护项目中，以增加财政收入。

第七节 本章小结

乡村振兴战略与新型城镇化战略是推进现代化建设的必由之路，也是新时代破解城乡发展矛盾的战略选择。政府是乡村振兴与新型城镇化的主导者，通过制定和执行相关公共政策推进乡村振兴与新型城镇化战略。通过对促进我国乡村振兴与新型城镇化协调发展的公共政策需求统计，分析当前我国城乡发展过程中需要解决问题的轻重缓急程度，充分掌握乡村振兴与新型城镇化协调发展政策制定与执行过程中需要考虑的重点。基于此，本章从户籍保障、社会保障、行政管理、土地管理、城乡规划、财政税收、收入分配、劳动就业、教育公平、生态环境等方面提出具体的促进乡村振兴与新型城镇化协调发展的制度及政策方面的措施，提请政策制定者综合考虑社会公众对政策需求的差异性，制定更全面和符合乡村振兴与新型城镇化协调发展的政策，出台更为全面、可行、可持续的制度保障措施。

参考文献

[1] Ebenezer Howard, Garden Cities of Tomorrow [M]. Brussels: NABU PR Commission, 2010.

[2] Haibin Cong. Deling Zou. The Research on the Mechanism and Spatial-temporal Differentiation of the Coupling Coordination Development Based on Industrial Cluster Agglomeration [J]. Cluster Comput, 2017, 20 (01): 195-213.

[3] Linqing Fang, Zhihao Liu, Caiyu Jin. How Does the Integration of Cultural Tourism Industry Affect Rural Revitalization? The Mediating Effect of New Urbanization [J]. Sustainability, 2023 (15) 14.

[4] Nguyen To Lang, "Viet Nam", in Brian Roberts and Trevor Kanaley eds. Urbanization and Sustainability in Asia: Case Studies of Good Practice, Asian Development Bank, 2006: 373-374.

[5] Qiao G. r, Wang L, Du P. Contradiction or Harmony? Spatial and Temporal Relationships between New Urbanization and Rural Revitalization in the Yellow River Basin from a Coupling Perspective [J]. Journal PloS one, 2023, 18 (07).

[6] Tran T, Doan T. Industrialization, Economic and Employment Structure Changes in Vietnam during Economic Transition [J]. Tinh Doan, 2010. 10.

[7] Zou Deling, Cong Haibin. Spatiotemporal Analysis of Development Efficiency of Characteristic Towns in China Under The Resources And Environment Restrictions [J]. Journal of Environmental Protection and Ecology, 2022, 22 (01): 362-377.

[8] Zou Deling, Cong Haibin. Data Driven Based Coordinated Develop-

ment Pattern and the Influencing Factor Analysis Using Spatial and Temporal Data [J]. Cluster Computing, 2017, 14 (07): 1 – 17.

[9] 安黎哲. 推进新型城镇化高质量发展——评《中国特色新型城镇化》[J]. 新型城镇化, 2024 (09): 21 – 22.

[10] 巴西: 以合作社组织推动农业社会化服务 [J]. 中国合作经济, 2016 (08): 45 – 47.

[11] 薄文广, 钱镱, 屈建成, 谭鑫. 新型城镇化与乡村振兴耦合协调及交互影响研究: 基于156个地级市面板数据的实证分析 [J]. 中国软科学, 2023 (09): 106 – 116.

[12] 常绍舜. 从经典系统论到现代系统论 [J]. 系统科学学报, 2011, 19 (03): 1 – 4.

[13] 陈口丹. 欧洲城乡规划及对中国乡村城镇化的启示 [J]. 世界农业, 2020 (08): 93 – 97.

[14] 陈明星, 张华. 我国小城镇的角色演化特征及高质量发展建议 [J]. 国家治理, 2022 (08): 21 – 26.

[15] 陈业宏, 朱培源. 从韩国"新村运动"解锁乡村振兴新思路 [J]. 人民论坛, 2020 (02): 72 – 73.

[16] 陈宗胜. 论中国收入分配差别特征及其制约因素——从中印制度比较视角解释中国的"增长—分配之谜" [J]. 政治经济学评论, 2023, 14 (04): 90 – 120.

[17] 程明, 方青. 乡村振兴与新型城镇化战略耦合机理研究——基于城乡要素流动的视角 [J]. 华东经济管理, 2023, 37 (05): 1 – 8.

[18] 丛海彬, 黄萍, 邹德玲. 基于中国省级面板数据对数字乡村建设促进城乡共同富裕的研究 [J]. 湖南师范大学自然科学学报, 2024, 47 (01): 84 – 93.

[19] 丛海彬, 李婷婷, 李钰, 邹德玲. 中国特色小镇持续性发展的动力机制与实证检验——基于空间计量模型的分析 [J]. 江西理工大学学报, 2022, 43 (06): 61 – 68.

[20] 崔桂莲, 田杨, 武玉青. 治愈农业、归农归村与乡土饮食: 韩国乡村振兴路径及启示 [J]. 世界农业, 2020 (11): 81 – 90.

[21] 崔桂莲. 城乡一体化视角下中韩城镇化发展状况比较 [J]. 商业经济研究, 2017 (01): 113 – 116.

[22] 单卓然，黄亚平．“新型城镇化”概念内涵、目标内容、规划策略及认知误区解析［J］．城市规划学刊，2013（02）：16－22.

[23] 党国英．农村发展需向城市化“借力”［J］．人民论坛，2016（18）：68－70.

[24] 党佳娜．新型城镇化与乡村振兴耦合发展关系研究——以陕西省为例［J］．经济研究导刊，2024（09）：13－17.

[25] 丁江辉．中日城市化高质量发展比较研究——基于两国1985—2014年的实证分析［J］．江西社会科学，2018，38（05）：44－53＋254.

[26] 董金柱．印度与巴西的乡村建设管理法规及启示［J］．国际城市规划，2010，25（02）：21－25.

[27] 杜朝晖．法国农业现代化的经验与启示［J］．宏观经济管理，2006（05）：71－74.

[28] 范观宇，沈正平．淮海经济区乡村振兴与新型城镇化协调发展的时空差异［J］．江苏师范大学学报（自然科学版），2024，42（02）：1－7＋89.

[29] 方创琳．城乡融合发展机理与演进规律理论解析［J］．地理学报，2022，77（04）：759－776.

[30] 方行明，魏静，郭丽丽．可持续发展理论的反思与重构［J］．经济学，2017（03）：24－31.

[31] 冯丹萌，孙鸣凤．国际视角下协调推进新型城镇化与乡村振兴的思考［J］．城市发展研究，2020，27（08）：29－36.

[32] 付江珊，冯小溪，王磊．泰国医疗保障制度对我国新型农村合作医疗制度的启示［J］．辽宁行政学院学报，2020（04）：93－96.

[33] 付娜．发达国家城乡一体化经验对中国进一步城乡统筹发展的启示研究［J］．世界农业，2014（08）：47－53.

[34] 高强，董启锦．印度尼西亚农村城市化进程、特点、问题与启示［J］．世界农业，2006（12）：35－38.

[35] 高喆，顾江，顾朝林．美国万亿基础设施重建计划分析［J］．经济地理，2019，39（10）：6－13.

[36] 谷源洋．越南庄园经济的发展及其存在的问题［J］．学术探索，2005（05）：86－91.

[37] 郭海红，刘新民．沿黄地区中心城市新型城镇化与生态韧性的

耦合协调机制研究［J］. 华东经济管理，2023，37（04）：101－109.

［38］郭玲霞，刘宇峰，封建民，贺珊. 中国省域新型城镇化与城乡融合发展的时空格局及其影响因素［J］. 地球科学与环境学报，2023，45（04）：781－795.

［39］郭佩，刘莉. 日本乡村振兴的别样手段：故乡税制度的实施路径、效果及争议［J］. 世界农业，2022（08）：41－50.

［40］韩道铉，田杨. 韩国新村运动带动乡村振兴及经验启示［J］. 南京农业大学学报（社会科学版），2019，19（04）：20－27＋156.

［41］韩秀丽，胡烨君，马志云. 乡村振兴、新型城镇化与生态环境的耦合协调发展——基于黄河流域的实证［J］. 统计与决策，2023，39（11）：122－127.

［42］韩占兵. 美、法、日三国应对农村人口空心化的国际经验借鉴［J］. 经济社会体制比较，2023（01）：55－66＋115.

［43］贺平. 作为区域公共产品的善治经验——对日本"一村一品"运动的案例研究［J］. 日本问题研究，2015，29（04）：11－21.

［44］洪名勇，张安琪. 农民视角下的乡村振兴：选择、困境与策略［J］. 农业经济问题，2023（10）：70－78.

［45］侯晓丽，徐文静，等. 完善城乡融合发展体制机制研究［J］. 经济地理，2024，44（08）：25－30.

［46］黄泰，卫嫚，席建超. 长三角乡村旅游典型县新型城镇化与乡村共同富裕的共生演进的实证分析［J］. 经济地理，2024，44（06）：213－223.

［47］黄祖辉. 准确把握中国乡村振兴战略［J］. 中国农村经济，2018（04）：2－12.

［48］霍绍周. 系统论［M］. 北京：科学技术文献出版社，1988：98－112.

［49］吉香伊. 印度尼西亚工业化的进程和发展策略［J］. 东南亚纵横，2017（03）：24－28.

［50］贾晋，高远卓. 乡村振兴与新型城镇协同发展实现共同富裕面对的新形势［N］. 四川日报，2014－05－13.

［51］江崎雄治，荒井良雄，川口太郎. 人口還流現象の実態とその要因—長野県出身男性を例に—［J］. 地理学評論，1999，72（10）：645－667.

[52] 焦晓云．新型城镇化进程中农村就地城镇化的困境、重点与对策探析——“城市病”治理的另一种思路［J］．城市发展研究，2015，22（01）：108－115.

[53] 孔翠芳，王大伟，张璇，等．代表性发达国家城镇化历程及启示［J］．宏观经济管理，2021（11）：39－48.

[54] 孔婷婷，赵公民，武勇杰．新型城镇化、乡村振兴与产业升级融合质量研究——以黄河流域九省区为例［J］．河南科学，2022，40（08）：1331－1339.

[55] 旷爱萍，王瑞涛．乡村振兴背景下广西新型城镇化高质量发展实证研究［J］．枣庄学院学报，2022，39（05）：137－144.

[56] 李红涛，付少平．巴西现代化中的乡村发展［J］．当代世界，2009（03）：54－56.

[57] 李红涛．中国与巴西乡村发展历程比较研究［D］．西北农林科技大学，2009.

[58] 李辉，刘春艳．日本与韩国城市化及发展模式分析［J］．现代日本经济，2008（04）：46－50.

[59] 李兰冰，高雪莲，黄玖立．“十四五”时期中国新型城镇化发展重大问题展望［J］．管理世界，2020，36（11）：7－22.

[60] 李明，邵挺，刘守英．城乡一体化的国际经验及其对中国的启示［J］．中国农村经济，2014（06）：83－96.

[61] 李绍辉．越南革新开放以来的“三农”问题及其展望［J］．东南亚纵横，2009（05）：20－24.

[62] 李伟伟．巴西现代化农业发展及对我国的启示［J］．农业经济，2022（01）：29－31.

[63] 李玉磊，李华，肖红波．国外农村一二三产业融合发展研究［J］．世界农业，2016（06）：20－24.

[64] 李钰，丛海彬，邹德玲．数字经济对乡村产业高质量发展的影响研究——基于技术创新的中介效应分析［J］．科技与管理，2022，24（05）：23－35＋69.

[65] 刘国斌，齐昕尧．新型城镇化与乡村全面振兴协同发展研究［J］．经济发展研究，2024（02）：91－109.

[66] 刘润秋，黄志兵．实施乡村振兴战略的现实困境、政策误区及

改革路径 [J]. 农村经济, 2018 (06): 6-10.

[67] 刘天琦. 财政政策视角下的新型城镇化助推共同富裕 [J]. 经济研究参考, 2022 (07): 41-49.

[68] 刘小滨, 彭若木. 旅游业推动下的泰国城镇化管窥——基于文化复兴视角 [J]. 成都大学学报 (社会科学版), 2014 (04): 89-92.

[69] 刘宇祥. 城乡关系因素对泰国政局变动的影响 [D]. 中国社会科学院研究生院, 2020.

[70] 刘云, 朱凯. 乡村振兴战略与新型城镇化战略统筹推进路径新型城镇化 [J]. 新型城镇化, 2024 (01): 64-67.

[71] 龙花楼, 陈坤秋. 新型城镇化进程中中国乡村居住形态变迁与空间治理转型 [J]. 经济地理, 2024, 44 (09): 12-21.

[72] 陆大道. 人文与经济地理学如何响应"中国式现代化"的要求 [J]. 经济地理, 2023, 43 (03): 1-5.

[73] 陆杰华, 韦晓丹. 以人为核心的新型城镇化战略内涵、障碍与应对 [J]. 北京社会科学, 2023 (07): 107-117.

[74] 鹿彦. 循环经济发展: 模式及实现路径研究 [D]. 山东师范大学, 2011.

[75] 罗来军, 王永苏. 城乡一体化实践的可操作"节点": 观照英法美 [J]. 改革, 2014 (03): 116-122.

[76] 马冰琼, 秦弋茗, 唐茳稜, 等. 泰国"一乡一品"战略对广西乡村旅游发展的借鉴研究 [J]. 度假旅游, 2019 (04): 84-86+93.

[77] 马文武, 况成兰. 第三次分配的科学内涵、理论逻辑与时代价值 [J]. 政治经济学评论, 2023, 14 (04): 173-196.

[78] 梅志宇, 赵映慧, 薛睿. 黑龙江省新型城镇化与乡村振兴融合发展评价与时空格局 [J]. 国土与自然资源研究, 2022 (06): 54-59.

[79] 南裕子.《日本的"田园回归"现象与农村社区振兴》, 载张季风 (编)《日本经济蓝皮书: 日本经济与中日经贸关系研究报告 (2022)》, 北京: 社会科学文献出版社, 2022, 191-208.

[80] 乡村振兴: "千万工程"十大典型案例, https: //news. sohu. com/a/819515195_ 554329, 2024-10-23.

[81] 牛文元. 可持续发展理论的内涵认知——纪念联合国里约环发大会20周年 [J]. 中国人口·资源与环境, 2012, 22 (05): 9-14.

[82] 皮埃尔·米盖尔. 法国史 [M]. 蔡鸿斌, 等, 译, 北京: 商务印书馆, 1985.

[83] 齐奇, 丛海彬, 邹德玲. 产城融合视角下中国特色小镇持续性发展区域比较及评价 [J]. 科技与管理, 2021, 23 (01): 1-8.

[84] 乔俊峰. 推进城乡基本公共服务均等的政策思路——俄罗斯、印度、巴西三国的政策实践及启示 [J]. 学习与实践, 2017 (09): 56-60.

[85] 秦雯钰. 新型城镇化与乡村振兴协同发展探究: 以河南省许昌市为例 [J]. 山西农经, 2024 (19): 14-19.

[86] 任冲. 中国特色新型城镇化发展战略选择研究 [D]. 山东大学, 2015.

[87] 任远. 城乡整体发展和实现共同富裕: 论中国城镇化发展的道路 [J]. 苏州大学学报 (哲学社会科学版), 2022, 43 (04): 1-9.

[88] 沈实, 杨宏. 新型城镇化助推了共同富裕吗? [J]. 经济经纬, 2023, 40 (04): 15-25.

[89] 数字乡村能解决什么问题? https: //xz. simpro. cn/news/szxc-njjsmwt. html, 2024-07-03.

[90] 孙杰, 于明辰, 甄峰, 周亮亮, 苗振龙. 新型城镇化与乡村振兴协调发展评估——浙江省案例 [J]. 经济地理, 2023, 43 (02): 115-123.

[91] 孙士海. 印度的城市化及其特点 [J]. 南亚研究, 1992 (04): 9-18+2-3.

[92] 孙学涛, 于婷, 于法稳. 新型城镇化对共同富裕的影响及其作用机制——基于中国 281 个城市的分析 [J]. 广东财经大学学报, 2022, 37 (02): 71-87.

[93] 锁凌燕, 陈晓宇, 王正位, 等. 户籍制度、身份认同和风险承担——基于 CHFS 数据的分析 [J]. 经济科学, 2023 (04): 178-202.

[94] 汤爽爽, 孙莹, 冯建喜. 城乡关系视角下乡村政策的演进: 基于中国改革开放 40 年和法国光辉 30 年的解读 [J]. 现代城市研究, 2018 (04): 17-22+29.

[95] 王放. 中国和其他发展中国家城市化的比较 [J]. 人口与发展, 2021, 27 (02): 29-38+64.

[96] 王海涛, 史怀昱, 陈健, 等. 印度城乡规划体系研究及其对"一带一路"背景下我国规划改革的启示 [J]. 国际城市规划, 2021, 36

(02)：108－116.

［97］王惠，史秉亮，张新宇，袁秀悦．乡村振兴、新型城镇化及生态环境耦合协调发展评价和障碍因子分析［J］．山西农经，2023（20）：36－40.

［98］王纪孔，宁俊飞．韩国新村运动中的农村支援政策及其对中国新农村建设的启示［J］．天津商业大学学报，2009，29（01）：3－7＋20.

［99］王洁晶，张沐华．中国流动人口市民化：理论、概念、影响因素与制度创新［J］．西北师大学报（社会科学版），2023，60（05）：135－144.

［100］王立勇，高玉胭．财政分权与产业结构升级——来自“省直管县”准自然实验的经验证据［J］．财贸经济，2018，39（11）：145－159.

［101］王鲁明．区域循环经济发展模式研究［D］．中国海洋大学，2005.

［102］王绍琛，周飞舟．困局与突破：城乡融合发展中小城镇问题再探究［J］．学习与实践，2022（05）：107－116.

［103］王亚飞，杨萧．新型城镇化、农业产业集聚与农业绿色全要素生产率增长：影响机理与实证检验［J］．重庆师范大学学报（社会科学版），2022，42（04）：5－20.

［104］王垚．中国城市行政管理体制改革的方向与路径探讨［J］．当代经济管理，2022，44（03）：22－32.

［105］韦红．越南革新开放以来城市化进程中的问题及其解决措施评析［J］．东南亚研究，2013（04）：17－24.

［106］魏宏森，曾国屏．试论系统的层次性原理［J］．系统辩证学学报，1995（01）：42－47.

［107］吴红霞，崔博宇．新型城镇化与乡村振兴耦合协调发展评价研究——以河北省为例［J］．经济论坛，2022（04）：25－34.

［108］习近平．之江新语［M］．杭州：浙江人民出版社，2018.

［109］乡村振兴与新型城镇化协同发展促进共同富裕，http：//dpc. qingdao. gov. cn/fzgggz_ 45/czhc_ 45/gzdt_ 45/202309/t20230911_7461732. shtml. 2023－9－11.

［110］谢地，张巧玲．以人为核心的新型城镇化战略：理论基础、内涵特征及实践路径［J］．经济纵横，2023（11）：27－34.

［111］谢天成，张研，王洌瑄，施祖麟．乡村振兴与新型城镇化协同发

展——基于省级尺度时空演化分析［J］. 经济问题，2022（09）：91－98.

［112］熊芳芳．“乡村的复兴”：19 世纪以来法国的乡村城镇化与城乡关系的转变［J］. 历史教学问题，2018（01）：28－35＋138.

［113］徐梦佳，刘冬．城镇化进程中生态环境管治的国际经验与启示［J］. 中国环境管理，2019，11（01）：123－127＋131.

［114］许芬．中国人口城镇化滞后土地城镇化的根源——基于城乡间要素不平等交换视角的分析［J］. 城市问题，2016（07）：12－17.

［115］薛晴，孙怀安．国外城乡一体化发展成功经验举隅［J］. 农业经济，2014（01）：61－63.

［116］薛苏明，夏永祥．发达国家城乡一体化发展之“镜”与“径”——基于“四个自信”的我国城乡一体化发展路向探析［J］. 北方论丛，2017（06）：133－137.

［117］杨朝娟，贺高祥，程莉，文传浩．乡村振兴与新型城镇化时空演化及耦合关系研究［J］. 统计与决策，2023，39（21）：85－89.

［118］杨瑚．返贫预警机制研究［D］. 兰州大学，2019.

［119］杨慧，吕哲臻．市场化与城乡等值化：法国农业农村现代化及其对我国乡村振兴的启示［J］. 浙江学刊，2022（05）：100－110.

［120］杨萍．新型城镇化背景下就地城镇化模式优化路径分析［J］. 商业时代，2014（17）：43－44.

［121］杨胜利，王媛，张孟阳．社会资本能够降低流动人口失业发生风险吗？——基于 2018 年流动人口动态监测数据的分析［J］. 统计理论与实践，2023（08）：64－72.

［122］姚文燕．乡村振兴战略背景下的农村劳动力转移：国内外经验总结、比较与启示［J］. 农业经济，2022（08）：72－74.

［123］叶超，于洁．迈向城乡融合：新型城镇化与乡村振兴结合研究的关键与趋势［J］. 地理科学，2020，40（04）：528－534.

［124］余斌，罗静，靳军．城市化与城乡发展：世界不同类型国家比较与启示［J］. 地域研究与开发，2005（05）：17－20.

［125］余开祥．西欧各国经济［M］. 上海：复旦大学出版社，1987：69－85.

［126］余云珠，Achaya Bannasilp. 泰国“OTOP”运动及对我国农业农村发展的启示［J］. 嘉应学院学报，2021，39（01）：48－54.

［127］越南统计局.1990—2018 年越南人口统计年鉴，https：//www.gso.gov.vn.2021－10.

［128］载裴〈越〉.《2011—2020 年经济社会发展战略》，河内：时代出版社，2011.

［129］张绘．乡村振兴与新型城镇化协同发展促进共同富裕［J］．人民论坛，2023（13）：38－41

［130］张季风．乡村振兴视阈下的城乡融合发展：日本的实践与启示［J］．中国农村经济，2022（12）：124－138.

［131］张娜．我国城乡居民基本医疗保险支付效率研究——泰国“30铢计划”的启示［J］．四川劳动保障，2018（S1）：28－31.

［132］张沛，张中华，孙海军．城乡一体化研究的国际进展及典型国家发展经验［J］．国际城市规划，2014，29（01）：42－49.

［133］张萍，王鑫宇．新型城镇化与乡村振兴的耦合协调与动态关系研究——以浙江省为例［J］．统计与管理，2022，37（11）：48－56.

［134］张秋，何立胜．城乡统筹制度安排的国际经验与启示［J］．经济问题探索，2010（05）：7－11.

［135］张文镝．简论印度农村的社会保障制度［J］．当代世界与社会主义，2008（06）：184－187.

［136］张雅光．新时代城乡一体化发展的制度障碍研究［J］．理论月刊，2021（10）：78－87.

［137］赵鏖，刘衍峰．习近平关于新型城镇化建设的重要论述研究［J］．经济学家，2023（08）：5－13.

［138］郑宇．战后日本城市化过程与主要特征［J］．世界地理研究，2008（02）：56－63.

［139］周文．新型城镇化和乡村振兴背景下的城乡融合发展研究［J］．政治经济学评论，2022，13（03）：87－101.

［140］周义龙．印度国际医疗旅游全球竞争战略与中国镜鉴［J］．成都理工大学学报（社会科学版），2023，31（02）：48－56.

［141］朱海华，陈柳钦．以数字经济赋能城乡融合发展：理论机制、现实困境与突破路径［J］．中国名城，2024，38（08）：3－10.

［142］朱芸芸．我国区域经济社会发展协调度评价及对策研究［D］．浙江大学，2011.

［143］祝志川，刘博，和军．中国乡村振兴、新型城镇化与生态环境协同发展测度分析［J］．经济问题探索，2022（07）：13－28.

［144］卓玛草．新时代乡村振兴与新型城镇化融合发展的理论依据与实现路径［J］．经济学家，2019（01）：104－112.

［145］邹德玲，丛海彬，李钰，李汉君．长三角城市群内小城镇产业集聚效率时空演变与影响因素［J］．经济地理，2023，43（04）：73－82.

［146］邹德玲，丛海彬．中国产城融合时空格局及其影响因素［J］．经济地理，2019，39（06）：66－74.

［147］邹德玲，王辉，丛海彬．浙江省特色小镇空间分布特征及影响因素［J］．科技与管理，2020，22（03）：48－56.

［148］左停．新型城镇化：高质量乡村振兴的战略支点［J］．国家治理，2022（08）：32－35.

后　　记

本书的主要内容依托作者承担完成的国家社科基金项目“多时空尺度下乡村振兴与新型城镇化协调发展的机制、监测与政策支撑体系研究”（评价等级：良好）的研究成果，结题成果形式为研究报告。该项研究内容丰富，逻辑清楚，体系完整，结论清晰，研究目标达成，专家鉴定反馈意见良好。

项目的整体研究可谓占尽了天时、地利、人和。所谓天时，2012 年召开的党的十八大报告明确提出“推动城乡发展一体化”，2017 年召开的党的十九大报告又提出了“建立健全城乡融合发展体制机制和政策体系”的战略思想，2024 年党的二十届三中全会审议通过《中共中央关于进一步全面深化改革、推进中国式现代化的决定》。在此背景下，开展乡村振兴与新型城镇协调发展的相关研究为解决城乡差距与二元结构问题，推进城乡一体化建设，促进城乡进一步深度融合，实现中国式现代化具有重要的现实意义和坚实的国家战略规划背景。所谓地利，作者所处东南名省——浙江省，从实施“千村示范、万村整治”工程，到率先制定实施城乡一体化纲要；从建立城乡融合发展体制机制和政策体系，到全面推进乡村振兴，浙江坚持以“八八战略”为统领，统筹城乡经济社会发展，加快推进城乡一体化，踏上高质量发展建设共同富裕示范区新征程，瞄准城乡区域协调发展引领区的战略定位，浙江深入推进以人为核心的新型城镇化，高质量实施乡村振兴战略，构建城乡新格局，加快缩小城乡发展差距，积极践行城与乡的“两相欢喜”。研究团队身处其中，切身感受明显，为研究的理论思想落地提供了肥沃土壤。所谓人和，项目在选题、申报及后续的研究中，多次得到浙江工业大学谭晶荣教授、宁波大学丛海彬教授等的精心指导以及宁波财经学院刘春香教授的关心帮助。同时，本书出版经费得到了浙江省软科学研究基地“数字经济与开放经济融合创新研究基地”、宁波市哲学与社会科学重点研究基地“数字经济创新与枢纽自贸区联动研究基地”的部分资助。同时，本研究成果获立校硕士点申报专项项目，并获得经费支持。

本书研究数据的整理、研究方法的应用、研究过程的开展以及研究结论必将为团队后续相关研究的进一步深化提供坚实的基础。同时，研究过程中的思考也为未来关于乡村振兴和新型城镇化建设的研究提供了方向。团队在此领域的探索已迈出坚实的步伐，未来的学术研究道阻且长，但必将恒而远之。

作者

2024 年 12 月